COLLECTION
UNIVERSELLE
DES
MÉMOIRES PARTICULIERS,
RELATIFS
A L'HISTOIRE DE FRANCE.
TOME XLIX.

Contenant la fin des Mém. de GUILLAUME DE SAULX, Seigneur de Tavannes,

XVIe SIÈCLE.

Il paroît chaque mois un Volume de cette Collection, auſſi régulièrement que le travail peut le permettre.

Le prix de la Souſcription pour 12 Volumes à Paris, eſt de 54 liv. pour les nouveaux Souſcripteurs, à dater du 1er. Décembre 1788, & de 48 liv. pour les anciens. Ceux qui voudront recevoir les Volumes en Province, par la poſte, payeront de plus 7 liv. 4 ſols.

Il faut s'adreſſer à M. Cuchet, Libraire, rue & Hôtel Serpente, à Paris; & avoir ſoin d'affranchir le port de l'argent & des lettres.

COLLECTION

UNIVERSELLE

DES

MÉMOIRES PARTICULIERS

RELATIFS

A L'HISTOIRE DE FRANCE.

TOME XLIX.

A LONDRES,

Et se trouve à PARIS,

RUE ET HÔTEL SERPENTE.

1789.

SUITE DES MEMOIRES DE M. HENRI DE LA TOUR D'AUVERGNE, VICOMTE DE TURENNE, ET DEPUIS DUC DE BOUILLON.

Commençant en 1560, & finiſſant en 1586.

La paix (a) ſe fit, le Roy de Navarre me 1577. meine ainſi mal à Agen ; là on commença à eſtablir & executer l'Edit, le Roy diſant vou-

(a) Les Etats-Généraux en demandant l'abrogation du dernier édit de pacification, n'avoient point voulu donner l'argent néceſſaire pour faire la guerre ; & la ſeule propoſition d'ouvrir leurs bourſes avoit glacé les plus zélès. Henri III en conſéquence ſoupiroit après la paix ; & les Proteſtans la déſiroient également. Un ſixième édit de pacification, par lequel on établiſſoit une plus grande égalité entre les ſujets des deux communions, fut publié à Poitiers dans le courant de Septembre 1577. Le Parlement l'enregiſtra le 8 Octobre. La ligue n'oſa pas s'y oppoſer. Elle ſentit qu'elle n'étoit pas aſſez forte, pour le faire impunément.

Tome XLIX. A

1577. loir maintenir cette paix qu'il avoit faite, & non la precedente, où il avoit esté forcé. Continuant à estre mal, je m'en vins à Turenne : après avoir eu l'avis des Medecins & Chirurgiens, M. *Joubert* me dit à part, que si je le voulois croire, que je prendrois de l'eau qu'on appelle *d'arquebusabe*, où il entre des escrevisses, ce que je fis par quinze jours, avec tant de profit, que je crachay le sang pourry qui m'estoit demeuré dans le corps, & depuis ne m'en suis pas senty. Cette paix fut souvent interrompuë par des surprises de places, qui se faisoient d'une part & d'autre, & plus encore de ceux de la Religion pressez, non tant par le Roy de Navarre, que par quelques autres particuliers, principalement de ceux de Languedoc, qui estoient entrez en une grande méfiance du Mareschal d'Anville leur Gouverneur (a), estimans que si par ces moyens ils ne maintenoient quelques armes,

(a) Ces faits s'accordent avec ce qu'on a vu dans les Mémoires de Jean Philippi (tome XLVI de la Collection, p. 426.) *Le Maréchal de Damville* (raconte Davila) *dont les brouilleries avec les Huguenots s'aigrissoient de jour en jour, ne cessoit de poursuivre en Languedoc ceux d'entr'eux qui l'avoient (disoit-il) outragé. Il couvroit ces vexations du prétexte de soumettre à son obéissance les places de son Gouvernement.* (Hist. des Guerres civiles, tome II, Liv. VI, p. 73.)

qu'ils ne se pourroient conserver, quoy que 1577. cela se fist sans commandement dudit Roy, si ne vouloit-il les desavoüer, pour n'obliger ceux qui leur tenoient la main, ou de séparer le party, ou de se reconcilier avec le Roy. Le Roy de Navarre n'avoit voulu consentir, que la Reine Marguerite le vint trouver (28), à cause du mauvais ménage qu'ils avoient eu estans à la Cour, les divers soupçons qu'elle luy avoit donné de ses comportemens, quoy que le Roy son frere ne l'aymât, si luy sembloit-il estre honteux pour luy, de voir sa sœur comme repudiée par le Roy de Navarre, lequel estoit blasmé des uns de ne se porter assez vertement à la reparation des contraventions à l'Edit; des autres d'attirer sur le party une grande haine, à cause des mescontentemens du Roy contre sa personne, à l'occasion de la Reine sa sœur.

Ledit Roy de Navarre m'envoya prier es- 1578. tant à Turenne de l'aller trouver, ce que je fis soudain, il m'exposa ses peines, les blasmes susdits de son procedé, me demandant avis de ce qu'il avoit à faire. Mon opinion fut qu'on devoit convoquer une assemblée generale de ceux de la Religion, pour avec un avis commun se resoudre sur ces difficultez, & se décharger par après des blasmes qu'on luy

1578. donnoit sur le general. Le Roy, la Reine Mere & Monsieur, par diverses voyes, négocioient pour la venuë de la Reine Marguerite. Ainsi que l'assemblée fut resoluë, & les Deputez venus à Montauban, le Roy y envoya le sieur de *Bellievre*, qui depuis a esté Chancelier de France, pour déclarer sa bonne volonté à maintenir son Edit, sa patience à supporter tant d'entreprises contre ledit Edit, par ceux de *la Religion*, le desir qu'il avoit de revoir la Reine sa sœur près du Roy de Navarre. Il fut résolu, que de part & d'autre, on envoyeroit des Deputez par les Provinces, pour réparer les contraventions faites à l'Edit, de costé & d'autre, & remporta ledit sieur de Bellievre, de plus douces paroles du Roy de Navarre, pour le regrad de la Reine Marguerite, qu'il n'avoit auparavant, son esprit estant fort offensé, jusques-là, qu'il doutoit de la sureté de sa personne elle se rapprochant; la pluspart de ceux qui estoient près de luy, n'adheroient à sa venuë, & aussi peu le Corps des Eglises, estimans qu'elle porteroit beaucoup de corruption & que le Roy de Navarre mesme se laisseroit aller aux plaisirs, en donnant moins de temps & d'affection aux affaires.

Les deputations rallentirent un peu les aigreurs, qui estoient prestes à éclater en une guerre ouverte, & cependant firent peu ou rien du tout, ce à quoy les uns & les autres avoient contrevenu. La Reine Mere se laisse entendre de vouloir venir & amener sa fille ; elle part (a), quoy qu'elle n'eust pas la parole du Roy de Navarre de la recevoir, s'acheminant, priant & menaçant que menant sa fille, si elle estoit refusée, que la honte qu'on feroit au Roy & à elle seroit telle, que prenant le seul Roy de Navarre à partie, & donnans la jouïssance de l'Edit à ceux de la Religion, qu'ils ne voudroient favoriser ledit Roy de Navarre à une si mauvaise cause, ny qu'aucun Prince Estranger se voulût formaliser pour ledit Roy, qui averty de cecy, entendant force murmures des Provinces, qu'ils n'avoient eu les armes en la main que pour la Religion, que cette occasion cessant, ils es-

(a) Davila (Histoire des Guerres civiles, Liv. VI, p. 74) date des premiers mois de l'année 1578 ce voyage de Catherine de Médicis, & de la Reine Marguerite sa fille. Selon l'Historien moderne du Querci (tome II) ce fut vers la fin de 1578. L'opinion la plus générale fixe cette date au mois de Juillet ; & cette dernière s'accorde avec les Mémoires de la Reine Marguerite. Elle dit qu'à cette époque *son frère* (d'Anjou) *étoit sur son partement de Flandres*. Or on convient que ce fut là le tems où ce Prince alla pour la première fois se mettre à la tête des Flamands.

1578. toient sujets du Roy, qu'il leur seroit fort dur d'abandonner le Roy de Navare, mais qu'ils y seroient contraints, si la cause generale se rendoit particuliere.

Cela fit changer d'avis, à sçavoir de dire à la Reine Mere qu'elle vint, & que sa fille se comportant selon son devoir, que tout le passé seroit mis en oubly. Le lieu de sa reception est arresté à la Réole, ville de seureté, le sieur de Favas (a) y commandoit. La Reine avoit le Mareschal de Biron près d'elle, qui avoit fort mal reconnu l'obligation qu'il avoit au Roy de Navarre, d'avoir fait chasser le Marquis de Villars (b) de la Lieutenance de Guyenne, pour l'y mettre. Ledit Biron cherchoit tous les moyens qu'il pouvoit

(a) M. de Thou (Liv. LXIII) nous apprend que ce Capitaine Favas s'étoit rendu coupable d'un enlevement au profit d'un sieur de Gasques de Bordeaux. Favas présumant bien qu'on le poursuivroit en raison de ce crime, & d'un meurtre qui l'avoit accompagné, résolut de se donner un protecteur. Il surprit à main armée *Bazas* & la *Réole*, & il déclara tenir ces places au nom du Roi de Navarre. Favas avoit fait ces conquêtes au commencement de 1577.

(b) Le zèle du Marquis de Villars pour le Catholicisme avoit déplu au Roi de Navarre: mais le dévouement, que Biron montra pour les intérêts du Roi, ne lui causa pas moins d'embarras. Voilà la cause des reproches qu'ici le Duc de Bouillon fait à Biron.

pour brouiller. A cette premiere reception, 1578. les choses se passerent assez doucement, & neantmoins la Reine Maguerite demeura avec la Reine sa Mere, qui s'en devoit venir au port *de Sainte-Marie*; & le Roy de Navarre accompagné de cinq ou six cent Gentilshommes, s'en retourna à Nérac. Aussi-tost que la Reine fut arrivée audit Port, elle le fit sçavoir audit Roy de Navarre, le conviant d'appeller les Deputez des Provinces pour conferer, & restablir les choses ébranlées aux Edits. Le Roy de Navarre l'alla trouver audit Port, qui n'est distant que de deux lieues de Nairac; & là il refusa d'accepter ce lieu là pour s'assembler, si ce n'estoit que la Reine le dispensast d'y estre.

Je vous ay dit, qu'après que j'eus pris les armes, qu'on m'avoit fermé les portes à Casteljaloux où commandoit le sieur de Rosan, puisné de la maison de Duras, je m'estois resolu de me faire reparer ce mépris. Duras l'aisné, passant un jour par Leytoure, parlant à M. de Lavardin, lui avoit tenu quelques propos de moy sur ce sujet, plus libres qu'il ne me sembloit pour les endurer; ledit Duras estant avec la Reine Mere, je me resolus de le faire appeller. Je pars de Nairac, & envoye le sieur de Frontenac au Port,

1578. lequel n'y trouva plus ledit Duras. Cela failly, j'attendis l'occasion que vous sçaurez. Enfin, après plusieurs allées & venues, le lieu du Port est refusé, mais celuy de Nairac choisi, & d'autant qu'il falloit du temps pour faire venir les Deputez, la Reine Mere donna jusqu'à Thoulouse, pour voir ces villes là, où je fus envoyé vers elle, sur les avis qu'avoit le Roy de Navarre, qu'on faisoit des entreprises sur des places tenues par ceux de la Religion, qui s'excusoient d'envoyer leurs Deputez des Provinces pour se trouver à Nairac au temps assigné. Arrivant à Thoulouse, je trouvay beaucoup de peuple amassé le long des rues par où je devois passer, pour aller au logis qu'on m'avoit préparé. Ce peuple mutin, ennemy de ceux de la Religion, me monstroit avoir desagreable ma venue, & qu'il ne voyoit pas volontiers que j'allasse trouver la Reine Mere.

Après estre arrivé, je fis avertir ladite Reine, pour prendre l'heure qu'il luy plairoit me donner; elle me remit au lendemain à deux heures, là où je l'allay trouver, & luy ayant rendu mes Lettres qui portoient créances, je luy fis entendre qu'en Dauphiné & Languedoc, on avoit descouvert diverses entreprises, qui se faisoient sur les places 1578 de ceux de la Religion, que le Mareschal de Biron en menoit une sur Périgueux, que le pouvoir qui luy avoit esté donné, estoit restreint dans les conditions ausquelles le Roy de Navarre, ny ceux de la Religion ne se soûmettroient point, que s'il ne luy plaisoit faire cesser les entreprises, & se faire authoriser suffisamment, que se seroit en vain de s'assembler, prévoyant le Roy de Navarre, qu'on n'estoit plus près d'une rupture que d'un accord, dequoy il ne vouloit, ny ceux de son party estre blasmez, étant ce qui luy en faisoit donner avis, pour lui donner sujet de prévenir cela, qui donneroit occasion aux *mignons* (ainsi appelloit-on les Ducs de *Joyeuse & d'Espernon,*) qui tâchoient à luy rendre de mauvais offices près du Roy, de le faire, de ce qu'au lieu d'avoir accommodé le Roy de Navarre & la Reine sa fille, & empesché la guerre, qu'en sa présence les affaires se fussent aigries & portées à une rupture entiere.

Elle me dit, « qu'elle ne pouvoit empes-
» cher les Catholiques, qu'on pilloit, & tra-
» vailloit en diverses façons, d'en faire de
» mesme, qu'elle estoit mere du Roy, qu'elle
» sçavoit estre de si bon naturel, qu'on ne

» luy pourroit rendre de mauvais offices près
» de luy, que pour couper chemin à tout
» cela, il falloit que le Roy de Navarre
» reprist sa fille, & que le jour de l'assemblée
» fust pris sans aucun delay, que cela osteroit
» l'occasion à tous ces remueurs de ménage,
» d'une Religion & d'autre, de ne rien en-
» treprendre, estimant qu'aussi bien s'ils n'es-
» toient chastiez, il faudroit reparer ce qu'ils
» auroient fait, me conviant d'y tenir la
» main, estant obligé, outre ce que je devois
» au Roy, d'affectionner ce qui la regardoit,
» ayant cet honneur d'estre descendu de la
» maison de Boulogne & d'Auvergne comme
» elle, que c'estoit une grandeur & bonne
» fortune de m'approcher du Roy, lequel
» elle sçavoit qu'il m'aymoit & estimoit ».
Je ne luy donnay loisir de parachever ces
propos, que je connoissois vouloir venir à
me donner des espérances d'accroissement
d'honneur, en me départant de la fidelité que
je devois & voulois rendre à ma Religion,
& au Roy de Navarre qui m'avoit employé ;
je la remerciay très-humblement, luy témoi-
gnant que j'estois de ceux qui ne donnoient
jamais de (a) l'accroissement à leur particu-

(a) Ce désintéressement ne s'accorde pas tout-à-fait avec les négociations que pendant la tenue des Etats-

lier, en diminuant ce qui estoit de leur de- 1578.
voir, & faisant actions contraires à ce qu'ils
témoignoient exterieurement se sentir obligez,
que les remueurs s'accommodassent, que le
Roy de Navarre fut content, & lors je cher-
cherois toutes occasions pour témoigner au
Roy & à Elle, que j'estois capable & fort
disposé pour le bien servir.

Alors elle me dit, qu'elle vouloit venir
à Ausche (a), que si le Roy de Navarre s'en
vouloit approcher, qu'ils prendroient un lieu
pour se voir, que cependant elle escriroit
pour arrester le cours de ces remuëmens,
ainsi qu'elle prioit le Roy de Navarre d'en
faire de mesme, & desira que de Thoulouse
mesme j'en escrivisse aux Eglises de Languedoc, ce que je fis avec grande discrétion,
ne voulant que mes lettres servissent à asseurer ceux de la Religion, & donner plus de
moyen par là d'entreprendre sur eux, &
d'estre asseuré, ou de malice, ou d'ignorance,

Généraux de 1576, le Vicomte de Turenne entretint
pour un arrangement particulier entre lui & la Cour.
Si l'on en croit le Duc de Nevers, la Barge fut envoyé
exprès; & cet agent à son retour donna des espérances
par rapport au Vicomte. (Lisez le Journal des Estats de
Blois par le Duc de Nevers, tome III de la dernière
édition des Mémoires de l'Etoile, p. 124 & 188.)

1578. eſtant aiſé à voir que la volonté de la Reine n'eſtoit entierement ſincere, ny auſſi ſi bien obeïe, qu'il ne parût qu'on avoit beſoin de ſe garder. Elle me renvoya avec cette aſſeurance de ſe vouloir aſſembler, & qu'à Auſche on reſoudroit le lieu & le jour, qu'elle prioit qu'on haſtât les Deputez, afin qu'elle pût s'en retourner retrouver le Roy.

Je donnois avis d'heure à autre au Roy de Navarre de tout ce qui ſe paſſoit; ſur mes avis, il s'avance à *Leytoure*, où je le fus trouver, & luy rendis compte de toute ma negociation, après quoy il ſe reſolut de s'approcher d'Auſche, lors qu'il ſçauroit que la Reine mere y ſeroit. Sçachant ſon arrivée, il s'en alla en la maiſon de M. de *Roquelaure*, qui n'eſt pas loin d'Auſche, d'où ayant ſceu l'arrivée de la Reine, il prit réſolution de s'y en aller, & aſſez légerement, veu les défiances qu'il avoit. Auſche eſt une petite ville, preſque peuplée de Preſtres. Le Mareſchal de Biron eſtoit venu là trouver la Reine; nous arrivâmes à Auſche ſur le midy, où nous ne trouvaſmes la Reine, eſtant allée à une *tente de Palombes* (a), le Mareſchal de Biron, & autres perſonnes de

(a) Nous préſumons qu'il s'agit ici d'une chaſſe avec des filets, pour prendre des tourterelles, ou des ramiers.

qualité eſtans avec elle; nous trouvaſmes la 1578. Reine Marguerite & les filles. Le Roy de Navarre, & ladite Reine ſe faluërent, & ſe témoignerent plus de préparation à un accommodement, qu'ils n'avoient fait les autres fois qu'ils s'eſtoient veus; les violons vinrent (a); nous commençaſmes tous à danſer.

La danſe continuant, le jeune *Armagnac* (b) arrive, eſtant party de Nerac, depeſché vers le Roy de Navarre, pour l'avertir que la nuit précedente, *la Reole*, qui eſtoit une des villes de ſeureté, avoit eſté ſurpriſe par le Chaſteau. Il fit ſon meſſage à l'oreille du Roy, qui ſoudain m'appella; le premier mouvement fut, ſi nous eſtions aſſez fort pour nous ſaiſir de la ville; il fut jugé que non; ſoudain je dis qu'il nous falloit ſortir, & qu'avec juſtice nous pouvions nous ſaiſir du Mareſchal de Biron, & autres principaux qui eſtoient avec la Reine, pour r'avoir *la Reole*. Nous prenons congé de la compagnie, qui trouva noſtre depart plus prompt qu'elle ne ſe l'eſtoit promis, n'en ſçachant l'occaſion: ils monſtroient de l'eſtonnement; tout cela haſtoit noſtre départ, interpreſtans tous les propos & geſtes de ceux d'Auſche, à une

(a) Voilà bien le caractère national!
(b) C'étoit le valet de chambre de Henri IV.

1578. fuitte deliberée de deffein contre nous, ainfi qu'il avient ordinairement, que quand on a quelque chofe à entreprendre, où il y a du hazard, tout ce qui fe meut, femble fe mouvoir à l'oppofition de ce que nous projettons.

Eftans hors de la ville, mon ouverture fut propofée & non fuivie, s'y trouvant du péril, pour eftre ledit Marefchal bien monté, & ayant affez d'hommes de main pour rendre le combat, douteux que c'eftoit faire affront à la Reine, y ayant apparence qu'elle n'en fçavoit rien, que cela eftant, elle feroit reftituer la Reole, que nous pouvions nous faifir de Fleurance, qui eftoit fur noftre chemin & de Leytoure, & qu'à cet effet, il falloit faire avancer les Marefchaux des logis, & les accompagner d'une partie des Gardes, afin qu'ils nous peuffent garder une porte, & que le Roy iroit au devant de la Reine, pour luy témoigner fon offenfe, & fon refpect, chofe qui ordinairement engendre pluftoft du mefpris, en ce qu'on croit, que c'eft pluftoft par faute de moyen de faire autrement que par volonté, & ne fe void gueres qu'en pareil cas, on fe fouvienne de telles courtoifies.

Au rencontre de la Reine (a), le Roy de

(a) Le récit de Mathieu (Hiftoire du Règne de

Navarre l'abordant, elle fit fort l'eſtonnée & 1578.
avec raiſon, ne ſçachant ce que nous ferions;
elle donne quantité de paroles pour aſſeurer
une reparation; le Mareſchal de Biron, au-

Henri III, Liv. VII, p. 446 & 447) vient à l'appui
de celui du Duc de Bouillon, & peint fort bien cette
entrevue. « Armagnac, premier valet de chambre du
» Roy (raconte-t-il) luy vint dire à l'oreille que le
» chaſteau de la Réole eſtoit pris, les Catholiques en
» armes, & tout en frayeur. Rien ne parut en ſon
» viſage qui teſmoignaſt le reſſentiment d'un coup ſi
» ſenſible : ſa bonne mine oſta tout le jugement que
» l'on pouvoit faire d'une ſi faſcheuſe nouvelle. Il
» continua ſon diſcours ſur les peines & avantures
» qu'il avoit couru, & tout-à coup ſe tournant vers
» les Seigneurs, leur dit : *Allons au devant de la Reyne*
» *mere*, qui eſtoit au promenoir. Sitoſt qu'il fuſt de-
» hors de la chambre, il donna l'ordre néceſſaire ſur
» l'advis qu'on luy avoit donné, & rencontrant la
» Reyne mere en campagne, s'approcha de ſon car-
» roſſe, & lui dit : *Madame, nous eſpérions que voſtre*
» *veuue aſſoupiroit les troubles, & au contraire vous les*
» *allumez ; mais je ſuis ſerviteur du Roy, & eſpere qu'il*
» *ſe trouvera autant de gens de bien pour maintenir ſon ſer-*
» *vice qu'il y en a de meſchants pour l'empeſcher.* A cela
» la Royne mere avec un peu d'eſtonnement & d'eſmo-
» tion : *Que dites-vous, mon fils ? Qui vous fait parler*
» *ainſi ?.... Madame,* (adjouſte le Roy de Navarre) *le*
» *chaſteau de la Réole eſt pris.* La Reyne mere appella
» le Mareſchal de Biron, qui eſtoit là, & luy demanda
» s'il en ſçavoit rien : il dit que *non*.

1578. theur de cette exécution, qui n'eſtoit aymé du Roy de Navarre, & qui ne s'aſſeuroit de moy, qu'il croyoit ſçavoir qu'il avoit pouſſé la Reine mere, à m'imputer toutes les procedures du Roy de Navarre qui ne luy agréoient, ſe jette hors du chemin separé des caroſſes, accoſta quelques-uns des noſtres, ſe juſtifiant & promettant de faire tout devoir pour luy faire rendre cette place. Nous nous ſéparaſmes ainſi, & ne peuſmes arriver à Fleurance (a), qu'il ne fuſt trois heures de nuit. Sur l'arrivée des Mareſchaux des logis, quelques-uns de la ville ſe jetterent dans une porte, où il y a deux tours, & commencerent à faire quelques barricades. Comme nous euſmes mis pied à terre, le Capitaine des Gardes du Roy de Navarre nommé *Saint-Martin*, alla pour faire une ronde, venant au droit de cette porte ſaiſie; on luy demanda *qui vive*, & à meſme inſtant bonnes arquebuſades; il demeure-là & avertit le Roy, qui me commanda d'aller voir ce que c'eſtoit.

Je fus parler à ces habitans, pour ſçavoir l'occaſion de leur retraitte à cette porte, veu que tout eſtoit en repos, que nous

(a) Florence, ville de Gaſcogne dans le Comté d'Armagnac.

venions

venions de laisser la Reine, laquelle nous devions retourner trouver dans peu de jours; ils nous firent paroistre de sçavoir autres nouvelles, nous disans *ne vouloir partir d'où ils estoient sans commandement*; je manday au Roy leur réponse, & commençay à les attaquer, leur faisant quitter leurs barricades; retirez dans les tours, ils se voyent en danger du feu, & de la sappe; ils se rendirent, & sceusmes qu'aussi-tost que nous eusmes laissé la Reine, il leur avoit esté mandé de nous fermer la porte; mais les Mareschaux des logis estans dedans, ils n'avoient osé entreprendre de les faire sortir. Nous mismes garnison; & nous en allasmes à Nérac, où toute la (a) negociation fut en allées & venuës, pour avoir réparation de la *Reole*; à la fin, il fut résolu qu'elle seroit remise à ceux *de la Religion*, mais que le sieur *d'Ussac* en auroit le gouvernement, & le sieur de *Favas* n'y rentreroit. Cela convenu, on resolut d'appeller les Deputez, &

1578.

___

(a) Quand Catherine de Médicis sut la prise de Florence, elle n'en fit que rire; & branlant la tête, elle dit : *Je voy bien que c'est la revanche de la Réole, & que le Roy de Navarre a voulu faire chou pour chou : mais le mien est mieux pommé.* (Economies Royales, politiques & militaires, chap. X, p. 23.)

1578. envoye t'on par tout. Les provinces s'y difposent, & s'affemblent pour députer & envoyer à *Nérac*, *la Reole* eft remife entre les mains de *d'Uffac*, qui gagné (29), quitta au bout de quelques mois la Religion, & tint cette place la guerre fuivante contre ceux de la Religion, au prejudice de fon ame & de fon honneur, contrevenant à ce qu'il avoit promis.

1579. La conférence fe tint, où furent accordez les articles nommez la conférence de Nerac: la Reine part & s'en va à Agen, où le fieur de Duras la vint trouver; ce que fçachant, je pars de Nérac avant la pointe du jour, & me rendis vis-à-vis d'Agen, du mefme cofté de Nerac, d'où j'envoyay un Gentilhomme au fieur de Duras, luy dire le lieu où je l'attendois avec une épée & un poignart, pour tirer raifon de luy des paroles qu'il avoit dites de moy. Le meffage fut bien fait, mais peu après; ledit Duras fut arrefté, je ne le fceus point, qu'il ne fut plus de dix heures, n'ayant ceffé de pleuvoir toute la matinée; averty que je fus, je montay à cheval, & m'en allay à Nerac (a), où le Roy de Navarre eftoit

(a) Après des altercations fort vives de part & d'autre, on convint à Nérac de vingt-fept articles tous interprétatifs du dernier Edit de pacification. Henri III

pret de monter à cheval, pour apprendre de 1579.
mes nouvelles. Il eſtoit queſtion de faire exécuter de ſa part, des Catholiques Romains
& de ceux de la Religion, les articles accordez. Le Roy de Navarre voulut que je priſſe
cette commiſſion en toute la Guyenne. Ayant
receu ſes commandemens, j'allay à Agen,
trouver la Reine; je prenois cette charge
mal volontiers, connoiſſant que ce ne ſeroit
que des conteſtations odieuſes, eſtant preſque
impoſſible, en tel cas, de ſatisfaire les uns &
les autres, & le plus ſouvent les laiſſant tous
mal-contents; d'ailleurs il ne ſe preſentoit
nulle occaſion où eſtre employé, ce qu'un
jeune homme qui veut parvenir, doit rechercher de ne demeurer oiſif.

Eſtant à Agen, la Reine nous accorda le
ſieur de Duras (a) & moy, qui m'eſtois ſatisfait par cet appel, n'y ayant nuls propos

---

ratifia à Paris, le 19 Mars 1579, les articles qui
avoient été ſouſcrits en ſon nom par Catherine de Médicis, Armand de Gontaud, de Biron, Guillaume de
Joyeuſe, le Sieur de Lanſac, Bertrand Salignac de la
Mothe Fénélon, & Guy du Faur, Sieur de Pibrac.
On tint cette convention ſecrette, & on ne la rendit
publique qu'après la conférence de *Fleix*, c'eſt-à-dire,
en 1581 (de Thou, Liv. LXXVIII.)

(a.) Jacques de Duras, Marquis de Duras, ayeul
des Maréchaux de Duras & de Lorges.

injurieux. Ainſi qu'on travailloit pour l'ordre de l'exécution des articles, s'y eſtans paſſez quelques jours, eſtant retiré en mon logis le ſieur de Duras y vint : je le receus avec honneur ; nous approchâmes d'une feneſtre, nous reculans de la troupe de force Gentilshommes qui eſtoient dans ma chambre. Il me dit, *que ſon frere de Roſan* (a) *eſtoit venu, & que ſi je voulois parler à luy, qu'il le feroit trouver où je voudrois.* Je luy dis, *qu'encore que j'euſſe des défences, & que j'eſtois là pour les affaires publiques, que ſon avertiſſement m'obligeoit à joüir de ſon offre, & que le lendemain de grand matin je me trouverois au bout du gravier.* Ainſi appelle-t-on la place, qui eſt entre la ville & la riviere *de Garonne, du coſté qui và à la foz*, *monté ſur un courtaut avec une épée & un poignard, & que là ſon frere & moy nous nous contenterions.* Il me dit, *qu'il vouloit eſtre de la partie ;* je refuſay cela ; il me le conteſta ; je m'accorde d'y mener un amy, adjouſtant que perſonne n'avoit ouy nos propos, & que de ma part rien ne m'empeſcheroit. Nous nous donnons le bon ſoir, je le conduiſis juſques dans la ruë. Sou-

(b) Jean de Duras de Durefort, Sieur de Roſan Selon l'Annotateur de la dernière édition des Mémoires de l'Etoile, p. 275, tome I : il mourut ſans poſtérité.

dain 'après estre retourné en ma chambre, je donnay le bon soir à tout le monde, & envoyay querir le Baron de Salagnac (a), auquel je dis ce qui s'estoit passé entre Duras & moy, & que je le priois de m'assister en cela; ce qu'il accepta (b) volontiers. Nous avisasmes nos épées & poignards, & en prismes chacun une longue de trois pieds, épées que nous portions ainsi ordinairement, & aussi deux poignards, n'estant lors cette vilaine & honteuse coustume introduite depuis, de porter aux duels des épées de cinq ou six pieds, des poignards avec des coquilles, comme des demy rondaches. Cela fait nous nous separons.

1579.

Le matin avant jour il me vint trouver; ayant accommodé la pointe de nos épées, nous résolusmes d'user de toutes les courtoisies que les occasions nous offriroient envers ceux à qui nous devions avoir affaire. Je pris

(a) Jean de Gontaud-Biron Salignac, Baron de ce nom, & de Saint-Blancard. Il étoit second fils d'Armand de Gontaud, & de Jeanne d'Ornessan.

(b) Ces combats alors n'avoient rien d'extraordinaire; la même année il y en eut un qui fit du bruit à la Cour. *Dangeau* & la *Hette*, Gentilshommes du Duc d'Anjou, se battirent à outrance. La Hette, blessé de treize coups d'épée, s'élança sur son adversaire, & le tua roide. Le vainqueur mourut quelques jours après

1579. un pourpoint découpé, enquoy je faillois pour se pouvoir aisément embarasser dans les découpures, les gardes du poignard ou de l'épée; le jour venu nous prenons chacun un courtant, des esperons sur nos bas de soye, nous faisant suivre par un petit laquais, nous sortons par la porte du *Pin*, & nous nous rendons au lieu designé, où nous demeurasmes près de deux heures; à la fin nous voyons venir les deux freres, montez sur deux chevaux d'Espagne; contre ce qu'ils avoient arresté. Ils s'approchent de nous & veulent mettre pied à terre; je leur dis, *allons plus loin, voilà des gens qui courrent après nous qui nous separeroient;* nous galoppons environ deux cens pas, boüillans de venir aux mains, & craignans que de la ville on ne courust & fussions empeschez. Je m'arreste & mis pied à terre, & le Baron près de moy, faisons oster nos esperons & (a) priasmes Dieu : eux mirent aussi pied à terre. Duras s'avance pour nous visiter ; nous estions tous detachez, la chair nous paroissant par les ouvertures de nos chemises, eux ne l'estoient,

(a) Cet acte de piété étoit conforme à l'usage des anciens Chevaliers, avant d'entrer en lice : mais ici croit-on que la Divinité pût accueillir les prières d'un homme qui se disposoit à égorger son semblable?

mais seulement deboutonnez de quelques boutons. Ainsi que Duras me visitoit, je luy mis la main sur le pourpoint, luy disant qu'il n'estoit maillé, le tenant trop galand homme; je dis de mesme à son frere, qui estoit à dix ou douze pas de moy; je vis qu'il avoit des esperons; je luy dis qu'il les ostât, le pouvans faire tomber, ce qu'il mefit : Duras dit *ce que j'avois à demander à son frere*; je répons, *que nous n'estions là pour nous en éclaircir que par les armes*, lesquelles nous mismes au poing, & allasmes les uns aux autres. Je luy donnois des estocades, que je croyois le percer; il me blesse un peu à la main gauche; il tombe; je le fais relever; je veux aller aux prises en me jettant sur luy; je rencontre le bout de son épée du bras gauche & m'en blesse, l'ayant mené plus de soixante pas; j'oüis le Baron de Salagniac, qui disoit à l'aisné *prenez une autre épée*; il survint neuf ou dix hommes de Duras, qui commencent à me charger par devant (a) & par derriere,

(a) Les écrits du tems, tels que les Mémoires de l'Etoile (tome I, édit. de 1744, p. 276.) en racontant ce combat, se contentent de dire que le Vicomte de Turenne fut blessé de dix-sept coups d'épée. M. de Thou (Liv. LXXVIII.) observe que le Vicomte fit grand bruit de ce combat, qu'il prétendit qu'il y avoit

1579. de sorte qu'ils me donnerent vingt-huict coups; dequoy il y en avoit vingt-deux qui me tiroient du sang, & les autres dans mon habillement; je ne tombe ny mes armes; pensans m'avoir donné assez de coups, ils me laissent.

Il arrive quelques gens de la ville, mesme

eu de la surprise, & que de Rosan portoit une cotte de maille sous son habit, & que des gens apostés l'avoient attaqué en traîtres. C'est (ajoute-t-il) ce qu'il publia dans un écrit qu'il fit paroître. Ayant consulté Damville sur cet événement; celui-ci de l'avis de la Noblesse décida que le Vicomte de Turenne, pour se venger d'une pareille supercherie, étoit autorisé à employer toute autre voie que celle du duel. On trouve à-peu-près les mêmes détails dans le discours de Brantôme sur les duels. Il ne dit point comme M. de Thou, que le Vicomte de Turenne se soit opposé à ce qu'on poursuivît cette affaire. Brantôme, au contraire, nous apprend que le Vicomte voulut faire tuer M. de Duras dans sa maison, & que sans un cerf en rut, qui étoit dans les fossés du château, l'entreprise contre Duras auroit été consommée. Au surplus, Brantôme observe que les deux Duras nioient d'avoir participé à aucune trahison, & qu'ils en étoient incapables. D'après cet exposé, on ne conçoit pas pourquoi Marsolier, dans son histoire du Duc de Bouillon, a voulu rejetter cet assassinat sur Catherine de Médicis. N'a-t-elle pas assez de crimes que l'histoire lui reproche, sans lui en prêter d'incertains?

le Gouverneur, le sieur de Lusignan (a) qui me rameine; estant pansé, mes coups se reconnoissent sans danger. Le Roy de Navarre vint le lendemain sur le gravier pour me querir, où la Reine l'alla trouver, il témoigna un très vif ressentiment de la surprise qu'on m'avoit faite; je m'en allay à Nerac, où je fus tost guery. Il ne se peut rien faire aux actions de nostre vie de plus injuste envers Dieu, ny qui doive tant offencer les Souverains que tels combats, ausquels nous nous faisons meurtriers de nos ennemis ou de nous, & bien souvent de tous deux, nous disposons de nos vies, qui ne nous sont libres; dependantes des commandemens de nos Souverains, pour les employer à la défence de nostre patrie & en ses querelles, la seule fantaisie fait l'offence, & soûmettant nostre honneur à pouvoir estre blessé par la seule imagination de moy ou d'autruy, & pour le réparer, nous allons offenser Dieu griefvement, nostre Prince, mettre nostre honneur au hazard, n'estant les armes décisives pour celuy qui a la meilleure cause, les évenemens arrivans souvent au contraire, nous hazardons nostre vie & nostre bien.

1579.

(a) Saint-Gelais, dit Lezignem, Chevalier d'honneur de Catherine de Médicis.

1579. « C'est pourquoy, mon fils, si l'Edit qui
» est maintenant observé sur ce sujet, vient
» à n'estre observé lors que vous serez en
» âge de porter les armes, je vous comman-
» de, prie & conseille que vous évitiez toutes
» occasions de querelles, avisiez de n'offenser
» personne ; rendez-vous discret entre les
» gens de vostre âge & avec tous autres,
» de ne leur dire rien qui les puisse fascher ;
» gardez-vous de vous mocquer, la mocque-
» rie suscitant souvent des querelles, empes-
» chez-vous des jeux de mains, qui sont or-
» dinairement occasion de faire des offenses
» entre les meilleurs amis ; si on vous offense,
» avisez de ne la recevoir legerement, mais
» l'estant, prodiguez tout pour conserver
» vostre honneur & vostre reputation, à la-
» quelle ayant laissé faire bresche toutes les
» autres vertus sont inutiles aux hommes de
» vostre qualité, & est celuy-là incapable de
» s'agrandir jamais en sa condition, mesme-
» ment entre les François, où la vaillance
» est si commune, que celuy qui ne l'est,
» paroist comme un homme indigne d'aucune
» louange ny merite ; mais si vous estes sage
» & discret, vous vivrez avec une hon-
» neste & bienseante societé qui vous empes-
» chera de querelles, & n'aurez à porter

» voftre vie au péril, & vous donnerez de 1579.
» la reputation au fervice de Dieu & de voftre
» Roy, en mefprifant les dangers, vous té-
» moignerez voftre courage ; & fi en telles
» actions vous y trouvez ou des bleffures, ou
» la perte de la vie, vous aurez trouvé cela,
» où il le faut chercher, & aurez, foit en
» vos douleurs, foit en mourant cette fatis-
» faction, que voftre honneur en fera accreu,
» & la mémoire en fera bonne à ceux qui
» vous furvivront ».

J'ay fait cette digreffion, d'autant que ce font les plus importantes actions qui fe pourront préfenter au cours de la vie.

La Reine mere s'ennuyoit ; elle avoit fait fon traitté, qui luy fembloit eftre fuffifant pour contenter tout le monde de l'iffuë de fon voyage, & qu'elle avoit remis fa fille avec le Roy de Navarre ; neantmoins elle jugeoit bien que ces chofes ne feroient de durée ; elle part & s'en va à Touloufe, & de là prit fon chemin par Caftelnaudari vers le bas Languedoc, où le Roy de Navarre l'alla trouver, & fe dirent adieu avec témoignage d'affection. Nous nous en retournons à Nerac ; on pourfuit l'exécution des Edits & Conference de Nerac, enquoy plufieurs chofes furent omifes de part & d'autre, mef-

1579. mement en Languedoc, où quelques petites places, que tenoient ceux de la Religion, devoient estre delaissées, ne le furent point; Aussi du costé des Catholiques, il y eut diverses omissions à l'exécution de la Conférence, estant certain que les uns & les autres qui avoient leurs esprits portez à l'affection, estoient bien aises par les des-obissances, se garder tousjours quelques armes en la main, cela nourrit & continua les méfiances de part & d'autre. M. le Mareschal d'Anville, monstroit se vouloir separer du Roy de Navarre, ceux de la Religion en Languedoc se preparoient, M. de Chastillon, fils de M. l'Admiral, mort à la Saint-Barthelemy, pour leur commander sous le Roy de Navarre. Les soupçons croissans, on tint une assemblée générale de ceux de la Religion à Montauban (a), où l'on fit union plus estroite de tout le corps; & pour estre plus certain des commandemens & résolutions, lors qu'il faudroit que tout le general suivist une mesme dé-

(a) Les Mémoires de Jean Philippi (tome XLVI de la Collection, p. 428.) placent cette assemblée à Mazeres dans le Comté de Foix. M. de Thou (Liv. LXXVIII. (est d'accord avec Philippi. Il date du 9 Novembre 1579 l'arrivée de Damville à cette assemblée.

liberation, on rompit quelques efcus (a), def- 1579.
quels toutes les moitiez demeurerent entre
les mains du Roy de Navarre, & les autres
furent données à M. le Prince, & à chacun
de nous les principaux du party, & à chaque
province pour les garder entre les mains de
peu de gens efleus, & enfuite ordonner ce
qu'ils auroient à faire lors qu'on les avertiroit
de quelque réfolution generale. Nous fejour-
nafmes à Montauban quelque temps, chacun
s'employoit à fe preparer à un nouveau remuëment, & à reconnoiftre des places. M.
le Prince avife à fe reftablir dans le Gouvernement de Picardie, eftimant qu'il le luy
falloit faire par furprife de place, mais que
l'ayant fait, il falloit qu'un remuëment grand
divertift le Roy de l'attaquer, ou pour le
moins fi fortement, que s'il n'eftoit point
diverty d'ailleurs, il baftit une entreprife fur
la Fere.

Nous auffi aucunement preffez par divers
attentats au prejudice des Edits, mais ayans

(a) Ce fait eft raconté autrement par M. de Thou,
comme on l'a remarqué dans les notes fur les Mémoires de Philippi (tome XLVI de la Collection,
p. 429.) & le récit de cet Hiftorien nous paroît plus
probable que celui du Duc de Bouillon. Cependant
nous ne nions point l'autenticité du dernier.

1579. aussi envie d'avoir les armes à la main, M. le Prince resout son partement de Saint-Jean avec cinq ou six hommes, leurs barbes & cheveux teints & des emplastres sur le visage, pour se faire méconnoistre, alla en poste, passe près de Paris & se rend à la Fere (a), de laquelle il se saisit; nous prismes aussi jour pour la prise des armes, qui tomboit quelques vingt jours ou un mois après celuy de la saisie de la Fere. M. le Prince estant à la Fere, envoye vers le Roy l'avertir de son arrivée, s'excusant de ce qu'il avoit entrepris cela sans son commandement, sur la crainte qu'il avoit que Sa Majesté eust plûtost deferé aux persuasions de M. de Guise qu'à ses prieres, mais qu'il n'estoit-là pour remuer, mais pour faire tout ce qui luy seroit commandé; conseil pris avec nous de ce procedé amuser le Roy, qui au lieu de s'aigrir, com-

(a) Selon M. de Thou (LXVIII.) le Prince de Condé s'empara de *la Fere* dans les derniers jours de Novembre 1579. Aux détails du récit du Duc de Bouillon, qu'il confirme, il ajoute que Michel de Gouy, Sieur d'Arsy, Gouverneur de la ville, étoit absent. Le Prince de Condé profita de la circonstance; & par l'adresse du Sieur de Gennes, qu'il avoit chargé de cette expédition, la ville fut prise sans violence & sans tumulte.

mence à traiter avec ledit Prince, pour regler 1579.
l'authorité qu'il pourroit avoir, & exercer en
son Gouvernement ; ce que croyant ledit
Prince, estima que la prise des armes ne
feroit qu'empescher son establissement, envoye vers le Roy de Navarre, pour le divertir
de la prise des armes. Le jour donné, un
chacun pouvant avoir fait un mouvement,
qui seroit mal-aisé de reparer; M. le Prince,
n'ayant qu'une partie des raisons de la prise
des armes dépendante de luy, nous luy redepeschons, l'avertissant que les choses estoient
si avancées, qu'elles ne s'estoient pû retarder.
Nous nous en revenions à Montauban, d'où
le Roy de Navarre part pour aller à Agen,
& me donna le commandement du haut Languedoc.

Je pris congé du Roy de Navarre, y ayant 1580.
eu plusieurs qui trouverent estrange comment
je prenois le haut Languedoc, & laissois la
Lieutenance de Guyenne, où j'avois si longtemps commandé, & où j'avois une grande
creance. Je desiray de prendre une charge
où je fus seul, afin que le bien ou le mal
que j'y ferois me fust imputé, estant l'ordinaire, que la loüange des grandes actions est
souvent emportée par le Chef, & ceux qui
sont dessous en recouvrent souvent fort peu.

1580. J'avois outre cela un sujet (30), qui me convioit à m'éloigner dudit Roy, pour m'éloigner des passions qui tirent nos ames & nos corps, après ce qui ne leur porte que honte & dommage, à quoy Dieu nous assiste, lors que nous nous gardons assez puissans pour nous servir, & prendre les occasions qui nous éloignent du mal. Avant que je partisse, les Catholiques avoient pris la ville de (a) Soreze par surprise, qui avoit mis un chacun en allarme; de sorte que je courois beaucoup de danger avant que d'estre à Puylaurens où je me rendis, & là me vinrent trouver tous les Deputez des villes de Lauraguais, avec les principaux Gentilshommes, me témoignans une grande joye de mon arrivée, & de ce qu'ils auroient à m'obeïr. Delà j'allay (b) à Castres: les armes se prenoient. Avant que

(a) Le Duc de Bouillon, par rapport à la date de la surprise de *Sorese* par les Catholiques, est en contradiction avec le Journal de *Faurin* (p. 16 du tome III du Recueil du Marquis d'Aubais.) » Le 3 Mars » 1580 (y lit on) les Catholiques prirent par esca- » lade la ville de Sorese près de *Revel*. Le Ministre » & plusieurs Protestans se retirerent à *Durfort* & à » *Revel* ».

(b) » Le 11 Janvier 1580, le Vicomte de Turenne » arriva à Castres par ordre du Roi de Navarre, & y » fut reconnu Général du pays ». (Journal de *Faurin*

rien entreprendre, j'estimay qu'il falloit esta- 1580. blir un ordre aux finances, aux armes, & à la police, qui me fit faire une convocation de toutes les villes dépendantes de mon Gouvernement, de la Noblesse & des Ministres à Castres (a), où estans assemblez je leur fis entendre la cause de la prise des armes, qui leur pouvoit estre mieux connuë qu'à nuls autres, d'autant que cette Province avoit pressé mon envoy, pour leur commander suivant ce qu'ils avoient desiré, que je desirois en leur commandant y avancer les affaires publiques, les garder des dommages de leurs ennemis, & y acquerir de l'honneur. Que pour le faire il falloit establir un ordre, par lequel les gens de guerre peussent, estans entretenus, vivre avec discipline & obeïssance, qu'il falloit pour la garde des places, & pour ceux qui serviroient à la campagne, tant pour pouvoir entreprendre, que pour s'opposer aux ennemis, qu'ils sçavoient pouvoir estre beaucoup plus forts que nous, ayans &

dans le Recueil de M. le Marquis d'Aubais, tome III, p. 16.)

(a) Le Journal de Faurin (p. 16. ibid.) date cette assemblée à Castres du 22 Avril. Il nous apprend que le Vicomte de Turenne fut confirmé Général à Castres, Albigeois, Lauraguais & Saint-Pons.

plus de moyens & plus d'hommes. Je me retire de l'assemblée afin de les laisser libres & recueillir leur voix ; peu de temps après, ils envoyent vers moy en mon logis deux de chaque corps, pour me remercier de ce que j'avois quitté de plus grandes charges pour leur venir commander, qu'ils vouloient suivre mes conseils & départir les moyens qu'ils avoient selon ce que je jugerois le plus nécessaire, & me prioient me trouver le lendemain au lieu de l'assemblée pour y presider, & y resoudre toutes les affaires.

Le lendemain, ils me font voir ce dequoy ils pouvoient faire estat, pour l'entretenement de toutes les dépenses, leurs deniers dependans de trois natures ; sçavoir des impositions en forme de taille, qui se jetteroient sur chaque Consulat, desquelles il y en avoit une partie de certains, qui estoient celles des Consulats de la Religion ; les autres douteuses, pour estre toutes ou partie du *Consulat de* (a) *Rome* : L'autre nature de deniers, estoit les biens Ecclesiastiques, & la troisième, des biens Catholiques Romains qui faisoient la guerre. Le revenu estimé, on avisa combien chaque Diocese avoit de places qui tinssent pour nous, & les garnisons qu'il leur

(a) C'est-à-dire, de la Communion Romaine.

falloit, tant pour les garder de surprises, que pour empescher que les garnisons des ennemis n'empeschassent leurs vivres, commerces & autres libertez. Cette dépense tirée à part, on avisa ce qui restoit pour entretenir près de moy quelques forces, qui furent seulement de huict cens hommes de pied, cent chevaux, & cinquante arquebusiers de ma garde, avec cela, quelques forts pour se servir de trois canons, qui estoient dans la Province. Pour les autres parties inopinées, elles resterent à prendre sur des moyens inopinez & incertains. Cela resolu chacun se separe.

J'avois autour de la ville de Castres, huict ou dix garnisons des ennemis, comme la Bruyere, où commandoit le sieur de la Croissette (a), Lieutenant de M. d'Anville, l'autre Villemur, Soucelle Saint-Malins, & quelques autres, la plus éloignée à deux lieuës. Je pris grand soin de bien commencer, afin de donner une bonne opinion de moy aux nostres, & de la crainte aux ennemis, estant une chose de grand profit à la guerre, de donner une bonne impression de son courage & de sa conduite. La garnison de toutes celles qui nous estoient contraires, là où il y avoit, & le plus d'hommes, meilleurs & mieux com-

(a) Jean de Nadal, Sieur de la Crouzette.

1580. mandez, c'eſtoit la Bruyere; après avoir bien fait reconnoiſtre les avenuës, & obſervé leur ordre pour ſortir aux allarmes, j'appris qu'il y avoit un chemin creux aſſez proche de la Ville, dans lequel on ſe pouvoit embuſquer, ſans que la ſentinelle du clocher de la Ville, peuſt voir l'avenuë de ce chemin creux, & qu'aux allarmes ils eſtoient prompts à ſortir & en déſordre, ce à quoy ils avoient eſté connus par pluſieurs petites courſes de peu de gens, que j'avois fait faire le jour precedent à leurs portes. Je pars de Caſtres (a) avec deux cent hommes de pied, quatre-vingt chevaux & mes gardes, pour m'aller embuſquer dans ce chemin, & donnay au ſieur Boiſſelin mon Lieutenant, vingt chevaux pour aller à la porte de la Ville, & ainſi qu'ils verroient qu'ils ſortiroient qu'il ſe retirât; de ſorte qu'il ne fiſt pas paroiſtre aux ennemis, qu'il eut autre attente de ſalut qu'à Caſtres, & qu'il priſt le chemin de ſa retraitte par un endroit

(a) Le Lecteur obſervera que les détails de ces opérations militaires, dont le Duc de Bouillon va rendre compte, ne ſe trouvent point ailleurs. M. de Thou, qui ordinairement n'oublie rien, n'en parle pas. Le ſeul ouvrage, que l'on puiſſe rapprocher à cet égard des Mémoires du Duc de Bouillon, eſt le Journal de Faurin ſur les guerres de Caſtres.

que je luy dis, lequel je pouvois voir du lieu où j'estois embusqué.

Nous nous acheminons; tout se conduit selon l'ordre donné; nous sommes en nostre embuscade; Boisselin donne près la porte; les ennemis sortent; la Cavalerie pousse les nostres, qui estoient bien soixante chevaux; environ deux cent hommes de pied les suivoient; ils outrepassent nostre embuscade; l'Infanterie les suivant par un autre chemin la reconnut, ce que voyant, je desembusque & coupe la Cavalerie entre la Ville, & en tuasmes ou prismes la plufpart; nous pressasmes l'Infanterie, desquels il ne nous en demeura que peu, le païs estant plein de fossez, qui nous empescha de nous pouvoir bien mesler, ainsi que l'eussions fait autrement.

Ce premier coup me prévalut tout le long de cette guerre vers les nostres & vers les ennemis; il se passa quelques mois sans qu'il se fist rien de notable. Le Mareschal de Joyeuse qui commandoit en Languedoc, & le sieur de Cornusson (a) Seneschal de Thoulouse, assemblerent toutes leurs forces vers Carcassone, pour venir renvitailler Soreze, que nous tenions comme investie, par les forts

1580.

(a) De la Valette, Sieur de Cornusson, Sénéchal & Gouverneur de Toulouse, mourut en 1586.

1580. que nous avions autour; ils traisnerent trois canons pour forcer lesdits forts. Soreze est une petite Ville, assise au pied de la montagne qu'ils appellent au païs *Negre*. Ayant avis de leur assemblée & de leur dessein, je mande toutes les garnisons, & donne leur rendez-vous à Ravel, Ville que nous tenions à une lieuë de Soreze, où je me trouvay le jour que les ennemis descendirent la montagne pour venir à Soreze, ayans demie lieuë de plaine à passer avant que d'estre à Soreze. Je montay à cheval avec environ deux cent chevaux, tant pour reconnoistre l'armée ennemie, que pour asseurer ceux qui estoient dans nos forts, que s'ils estoient attaquez, je les secourrois. Après avoir veu entrer & loger l'armée contraire le long des fossez de leur Ville, & veu ceux qui estoient dans les forts en bonne occasion, je me retire à Ravel. Le Capitaine *Franc*, qui venoit de Puylaurens au rendez-vous, entendant dire que j'estois à cheval, & que les ennemis arrivoient à Soreze, estima que je pourrois avoir affaire de luy; au lieu de venir à Ravel, il alla droit à Balbausse, un des forts que je tenois, qui estoit un moyen corps de logis de pierre de taille, avec des guerites aux quatre coins, & deux petits ravelins, au milieu de chaque face du corps de logis, il joint à la susdite maison, un bois renfermé de fossez, ainsi que le sont presque tous les champs en ce païs-là. Les ennemis voyans & entendans par les tambours cette Infanterie, remontent à cheval, prennent leur Infanterie & viennent attaquer la nostre, qui au lieu de se renfermer, se resolurent de garder le bois. Les ennemis avec six ou sept cent chevaux, & trois mille hommes de pied attaquent les nostres, la Cavalerie ne le pouvant à cause du fossé, tout le combat se demesla par l'Infanterie. Cela dura depuis les quatre heures jusques à la nuit.

J'estois à Ravel, sans le moyen de secourir les nostres, n'ayant pas plus de deux cent chevaux & sept ou huict cent hommes de pied, le païs fort contraire pour la quantité de fossez, ceux qui sont les premiers placez, ayans grand avantage sur ceux qui attaqueroient. J'assiste les nostres de poudres portées par quelques gens de cheval, qui avec hazard & sçachant bien les avenuës de ce lieu passoient; la nuict les separa; les nostres se retirerent proche de la maison, laissans quelques hommes dans le bois, pour tenir les ennemis en croyance qu'ils le gardoient; lesdits ennemis font leurs feux, posent leurs gardes, demonstrans de les vouloir attaquer, le lendemain reconnoissans

1586. la faute qu'ils avoient faite de n'y avoir mené leurs artilleries. La nuict venuë, je mis en déliberation ce que nous devions faire pour le salut des nostres, leur perte nous estant de consequence, telle qu'il s'enfuyroit celle de la pluspart du païs. Nous prismes resolution de partir dudit Ravel tous à pied, avec les armes de main que nous peusmes trouver, n'ayant en cette heure là nostre Infanterie, que peu ou point de picques. Nous fismes trois petits corps de nos hommes armez, le mien estoit de cent hommes, & chacun des autres de cinquante ou soixante; ayans logez à nos flancs quelques arquebusiers, le gros de nostre Infanterie, marchoit entre nos petits gros d'hommes armez, qui avions pris deux chemins peu éloignez l'un de l'autre, qui se venoient rencontrer assez proche du lieu où nous pensions trouver les ennemis; nous n'avions peu avertir les nostres de nostre acheminement pour leurs secours.

En cet ordre, nous arrivions & trouvasmes les ennemis retirez sans que les nostres en eussent eu avis; aussi nous les prismes avec nous, & laissans dans la maison quelques cinquante hommes, je me retiray à Ravel, las du chemin qu'avions fait tous armez, bien aises d'avoir retiré les nostres. Les ennemis le lendemain matin se mettent en bataille, font 1580. marcher moins de mille pas de la contrescarpe de Soreze leurs trois canons, & commencent à battre la pallissade & le logis de la *Borie-blanque*. Ceux que j'avois laissé dedans relevent un peu de terre entre le fossé & la maison, où ils se tenoient pour empescher l'assaut, à quoy ils voyoient l'ennemy preparé aussi-tost que la pallissade seroit rompuë, & que les ruines pourroient avoir un peu remply le fossé. Entendant la batterie de Ravel, je sors avec mes troupes & commence à marcher droit aux ennemis, lesquels me voyans venir, retirent quelques Compagnies de Cavalerie qu'ils avoient avancé sur mon chemin; ils donnent l'assaut, duquel ils furent repoussez; je continuë à marcher, ayant fait ma teste de deux troupes d'Infanterie d'environ six cent hommes de pied; les ennemis retirent leur artillerie, & viennent prendre leur place sur leur contrescarpe; j'essaye par quelques escarmouches, de les convier de s'avancer : mais ils ne le voulurent faire, ce que voyant & la nuict s'approchant, ayant visité si nostre *Borie* se pouvoit réparer & mettre en estat, qu'estans retournez à Ravel, les ennemis la retourneroient assaillir avant que nous peussions la secourir, ce qu'ayant esté jugé impos-

1580. sible avec l'avis des Capitaines je la fis brusler ; les ennemis delogeans le jour d'après, reprennent la montagne, se retirent (a) se separans chacun en leur garnison.

Ceux de Thoulouse, qui ont esté fort cruels à ceux de la Religion, estimans que leur armée nous osteroit de la campagne, font brusler diverses maisons appartenantes à ceux de la Religion, qui me fit envoyer vers eux leur signifier que, s'ils ne faisoient cesser telles rigueurs & se maintenir dans l'usage de ce que la guerre permet, que j'en ferois de mesme. M'ayant fait réponse qui ne me contenta, je

(a) Le récit de Faurin confirme celui du Duc de Bouillon. » Le Dimanche 19 Juin (dit-il) les trois
» compagnies Protestantes du Vicomte de Turenne at-
» taquerent cinq compagnies de Catholiques près de
» *Sorese*, les battirent, & tuerent, ou blesserent cent
» hommes. Les Catholiques voulurent empêcher qu'on
» ne fit le dégât autour *de Sorese*, assiegerent le fort
» de la *Borieblanque*, & tirerent trente-six coups de cou-
» levrine contre. Le Vicomte alla en plein jour, &
» tira sept soldats de ce fort, auquel les Catholiques
» mirent le feu, aussi bien qu'à la *Valbangie*, & autres
» forts. Cornusson, Sénéchal de Toulouse, & la Crou-
» zette qui commandoit les Catholiques se retirerent
» la nuit, mettant le feu à plusieurs métairies. Le Vi-
» comte envoya faire la même chose du côté de Tou-
» louse. » (Journal de Faurin, ibid. p. 17.)

resolus de *faire cesser* (a) *la cruauté par la* 1580. *cruauté*, quoy que plusieurs qui avoient leurs biens au pouvoir des ennemis n'approuvassent ma resolution ; je ne laissay de partir le lendemain avec trois canons, m'estant venu joindre le sieur Bandou, de la maison de Leran, qui commandoit à Foix, & marche vers Thoulouse, envoyé quelques troupes qui bruslerent quelques métairies appartenantes à quelques principaux de Thoulouse, & pris huit ou dix forts assez importans avec mon canon, entre lesquels (b) fut la maison de Beauville, appartenante à ceux de Maleres, où il arriva une chose estrange, neantmoins tres-vraye ; ayant tiré quelques canons au Machicolis, nos soldats les plus hardis que j'aye jamais veu, vinrent au pied de trois tours qui faisoient un triangle eu égard à elles, ayans une galerie à chacune, pour leur estre

(a) Grotius & ses Commentateurs vous diront froidement que c'est-là ce qu'on appelle *la voye des represailles*. Il faut convenir que, pour forcer une peuplade à cesser d'être antropophage, ce seroit un moyen bien étrange que de le devenir soi-même. Voilà pourtant, en peu de mots, cette doctrine de *la voye des represailles*, sur laquelle les Publicistes ont dissert é si longuement.

(b) Cela se passa le 30 Juin. (*Journal de Faurin*, ibid. p. 17.)

1580. communicables les unes aux autres ; les noſtres en prennent les deux, à la plus groſſe ils mettent le feu à la porte ; la porte brûlée, ils rempliſſent le bas eſtage de matiere bruſlante en telle quantité, que quoy que les eſtages fuſſent bien hauts & voûtez, les voûtes s'échauffent tellement, qu'eſtant les ſoldats & le peuple qui s'eſtoit mis là dedans retiré au plus haut, la chaleur les contraignoit de telle ſorte, que ny eux ny nous n'ayans moyen de les délivrer de ce piteux eſtat, ils ſe precipitoient du haut en bas avec grande pitié. Un enfant de douze ans, à ce qu'il me dit depuis, s'eſtant reſervé (a) au ſecond eſtage, la fumée & le feu le preſſant, ſe montre à la feneſtre, où il luy fut tiré beaucoup d'arquebuſades, deſquelles deux luy donnerent dans la *barette bleuë*; des Gentilshommes qui eſtoient à moy, firent ceſſer de luy tirer ; cet enfant monte ſur la feneſtre, tourne ſon viſage vers la tour qui eſtoit ronde, & ſans aucun ſoin, commence à s'appuyer des mains & des pieds contre la tour (foible appuy ſans l'admirable aſſiſtance de Dieu) deſcend (b) de là juſques au bas,

(a) S'étant retiré.

(b) Faurin (dans ſon Journal, ibid. p. 17 & 18.) » raconte que les ſoldats ſe jetterent du haut de la » tour, qu'il y en eut un qui eſſuya cinquante arque-

où il y avoit plus de trente pieds sans tomber; 1580.
il est receu par les miens qui me l'ameinent:
enquis comme il avoit fait, ne le sçavoit
bien, sinon qu'il avoit tousjours prié Dieu; je
le voulus retenir pour le nourrir, il ne voulut; au contraire, il desira d'aller chez sa
mere, qui estoit en un village proche appartenant au Comte de Cramail, je l'y fis conduire & luy donnay quelque argent; il estoit
borgne, & croy qu'il est encore en vie.

Cela pris, je me retiray à Castres, & remis mes
troupes en garnison; bien-tost après, on commença à parler de la paix. Le Roy de Navarre
m'envoye (a) querir, me faisant cet honneur
de ne resoudre aucunes affaires d'importance
sans m'en communiquer. Monsieur, frere du
Roy, vient luy-mesme en Guyenne, avec le
pouvoir du Roy pour la traitter, assisté de
quelques Conseillers d'Estat. J'avisay à laisser
la province asseurée & en bon odeur du service que j'y avois rendu. Ils éleurent quelques

» busades sans être blessé, & auquel Turenne donna
» congé...».Faurin ajoute un fait sur lequel les Mémoires se taisent: » c'est que le Vicomte fit pendre le
» Capitaine du château pour avoir voulu se défendre
» dans un lieu qui n'étoit pas tenable».

(a) Le Vicomte du Turenne quitta Castres vers le
27 Septembre 1580. (Journal de Faurin, ibid. p. 19.)

1580. Deputez, ainsi qu'il fut fait par toutes les autres Provinces qui reconnoissoient le Roy de Navarre pour leur Protecteur, pour assister audit Traitté qui fut fait à Coutras (31), où par M. le Prince d'Orange, de la part de toutes les Provinces du Païs-Bas, furent envoyez des Deputez, pour offrir leurs Provinces à Monsieur. La paix concluë, M. le Prince de Condé, pere de celuy qui vit, se trouva malcontent du traitté, estimant qu'on ne s'estoit assez souvenu de luy: qui ne faisoit que d'arriver d'Allemagne, ayant trouvé en Province des esprits qui flattoient son mescontentement, en sorte qu'ils ne vouloient y laisser publier la paix, mais seulement une suspension d'armes accordée à M. le Mareschal de Montmorency, Gouverneur pour le Roy en ladite province, Monsieur, & ledit Roy de Navarre me convierent d'y aller, pour persuader ledit Prince de s'accommoder, luy faisant entendre les raisons sur lesquelles le Traitté s'estoit fait, & qu'où il voudroit se roidir, je fisse recevoir le traitté à la Province. J'accepte cette commission, quoy que j'y reconnusse beaucoup de difficultez, l'humeur du Prince arrestée, & ferme aux choses où il s'estoit déclaré. Le Traitté avoit donné plus d'avantage à d'autres qu'à luy, & à quelque autre Province plus

qu'à celle du Languedoc, & sçavois comme 1580.
j'ay tousjours esté sujet à estre envié, qu'on
m'avoit preparé cette commission qu'ils estimoient ruineuse.

Le mal que je voyois si cette division eust
pris trait, l'affection singuliere que j'ay tousjours euë à voir les Eglises unies & un bon
repos à l'Estat, me firent entreprendre cette
negociation. Je pars d'auprès du Roy de 1581.
Navarre, deux ou trois jours après que
Monsieur & luy se furent separez ; je m'a-
cheminay en Languedoc vers M. le Prince,
que je trouvay à Nismes, duquel je fus fort
bien receu, encore qu'on luy avoit dit, que
s'il ne consentoit à la publication des articles
de la paix, que je m'efforcerois de les faire
publier. Cette jalousie faisoit rechercher les
volontez de ceux qui s'y voudroient opposer,
& tenoit la Province en grande division. Je
fis voir audit Prince, que j'avois toute mon
adresse vers luy, que je n'avois en aucune
ville où j'eusse passé rien exposé de ma commission qui avoit pour fin à luy faire connoistre
les raisons qui avoient pressé le Traitté sans
l'y pouvoir attendre, qu'il avoit esté mali-
cieusement informé, que le Roy de Navarre
ny autres, eussent eu des avantages secrets
à son prejudice, que les siens égaloient ceux

1581. dudit Roy, Saint-Jean (a) estant d'aussi grande conséquence qu'Agen, combien il estoit impossible de rompre ledit Traitté, & de quelle conséquence & ruine seroit la division. Ledit Prince avoit deux Secrétaires, nommez la Huguerie & Sarazin, le premier très-meschant, qui avoit des pensées à la ruine de l'Estat, ainsi qu'il l'a témoigné au reste de sa vie : Ceux-cy donnoient des espérances à ce Prince, que n'acceptant la paix, il se rendroit Chef du party, & le poussèrent à de très-mauvais conseils ; son esprit bon & porté à aymer l'estat, fit qu'il prit resolution de s'en aller à Montauban, où estoit le Roy de Navarre, que je demeurerois en Languedoc, pour y faire publier la paix, lors que j'aurois avis de Montauban après qu'il y seroit arrivé. Il part, soudain ceux de la Province des trois Dioceses, de Nismes, Montpellier & Usez s'assemblent, & envoyent à Montauban, declarer qu'ils desiroient qu'on publiât la paix ; ces deux Secretaires estoient demeurez, nonobstant leurs pratiques. Soudain que j'eus une Lettre du Roy de Navarre, je fis publier (b) la paix, allay trouver M. de Mont-

(a). S. Jean-d'Angely.
(b). Le Journal de Faurin (ibid. p. 19) nous apprend que la paix fut publiée à Castres le 31 Janvier 1581.

morency, avec lequel je convins de ce qu'il 1581. falloit faire pour l'execution dudit Traitté.

J'appris soudain, que M. le Prince avoit témoigné un grand mescontentement, (a) contre moy, il avoit estimé que cela se fit sans un particulier consentement de luy, la Huguerie luy ayant toujours asseuré qu'il l'empescheroit. Le Roy de Navarre me donne avis de cela, & remettoit en moy d'aller à Montauban ou non. Soudain je me resous d'y aller; de Montpellier j'y fus en trois jours, bien assuré de n'avoir donné nul mescontentement raisonnable audit Prince, & que ce que j'avois fait, estoit aussi avantageux pour son service, comme luy estoient dommageables les conseils de ses Secrétaires. Après quelques difficultez qu'il fit de me voir, en la presence du Roy de Navarre, je luy desduisis mon procédé, auquel n'ayant rien trouvé à redire, il me reconnut pour son serviteur.

Le voyage de Monsieur se préparoit, je pris congé du Roy de Navarre, & m'en allay

(a) On a vû dans la notice de ces Mémoires le véritable motif qui excita le ressentiment du Prince de Condé contre le Vicomte de Turenne. Il s'agissoit du titre de Lieutenant-Général du Roi de Navarre que le Prince regardoit comme lui étant dévolu de droit.

Tome XLIX. D

1581. en mes terres d'Auvergne, & me préparay d'aller trouver (a) *Monsieur*, lors que je le sçaurois sur la frontiere de Picardie, où l'assemblée de ses forces se faisoit pour le secours de Cambray, que le Duc de Parme tenoit assiegé.

En ce temps, chacun pensoit estre bien payé en dépensant son argent pour faire des troupes, avec lesquelles on peut acquerir de l'honneur; j'y allay volontaire, & menay avec moy cinquante Gentilshommes de très-bonne qualité, qui ne se dédaignoient pas de porter mes casaques orangées de velours, avec force passemens d'argent, & les armes dorées par bandes. Je fis acheminer nos équipages, & partis de Joze avec partie de ceux qui venoient avec moy; je me mis sur la riviere *d'Alier*, & ayant atteint les Postes, j'allay trouver *Monsieur*, n'ayant voulu le Roy que je passasse à Paris, ne voulant voir ceux qui alloient voir son frere, afin d'oster sujet de plainte au Roy d'Espagne. Sa Majesté

(a) Le Vicomte de Turenne s'étoit reconcilié avec le Duc d'Anjou pendant les conférences de Fleix; & il avoit promis à ce Prince de l'accompagner dans son expédition des Pays-Bas. Bussy d'Amboise ne vivoit plus alors; & cet événement permettoit au Vicomte de se rapprocher du Prince.

avoit donné commandement au sieur de Puygaillard, avec huit cens chevaux & quatre mile hommes de pied, de costoyer l'armée de Monsieur, afin, disoit-on, d'empescher qu'il n'entreprist rien contre son service; mais ce nonobstant il avoit charge, que si ces deux armées s'affrontoient, de paroistre & faire le *hola* en nostre faveur, conseil prudent de la Reine Mere, qui ne se laissoit emporter par la jalousie du Roy, pour le flatter sur les moyens de s'en délivrer; mais satisfaisoit à cette raison d'Estat, que la perte de Monsieur, accompagné de plus de trois mile Gentilshommes François, par un Lieutenant du Roi d'Espagne, importoit trop au Roy & à son Estat.

L'armée jointe (a), nous prismes le logement du Catelet. Je suppliay Monsieur, me permettre de convier quelques volontaires jusques à cinquante & ce que j'avois, pour

(a) L'armée du Duc d'Anjou se rassembla à Château-Thierri; elle étoit composée d'environ dix mille hommes d'infanterie, & de quatre mille de cavalerie. L'élite de la noblesse Françoise s'y trouvoit. Guillaume de Hautemer, sieur de Fervaques, commandoit sous le Duc d'Anjou. Le 15 Août 1581 on arriva dans le Cambresis (de Thou Liv. LXXIV.)

1581. m'en aller jetter dans Cambray (a), afin de luy donner avis des mouvemens des ennemis, & qu'au cas qu'ils levaſſent le ſiege eſtans fortifiez de ce qu'il me pourroit envoyer, & ce que nous ſerions dedans, que nous peuſſions embarraſſer leur retraite, en ſorte qu'il eut loiſir d'y venir avec toute l'armée. Il y fit de la difficulté (b), luy ſemblant cette expédition périlleuſe, qu'avec ſi peu de gens j'allaſſe me jetter dans une ville qui eſtoit bloquée il y avoit quatre mois, durant leſquels ils avoient fait tout ce qu'ils jugeoient convenir, pour empeſcher qu'il n'y entraſt vivres ny hommes. Il me faiſoit cet honneur

(a) La ville de Cambray etoit réduite aux plus grandes extremités. On n'y vivoit plus que de chair de cheval, de rats & de loirs. Une vache s'y vendoit deux cens florins, une brebis 50, la livre de beurre vingt-quatre ſols, celle de fromage trente ſols, un œuf deux ſols, & l'once de ſel huit ſols. Il ne faut pas comparer ces prix à notre numéraire actuel, mais au prix que valoient alors les denrés.

(b) M. de de Thou (Liv. LXXIV, traite cette entrepriſe du Vicomte de Turenne d'ardeur de jeuneſſe, & de deſir d'acquérir de la gloire. Dans les Mémoires de Sully (Tome I, Chap. XVI) les fanfaronnades du Vicomte ſont exprimées avec un peu de cauſticité. Mais (on l'a dejà dit) ces deux Seigneurs ne s'aimoient pas.

de m'aymer, & jugeoit que ma perte excite- 1581.
roit de la méfiance entre ceux de la Religion,
& qu'il n'y eût quelque intelligence à la
ruine de ceux qui en estoient ; la premiere
raison, estoit celle qui me convioit d'y aller,
afin que le péril me servît de degré à la réputation ; j'obtins mon congé ; j'eus peine à
restraindre le nombre ; plusieurs outre ceux
que j'avois demandé y voulans venir. Je pars
demi-heure devant la nuict avec des guides,
m'acheminay ayant fait trois troupes.

Comme nous fusmes à une lieue de Cambray, le sieur de Chouppes à qui j'avois
ordonné ma troupe de retraitte, me mande
qu'il avoit les ennemis sur les bras ; je
fais alte, & fis commander le semblable à
mes coureurs ; soudain ledit de Chouppes,
avec ce qu'il avoit vint à moy, me disant
que ceux qu'il avoit avec luy estoient venus
me joindre ; c'estoient au mois d'Aoust, la
nuict très-claire, la Lune estant au plein ;
je tâche de remettre en l'ordre que nous
estions. Les ennemis qui n'estoient que
deux (a) compagnies d'ordonnance viennent
à nous. Cette Noblesse courageuse & volon-

(a) Les forces de l'ennemi (lit-on dans les Mémoires
de Sully ibid) *consistoient en quatre-vingt, ou cent hommes,
tels quels de la compagnie du Marquis de Roubais.*

1581. taire, peu pour une bonne partie qui se fuffent trouvez en telles occafions, commence de fe feparer & tirer vers la ville, je vais aux ennemis avec environ vingt chevaux, où je fus porté par terre d'un coup de lance au bras gauche au-deffus du coude, ce qui eftoit à l'efpreuve du piftolet ; néantmoins le braffart fut bien offenfé, de forte que le furfais de ma felle rompit ; elle fe tourna & je tombay, où le fieur de *la Vilatte*, qui m'avoit fi-bien affifté lors que je fus bleffé auprès de Bergerac, mit pied à terre, penfant que je fuffe mort. Ainfi que nous parlions enfemble, lui ayant ofté fon cafque, trois des ennemis vinrent à la lueur de mes armes qui eftoient dorées, faluent ledit de Vilatte de trois coups d'épée fur la tefte ; il fe laiffe tomber fur moy, qui n'eftois relevé & fe recommande à Dieu, ils luy difent *de fe rendre*, je le convie à fe lever & parler à eux ; il fe rend, & les convie de me fauver la vie fans me nommer ; je me leve, ils commencent à nous faire trotter dans les herbes fort hautes, & vouloir ofter mon cafque, que je contefte fi-bien que je le garday. Ils commencent à difputer entr'eux, qui auroit plus de part à nos rançons, dont l'un eftimant le droit de fon compagnon meilleur que le sien, concluoit à nous tuer 1581. & l'autre à nous sauver, auprès duquel je m'approche, le convie d'avouer tout, je luy donne mon gantelet droit, pour l'asseurer que lors que je serois enquis, je m'avouerois son prisonnier ; cela nous preserva. Les armes, les herbes grandes, le chemin de plus de demie lieue, & ce que l'apprehension pouvoit occasionner, me donna une telle soif que je n'en pouvois plus ; eux estimans que je faisois cela pour voir si nous serions secourus, me faisoient marcher du bout d'en bas de la lance sur le haussecou, je tâche plusieurs fois à vouloir pisser ; mais ils ne me laissoient arrester, avec ce que mes tassettes m'en ostoient le moyen ; à la fin je trouve de l'eau très-fangeuse, avec un peu, je rafraichis ma gorge ; je fus mené à un Fort, à une petite lieue de Cambray, où ils menerent tous ceux qui avoient esté pris, entre lesquels estoient M. de la Route (a) mon Cousin germain, blessé de trois coups d'épée sur la teste, les sieurs de Chouppes mon Lieu- tenant, la Feuillade, de Neufvie (b), Peu-

(a) Gilbert de Levi, Comte de la Voute, fils du Duc de Ventadour.

(b) Il y avoit deux frères du nom de Neufvy : l'un Catholique, & l'autre Protestant. Ils étoient tous les

nian, & jusques au nombre de seize ou dix-sept.

Là, nous contasmes les diverses actions en nostre prise jusques au poinct du jour, que ceux qui nous avoient pris, eurent convenu de quitter la tour, & mesme de mener l'Infanterie avec leurs prisonniers au Duc de Parme, qui estoit general pour le Roy d'Espagne au Pays-bas. Il fust question d'en faire aller une partie à pied, & à tous de nous faire porter nos armes : plusieurs des nostres y consentoient, je m'y opposay, en sorte que nous eusmes des chevaux, & les preneurs s'accommoderent de nos armes sauf les miennes que le Duc de Parme voulut voir, & les retint estant belles & fort bien faites, pour la folle & mal-seante coustume dont on s'habilloit, si long, qu'il m'est difficile maintenant de croire que l'on ait eu cela en usage, & moins aux armes qu'aux habits. Nous trouvasmes le Duc de Parme prest à monter à cheval, ayant retiré son armée qui estoit séparée, pour tout ensemble se retirer vers Arlon, mettant la riviere entre Monsieur & luy, ne voulant combattre à nostre abord. Après m'avoir salué & receu

deux à la bataille de Coutras. (Voyez d'Aubigné Hist. universelle, Tome II, pages 35, 40, 76, & 77.)

courtoisement, il me dit ces propres mots : 1581.
Monsieur le Vicomte, la fortune qu'avez courue, n'arrive qu'aux personnes de courage & ceux de vostre âge cherchent l'honneur par les perils, que nous ne recevrions tous qu'un bon traitement. Je le remerciay, & luy dis *que nous ne pouvions attendre autre chose d'un Prince si généreux.* On nous meine disner en une grange, où tous les principaux Seigneurs de l'armée nous menerent & disnasmes ensemble. Durant le disner, ce ne fut qu'entretiens, offres de courtoisies; on ordonne deux Compagnies de lances pour nostre garde, qui nous menerent à Bouchin (a), où commandoit un Gentilhomme que j'avois vu en France, nommé Noeelles (b), près de M. de Montmorency, où il s'estoit retiré fugitif, pour avoir servi M. le Prince d'Orange, au commencement des troubles du Pays-bas. Cela me faisoit esperer, que nous pourrions avoir quelque faveur; mais il ne se souvint plus du passé.

L'armée de Monsieur, ayant eu avis de ma prise, qui marchoit s'arresta ce jour-là,

(a.) Bouchain.
(b.) Ne faut-il point lire *Noyelles*? nous le présumons. Ce Gentilhomme avoit figuré dans les premiers troubles des Pays-Bas.

1581. & ne s'eſtant avancée à Cambray, le Duc de Parme ne vid perſonne juſques à Arlon, où les deux armées (a), ainſi que je l'ouis dire, ſe virent, le ruiſſeau entre deux, il y eut quelques eſcarmouches de peu ou point d'effet. Le Duc de Parme envoye M. de Rans, pere du Comte *de Bucquoi*, qui eſt aujourdh'uy, pour s'informer de ma maiſon, de ma fortune, de ma Religion, & ſentir ſi je deſirois eſtre ſon priſonnier. Je ſatisfis à ſes queſtions, en ſorte que je luy laiſſois à croire, que mon âge me portoit à la recherche de la guerre, plus que nulle autre paſſion; mais je fis contre moy, de luy avoir fait connoiſtre que ſi j'eſtois ſon priſonnier, je craindrois l'eſtre du Roy d'Eſpagne, & ma détention ſeroit plus longue que ſi j'eſtois au Marquis de *Robech* general de la Cavalerie, qui avoit affaire d'argent, eſtant grand dépenſier, qu'il ſoliciteroit ma délivrance, pour l'émolument qu'il en tireroit ;

(a) Selon M. de Thou (Liv. LXXIV) le 17 Août les deux armées furent en préſence; pendant la nuit le Duc de Parme ſe retira à Valenciennes. On ne s'arrêtera point ici ſur les détails hiſtoriques de cette guerre. On les retrouvera dans les Mémoires de Sully, qui n'ayant point été fait priſonnier comme le Vicomte de Turenne, fut le témoin oculaire de tout ce qui ſe paſſa.

qu'on ne le voudroit fafcher, eftant homme 1581.
de caprice, qui à la révolte générale avoit
efté des premiers à prendre les armes pour
chaffer les Efpagnols. Ces raifons fe trouverent
fauffes, d'autant qu'on craignit, que fi une
fois ledit Marquis avoit receu ma rançon,
qu'elle luy donneroit du moyen pour relever fes affaires, & fe paffer plus aifément
des bien-faits du Roy d'Efpagne, & fe fou-
cier moins de fervir, avec ce que la Ligue
commença; *Monfieur* fut chaffé du Pays-Bas
malade (a), dont il mourut, non fans foupçon
de poifon. Cela donc fit durer ma prifon 1582
deux ans dix mois (b), & payer au bout de là,
cinquante-trois mile efcus, dont j'en dois 1583.
encore, ayant cet argent efté pris à Paris à

(a) Le Duc d'Anjou à fon retour des Pays-Bas, avoit
fixé fa réfidence à Chafteau-Thierri fur Marne. Le 11
Février 1584, il fe réconcilia avec Henri III par l'en-
tremife de Catherine de Médicis. Il fe difpofoit à rentrer
dans les Pays-Bas, lors qu'une hémmoragie terrible,
le reduifit à un véritable état de phtifie. Il mourut le
10 Juin 1584. On parlera des caufes prétendues de fa
mort dans les Mémoires qui fuivront, & particulièrement dans ceux de Sully.

(b) Le témoignage de l'Auteur des Mémoires fuffit
pour prouver que M. de Thou (Liv. LXXIV) s'eft
trompé en reduifant à un an fa captivité.

1583. rente, sous les asseurances de M. de Montmorency.

De Bouchin, nous fusmes menez à Valenciennes, ces villes n'avoient encore receu garnison. Le Duc de Parme estoient bien aise qu'ils vissent quelque fruit de ses armes. Nous arrivasmes à Valenciennes un jour de feste, conduits par trois Compagnies de Cavalerie; nostre escorte estant découverte du Beffroy, la cloche d'alarmes commença à battre; le peuple s'amasse, & vint au devant de nous au fauxbourg, tenans les portes de la Ville fermées, pour la jalousie qu'on ne leur donnast garnison. Cette crainte tourne en fureur contre nous, & le peuple commence à nous assaillir d'injures jusques à la porte de la ville, où estans entrez, au lieu de nous mener droit au logis qu'on nous avoit destiné, nous fismes toutes les rues principales; durant ce chemin le peuple se renouvelloit, & aussi se fortifioient leurs cris, leurs injures, & commencement de coups de pierre. Injurié de cette sorte, je m'adresse à ceux qui commandoient à nostre escorte, qui témoignoient estre marris de cela, en s'y opposant d'effet, on qu'au moins, si ce peuple barbare contre le droit de la guerre, avoit à assouvir sa rage sur nous, qu'ils nous donnaſſent des armes, 1583. pour, les tenans en la main, mourir avec elles. Enfin nous arrivaſmes en noſtre logis, avoüant que cette injure m'eſt tousjours demeurée ſur le cœur, en ſorte que je prie Dieu m'oſter le moyen de m'en venger.

Delà on me meine à Heſdin, où j'eus per- 1584. miſſion de choiſir un des priſonniers qui fut le jeune Neufvie; mon couſin (a) demeura à Arras, & les autres en divers lieux qui ſortirent bien-toſt. Durant ma priſon, le Roy fit dire à mes amis, qu'ils me fiſſent ſçavoir qu'il me tireroit de priſon, pourveu que je luy promiſſe de ne prendre jamais les armes pour ceux de la Religion. *Monſieur* averty de cela, me mandoit de promettre, & que la premiere choſe qu'il traitteroit avec le Roy, ſeroit de luy demander ma parole, eſtimant qu'une promeſſe doit eſtre faite de bonne foy, avec déliberation de la tenir, qu'ainſi que j'aurois promis au Roy, que je luy tiendrois. Ce que Sa Majeſté me demandoit, me paroiſſant contraire à ce que j'eſtimois eſtre de mon devoir vers les

(a) Ce fait dément formellement M. de Thou qui (Liv. LXXIV) dit que le fils du Duc de Ventadour (le ſieur de la Voute) s'étoit échappé le jour même où il fut pris, & qu'en conſéquence on reſſerra plus étroitement le Vicomte de Turenne.

1584. Eglises persecutées, je respondis que j'aymois mieux attendre dans ma prison une sortie libre & honorable, que d'en sortir laissant en doute si le moyen duquel je me serois servy, auroit esté raisonnable.

Ainsi que j'ay dit, au bout de trois ans ou à peu près, j'eus ma liberté, un jour ou deux avant la mort de *Monsieur.* De Chasteau-Thierry, j'allay à Chantilly voir ma grande mere, où je séjournay quelques jours pour reprendre ma santé, que le long repos avoit incommodée, & puis j'allay à Paris, où j'eus toutes les bonnes cheres du Roy, que je pouvois desirer, M. de Joyeuse & M. d'Espernon jeunes gens, vers qui estoit toute la faveur, me traitoient & n'épargnoient rien à me témoigner de l'amitié, nous estans issus de germain. Après un peu de sejour, je m'en allay passer par l'Auvergne, où je n'ay point retourné, & m'en vins en Limousin, où je n'ay esté depuis, où le Roy de Navarre me convia de l'aller trouver, ce que je fis à Nérac, où estoit M. d'Espernon (32), qui voyant *Monsieur* mort, le Roy de Navarre la premiere personne après le Roy, vouloit chercher le moyen de s'en pouvoir appuyer, ayant M. de Guise pour ennemy, avec qui M. de Joyeuse sembloit s'accommoder. Les mal entendus estoient tres-grands entre le Roy & la Reine, 1584. qui dequis fut demariée, ledit d'Espernon fust pour la contrarieté de ces deux naturels pour n'y trouver seureté, ayant des fins fort diverses. Cette intelligence ne prit aucune racine; toutesfois le Roy ne laissa d'en prendre jalousie, & sans une cheute que ledit d'Espernon fit en arivant à la Cour, de la quelle il perdit tous les sens, ayant esté quelques jours qu'on le tenoit pour n'en rechapper, cela émeut la pitié au Roy, rallentit son mescontentement; & l'autre relevé, trouva facilité à reprendre sa place, & dissiper les projets de sa ruine.

Le Roy de Navarre me témoigna toute sorte d'amitié & confiance, me disant ses perplexitez, & consultant des remedes. Nous voyons les pratiques de la Ligue croistre & paroistre de jour à autre, ausquelles évidemment la Reine Marguerite participoit, & voyons un sien Valet de chambre aller & venir : je conseille audit Roy de le faire prendre, le mener à Pau & soudain luy faire confesser ce qu'il sçauroit. La charge en fut donnée au Capitaine Maseliere de Nerac, qui l'alla attendre sur le chemin de Bordeaux, venant trouver M. de Guise, ainsi fut-il exécuté; mais arrivé à Pau, on obmit le principal, qui estoit de le faire chanter, & encore à

1584. Nerac, sçavoir les formes qu'on y tiendroit ; & tout cela pour gagner temps, durant lequel le Roy & la Reine Mere furent avertis de la prise, font une depesche, se plaignans de ce qu'un François pris dans la France, en auroit esté tiré en une autre Souveraineté, le redemandent avec menaces. Le Roy de Navarre est conseillé de le rendre, de ne se devoir opiniastrer de conserver Maseliere, si le Roy continuoit à le demander ; blasmant le conseil, l'homme fut rendu, de la haine contre moy excitée pour avoir donné un très-necessaire & utile avis, si on l'eust suivy en toutes ses parties, chose qui fort souvent rend les meilleurs conseils, sinon dommageables au moins infructueux, en n'en faisant qu'une partie. Vous remarquerez qu'il faut estre fort retenu aux Rois, parce qu'ils en mesurent le gré & le blasme selon leur succez, qui est souvent un faux témoin contre raison, & aux Cours, où l'on ne craint de desservir son Maistre, pourveu qu'à ceux qu'on envie on leur fasse de la peine.

Au bout de quelques jours, cette Princesse craignant & persuadée de se retirer, ne pouvoit donner couleur à cette retraitte qui la deût contenter, & moins choisir un lieu où

elle

elle fuſt bien. Elle part de Nerac & va à Agen, 1584.
où le ſieur de Lignerac l'attendoit, avec cinq
ou ſix de ſes amis, la charge en croupe ſans
couſſinet, & en cet equipages, la meine au mur
de Varroz. Ce partement accroiſt les méfiances, fait que le Roy envoye convier les Egli-
ſes d'eſtre ſur leurs gardes, convie M. de
Montmorency de prendre quelque lieu pour
ſe voir, où on feroit trouver M. le Prince, &
autres plus autoriſez dans leur party ; le Roy
l'avertiſſoit des entrepriſes de M. de Guiſe,
qui avoit failly de ſe ſaiſir de Châlons, & le
prioit de l'aſſiſter s'il en avoit beſoin. Le Roy
de Navarre ſe ſervoit des avis que luy donnoit
le Roy, encore qu'il jugeoit qu'ils s'accorde-
roient ; le lieu de Caſtres fut choiſi, où ſe trouverent près dudit Roy, M. le Prince, M.
de Montmorency, & tous les ſignalez des
provinces, Capitaines & Seigneurs du party.

Après s'eſtre veus quelques jours, & s'eſtre 1585.
un peu éclaircis des ſentimens des uns & des
autres, on aſſembla un conſeil, pour deliberer
ſi on prendroit les armes, ou ſi on attendroit
que le Roy contraint par M. de Guiſe nous
declarât la guerre. Les opinions furent diverſes, & ces deux opinions furent fort conteſ-
tées. Les premiers diſoient qu'il ne falloit
point douter que le Traité de M. de Guiſe ne

fuſt fait & à noſtres deſavantage, puis que le Roy nous le celloit, contre les aſſeurances qu'il avoit données de nous tenir avertis de tout ce qu'il feroit avec ceux de la Ligue, qui commençans, nous le previendrions que nous executerions des entrepriſes ſur pluſieurs places que les plus experimentez Capitaines d'entre nous propoſoient, avec grande apparence de bon ſuccez; qu'eſtans à la campagne des premiers, que nous attirerions les gens de guerre à nous, que leurs affaires n'eſtoient encore bien preſtes, tant pour n'avoir fait levées ny fait le fonds pour le payement de de l'armée, qu'on pourroit s'avancer vers la riviere de Loire, & les empeſcher de lever des troupes en deçà, ſans les mettre en danger d'eſtre battus. Ceux de l'autre opinion diſoient, qu'ils croyent avec les premiers, que l'orage tomberoit ſur nous, & que le Roy & la Ligue eſtoient d'accord, mais que nous en ſerions accuſez; ſi nous prenions les armes, le Roy nous accuſeroit de l'y avoir neceſſité, afin de ne demeurer entre les deux partis, la proye de l'un & de l'autre. Les Catholiques pacifiques, craignans la Ligue & haïſſans la Religion, nous donneroient le tort, ceux de la Religion tiedes, non informez, & ceux des Provinces qui n'avoient point de retraittes, mais soûmises à la rigueur des Edits 1585. en accuseroient le procedé, y chercheroient leur justification aux moyens, autres que d'une commune defiance qu'ils pourroient tenir. Que les Princes estrangers se laisseroient aisément persuader à croire cela que dedans & dehors nous sentirions plus affoiblir nostre deffense, pour avoir manqué à justifier la prise de nos armes, qu'elle ne seroit fortifiée par les avantages susdits, qu'il nous falloit avoir égard à attirer la benediction de Dieu sur nos armes, que nous n'avons prises que pour garentir son Eglise de la fureur de ses ennemis, que les Provinces où nos Eglises sont fortes, & les autres où elles n'ont point de seureté voyans nos procedez, les conjurations à nostre ruine, nostre patience se joindroient des personnes de moyens & de prieres, pour saintement & courageusement s'opposer à la ruine du public & à celle de l'Estat, mais qu'un chacun pouvoit se preparer, avisant à arrester des hommes, nos places se garder de surprises & estre au premier acte que le Roy feroit de declaration contre nous, à la campagne.

Cette derniere opinion l'emporta, de laquelle j'avois fait l'ouverture, & M. de Montmorency de l'autre, ainsi on se separa cha-

1585. cun allant en fa charge. Le Roy de Navarre vint à Montauban, où il n'eut demeuré que peu de jours, qu'il ne fut asseuré de la perfection du Traité de M. de Guife avec le Roy (33), à condition de nous faire la guerre. Desja on voyoit la Nobleffe en Gafcogne, qui y eftoit en grand nombre, commencer à faire de petits rendez-vous, pratiquer des hommes, ce qui fit partir le Roy de Navarre pluftoft, & paffer la Garonne au Mas de Verdun, pour s'en venir à Leytoure, & de là à Nerac, nous vinfmes avec quelque defiance, n'ayans que fa cour & bien petite ; un chacun s'eftant feparé, j'eftois demeuré prés de luy, qui durant les chemins me reprit à diverfes fois, pour difcourir de la grandeur (a) des affaires qui luy alloient tomber fur les bras, de la foibleffe du Roy, qui voyoit en la puiffance de la Ligue, la puiffance qu'ils pourroient avoir de Rome & d'Efpagne,

(a) « Le Roi de Navarre (raconte Mathieu) par-
» lant un jour au Marquis de la *Force* & à moy de l'ex-
» trême regret que fon ame conçut de cette union, dit
» que *penfant à cela fort profondément, & tenant fa tefte*
» *appuyée fur fa main, l'appréhenfion des maux qu'il*
» *prévoyoit fur fon parti, fut telle qu'elle luy blanchit la*
» *moitié de la mouftache* »... (Hift. du règne de Henri III,
Chap. VIII, p. 501.)

tant d'argent que d'hommes, qu'il estoit mal 1585.
asseuré de M. de Montmorency, le Dauphiné
fort divisé, & M. de Lesdiguieres ne s'unissant
jamais en toutes choses avec les résolutions
communes, nos places mal garnies, & aussi
peu fortifiées, qu'on visoit à luy pour le rejetter de la succession.

Après avoir fait plusieurs lieuës sur tels &
semblables discours, remarquans bien plusieurs choses leur manquer, mais non à l'égard
des autres, nous concluons que la cause estoit
fondée en la justice divine & humaine, que
Dieu la maintiendroit, qu'il falloit quitter
tout plaisir pour penser à nostre deffense, que
les estrangers s'y interesseroient, devans voir
que nostre ruine ne feroit que preparer la
leur, que Dieu le maintiendroit en son droit,
si la nature luy en ouvroit l'occasion. Sur cela,
il me dit avec ferveur, *c'est delà que j'attends
mon secours, & sous cette enseigne je combatray
nos ennemis ; m'abandonnerez-vous pas, ainsi
que vous l'avez déja fait.*

Arrivé à Nerac, on y celebra le jeusne avec
une très-grande devotion. Le Roy de Navarre
passa la Garonne & vint à Nerac, où il commença à donner des commissions & pouvoirs
de faire la guerre. Il m'envoye vers la Dordogne avec le sieur d'Alvi, Couroneau, la

E 3

1585. Mouë & autres, pour faire des Regimens & compagnies de Cavalerie. A quoy je travaillay si diligemment que dans moins de cinq semaines, je fis cinq à six mil hommes de pied, & cinq à six cent chevaux; nous estans venu quelques troupes de la Loire, que les Edits rigoureux faits par le Roy, d'aller à la Messe ou sortir du Royaume dans peu de jours, qui estoient donnez, nous faisoient venir, ne voulans delaisser la verité, & aymans mieux porter les armes avec nous, que de demeurer hors du Royaume spectateurs. Je passe avec ces troupes, qui grossissoient de jour à autre, la riviere de l'Isle. Le Roy avoit fait avancer le sieur de Saint-Chamarande Mareschal de Camp, avec six mille Suisses vers Confolans, pour commencer à former son corps (a) d'armée, duquel feu M. du Mayne devoit estre General; le Roy de Navarre s'en estoit retourné à Nerac, & mesmes donné jusques en Bearn. Cependant qu'ils faisoient lever en Gascogne, M. le Prince vers la Xaintonge & Poitou, assembla ses forces & alla investir Brouage (b), passé que j'eus la riviere de l'Isle, n'ayant nul commandement

(a) Le Duc de Mayenne.
(b) Le Prince de Condé assiégea Brouage vers la fin de Septembre 1585.

du Roy de Navarre, mes troupes, selon la 1585.
coustume des François, s'ennuyans de ne rien
faire, je jugeois qu'elles s'affoibliroient plûtost
qu'autrement. J'envoye vers le Roy de Navarre, l'avertissant du nombre des forces que
j'avois, le lieu où j'estois à dix-huit ou vingt
lieuës de Confolans, où estoient les Suisses,
l'attaque de M. le Prince à Broüage, le conviant de venir avec ce qu'il avoit de delà,
qui pouvoient faire quatre mille hommes de
pied & cinq cent chevaux, pour faire un bon
& grand corps d'armée, afin d'empescher ceux
de la Ligue, sous le nom du Roy de faire le
leur. En mesme temps j'envoye à M. le Prince,
luy donnant les mesmes avis de mes forces &
le lieu où elles estoient, de plus la depesche que j'avois faite au Roy de Navarre,
ajoûtant que je craignois qu'on ne suivroit
mes avis, & que les plaisirs de la compagnie
de la Comtesse de Guiche (a), retiendroient
le Roy de Navarre de delà plus long-temps
que le bien des affaires generales ne le reque-

(a) Corisande d'Andoins, veuve de Philbert de Grammont Comte de Guiche, arrêta plus d'une fois le cours
des exploits du Roi de Navarre. En 1586 il se déroba
de son armée pour aller lui offrir quelques drapeaux qu'il
avoit enlevés au Maréchal de Matignon. Après la bataille de Coutras Henri IV fit la même faute.

roit, que si le Roy de Navarre ne venoit, on ne me commandât chose très-importante, que s'il me mandoit que je l'irois trouver; les plaisirs & les jalousies prevalent ordinairement dans les grandes affaires, plus que la raison.

Le Roy de Navarre ne vint, ny ne me donna aucun commandement, sinon de me maintenir aux lieux & avec l'employ que je jugerois le meilleur. M. le Prince estoit sur la déliberation de l'éxécution d'une entreprise sur le Chasteau d'Angers, (a) conduite par le sieur de Clairmont d'Amboise, par le moyen de quelques hommes qu'il avoit pratiquez qui estoient dans le Chasteau. Voyant ceux qui estoient près de luy mes offres, la jalousie de mon arrivée, qu'ils jugerent leur devoir oster & de l'authorité & de la reputation, porterent ledit Prince à me remercier, & que je ne m'avançasse, duquel avancement il fust reussi de très grands avantages, soit que j'eusse pû rompre cette incertaine & très-mal digerée execution d'Angers, ainsi

(a) Cette entreprise sur Angers étoit conduite par Georges de Clermont d'Amboise qui comptoit sur les intelligences du sieur de Rochemore avec plusieurs Officiers & Gentilshommes du canton. M. de Thou (Livre LXXXII) nous a conservé ces détails.

qu'elle parut telle, comme vous l'entendrez, où y allant ledit Prince, j'eusse facilement mené à fin le siege commencé à Broüage; il part donc de devant Broüage, va passer la riviere de Loire avec sa Cavalerie, laisse son Infanterie dans quelques retranchements, à quelques lieuës de Broüage; passé qu'il eut la riviere de Loire, il trouva l'entreprise découverte sans moyen de repasser; ses troupes se rompent, luy va en Bretagne, M. de la Trimoüille (a) avec luy, duquel il avoit espousé la sœur, se met sur mer & passe en Angleterre, où cette vertueuse Reine les reçeut fort bien. M. de la Val (b) retourne à Saint-Jean avec peu de gens; à Broüage

1585.

(a) Claude de la Tremoille Duc de Thouars, s'étoit attaché au Prince de Condé, qui par la suite épousa sa sœur. Le jeune Duc de Thouars embrassa alors la religion protestante; & il partagea avec le Prince de Condé les infortunes qui furent la suite de son expédition dans l'Anjou.

(b) Paul de Colligny Comte de Laval, étoit fils du célèbre d'Andelot. L'année suivante il perdit le même jour ses trois frères. Le chagrin qu'il en eut, causa sa mort. Aussi lui appliqua-t-on ce que le Poëte latin a dit des *Fabius* :

Una dies Fabios ad bellum miserat omnes.
Ad bellum missos abstulit una dies

1585. tout se retira : ainsi ces forces, ces desseins & la personne de ce Prince fort valeureux revinrent à néant. N'ayant donc pû servir aux susdites occasions, j'avisay en servant le public, de servir à mon particulier, puis qu'il en faisoit une bonne part, ce qu'autrement je n'eusse fait & ne vous conseille de le faire, de laisser périr le public quelque profit que vostre particulier en puisse recevoir.

J'avois eu avis de Paris, que M. du Mayne, poussé par un de la Maison de Haultefort (a), serviteur de M. de Guise, pressoit le Roy de venir dans le Vicomté de Turenne, & en y passant une partie de l'hyver, prendre mes maisons, mais que si je voulois cela, en asseurant le Roy, que la guerre ne se feroit de ma maison. Soudain je fis reponse à Madame d'Angoulesme (b), MM. de Chavi-

---

(a) M. de Thou (Liv. LXXXV) fait mention d'un sieur de Hautefort qui étoit dans l'armée du Duc de Mayenne à cette époque; peut-être est ce même sieur de Hautefort qu'en 1564 Charles IX avoit honoré du collier de son Ordre (Voyez les Mémoires de Condé, Tome I, p. 153.)

(b) Cette Dame *d'Angoulême* étoit Diane légitimée de France, qui épousa en premières noces le Duc de Castro, & en secondes noces le Maréchal de Montmorenci. On la désigna depuis sous le nom de la Duchesse d'Angoulême.

gny & la Guiche, qui eſtoient ceux qui 1585.
avoient manié cela, *que je les remerciois*,
» que puis que je mettois ma perſonne &
» ma vie au hazard, pour me conſerver la
» liberté de ma conſcience, & le moyen de
» delivrer le Roy de l'oppreſſion où il eſtoit,
» que j'y voulois auſſi mettre mon bien ».
J'en donne avis au Roy de Navarre, luy
ajouſtant les avantages que ſes affaires avoient.
Le Duc du Mayne, allant à la Vicomté, où
je ne croyois qu'il pût prendre Turenne ny
Saint-Ceré, que par ce moyen il nous donnoit
loiſir de voir & oſter la crainte de ſon armée
à nos villes, que nous fortifierions & muni-
rions cependant, qu'ainſi donc mes dommages
ſervoient, pourquoy ſans luy en demander
avis, j'avois fait telle réponſe, qui eſt dite
cy-deſſus. Il m'en remercia & m'en ſçeut

Elle eut ce Duché, celui de Chaſtelleraut, le Comté
de Ponthieu, & le Gouvernement de Limoſin pour
avoir réuni Henri III avec Henri IV. L'affection qu'elle
avoit pour les Valois, lui fit chérir Charles de Valois
fils naturel de Charles IX. Elle le ſauva de l'échaf-
faud dans le tems de la conſpiration du Maréchal de
Biron. Ce Charles de Valois lui dût toute ſa fortune.
Elle mourut en 1609 à Paris. L'Auteur des Mémoires
l'appelle ici par anticipation Madame d'Angoulême:
mais on la nommoit ainſi en 1609, lors qu'il rédigeoit
ſon ouvrage.

1585. bon gré, je tourne teste avec mes troupes que je ne peus garder, de quelque diminution, & m'en vins en Limousin prendre Tulle (a) n'ayant point de canon, afin de loger dedans, comme je fis, partie des forces qu'il me falloit pour jetter dans Turenne, M. du Mayne approchant, j'y mis le Maistre de Camp la Morie, & quelques huit cent hommes de pied, je reprens mon chemin vers la Dordogne & Bergerac, où le Roy de Navarre m'avoit mandé se devoir trouver.

M. du Mayne part de Paris, ayant pourveu à l'entretenement de l'armée, où il commandoit de deux millions de livres, d'une vente du temporel des biens Ecclesiastiques. Dequoy Scipion de Sardiny (b), pere du Vicomte que vous connoissez avoit fait le party, s'en vint en Xaintonge, menaça Saint-Jean & s'achemina à Ville-bois, où il devoit avoir

---

(a) M. de Thou (Liv. LXXXII) confirme le récit de l'Auteur des Mémoires; mais il ajoute ce que celui-ci ne dit pas; c'est qu'après la prise de Tulle les troupes du Vicomte se débandèrent.

(b) Scipion Sardini fut le *Bourvalais* de son tems. On fit sur lui & sur son confrère *Adjacet* des vers bien satyriques & bien mordants. Ils se consoloient en s'enrichissant. (Lisez le Journal de l'Etoile de la dernière édition, Tome I, p. 102.)

son armée ensemble, & y faire comme il fit, sa montre generale. Le Roy de Navarre ayant près de luy son Conseil, & les plus suffisans Capitaines, vouloit demeurer à la teste de la Dordogne, où il y avoit ces trois places, Bergerac, Sainte-Foy & Chastillon, beaucoup moins accommodées qu'elles ne le sont à cette heure. Personne n'estoit de cet avis ; le courage neantmoins trop grand de ce Prince, le portoit à vouloir suivre son avis. Ce que voyant, je le suppliay de faire déliberer en conseil cela, & de vouloir donner son consentement, à ce que par la pluralité des voix y seroit resolu. Ce qu'il promit de faire avec beaucoup de difficulté, estimant qu'il iroit de sa reputation, si M. du Mayne (a), estant si près on le voyoit reculer ; mais que neantmoins & puis qu'il l'avoit promis il suivroit ce qu'on resoudroit.

Le Conseil assemblé, les avis de tous furent que ledit Roy devoit s'en aller à Montauban, & me laisser à la garde des places sur la Dordogne, & autres au deça de la Garonne ; ce qu'il fit avec commandement de faire ce que la necessité des affaires requerroit, pour en deffendant ces places, ruiner cette armée

(a) Nous le répetons ; par M. de Mayenne il faut entendre le Duc de Mayenne.

1580. composée de quinze cent chevaux François, douze cent Reiſtres, de neuf mille hommes de pied François & ſix mille Suiſſes, avec un bon equipage d'artillerie. Le Mareſchal de Matignon, Lieutenant au Gouvernement de Guyenne, avoit outre cela cinq à ſix mille hommes de pied, & mille chevaux. Le Roy de Navarre party, j'appellay à Bergerac tous les Gouverneurs des places, à ſçavoir de Sainte-Foy, Chaſtillon, Montſegur, Sainte-Baſeille, Clerac, Monflanquin & Bergerac, pour apprendre l'eſtat de leurs places, pour les fortifications, garniſons, munitions de vivres & de guerre, enſemble les volontez & deliberations des habitans, tant des villes que de la campagne, où il y en a grand nombre de la Religion. Leſdits Gouverneurs venus, il me ſembla qu'ils me donnoient aſſez exacte connoiſſance de l'eſtat de leur Gouvernement, je pris reſolution de les aller toutes voir, ce que je pouvois faire en peu de jours, afin qu'avec eux nous jugeaſſions de celles qui ſe pouvoient garder, enſemble de l'ordre & moyens qu'avions fait tenir.

Je les vis donc l'une après l'autre, & fuſmes d'avis que nous les devions toutes tenir, ſauf Sainte-Baſeille ; nous ne trouvaſmes dans toutes que vingt ou vingt-deux milliers de poudre, peu de salpetre, presque rien de toute 1585, autre chose, dans les magazins non plus ; mais les villes combatantes pour la liberté de leurs consciences & les habitans presque tous de la Religion, faisoient des efforts volontaires à travailler, & se munir de leur pouvoir, suivant ce que j'avois avisé & ordonné à chaque place d'y faire. J'avisay d'où chaque place qui avoit la jalousie d'estre assiegée, auroit à prendre des hommes, les rivieres où elles estoient pour la pluspart, nous donnoient cet avantage, qu'elles n'y pouvoient estre en même temps : ainsi je donne avis au Roy de Navarre de nostre estat, & les avis que nous avions pris sous son bon plaisir, ce qu'il approuva, fors qu'il voulut qu'on deffendit Sainte-Baseille, dequoy après il en fut marry. Je fis un corps de deux mil cinq cent hommes de pied pour demeurer à la campagne, afin d'en jetter dans les places assiegées ou à assieger, & avois deux cent Gentilshommes avec moy.

L'armée du Duc du Mayne, & celle du 1586. Mareschal de Matignon, ne se joignirent (a) ;

(a) Le Duc de Mayenne & le Maréchal de Matignon se joignirent vers la fin de décembre 1585. Ils partagèrent leur armée en deux divisions, & promirent de se réunir à Saint-Bazeille le 25 Février 1586. Le

1586. ledit Duc s'achemine vers ma Vicomté, en son chemien nous tenions Montignac le Comte, sur la riviere de Vezere, il fut mis en grande consideration si nous le devions garder, le voyant hors de moyen de luy donner aucune assistance, & la place très-mauvaise. Les considerations estoient, que c'estoit perdre de la reputation & les hommes qu'on mettoit dans le Chasteau, qui seul se pouvoit garder, la ville ne pouvant attendre aucun effort, au contraire, qu'au lieu de perdre de la reputation c'estoit en gagner, qu'on tireroit des consequences du moins au plus, que si Montignac avoit osé se laisser battre & deffendre, ce que devoient faire les grandes villes. Ainsi je resolus d'y mettre quelques soixante hommes & de bons, le sieur de la Porte de Lissac pour leur commander. M. du Mayne n'estimant pas que cela se defendit, vint avec nonchalance l'attaquer, ainsi il luy fallut former un siege, faire des approches,

Duc de Mayenne, à la tête de sa division, alla attaquer Montignac qu'il enleva ainsi que d'autres places voisines. Après un mois de siége il échoua devant la petite ville de Castels. M. de Thou (Liv. LXXXV) ajoute que le Vicomte de Turenne avec des forces très-inférieures harcela continuellement le Prince Lorrain.

assoir

asseoir la batterie, & le battre pour y faire bresche, où il fut donné sans l'emporter. Cela dura neuf jours, de sorte que nos affaires receurent un fort grand avantage, que cette grande armée (que peu de nos gens de guerre en avoit veu de semblable) aye eu de la peine & mis du temps à emporter cette bicoque.

La place fut renduë avec une honorable capitulation, perte de six ou sept hommes. Le Mareschal alla assieger Castels, maison appartenante au sieur de Favas, où il demeura devant plus d'un mois. Le Duc du Mayne avec son armée après ledit siege de Montignac, alla loger dans ma Vicomté dans la ville de Martel ; au delogement de Montignac, il fit reconoistre ma maison de Montfort, où s'allerent jetter dedans, vingt-cinq ou trente Gentilshommes, qui partirent de Bergerac où j'estois & quelques trente soldats de mes gardes. Auprès de ladite maison il y a, à quelque deux cent pas, une montagne, que ceux qui furent envoyez pour reconnoistre voulurent gagner, où il fut fait une escarmouche, & tellement deffenduë qu'elle demeura aux nostres, ainsi ils s'en retournerent faire leur rapport à M. du Mayne de ce qu'ils avoient veu, lequel fit jugement que le courage de ces

1586. hommes, quoy que la place fut bien foible, luy feroit perdre plus de temps à la prendre, & hazarderoit plus son armée, qu'il n'y auroit de profit à la prendre, & ainsi ne s'y amusa point. Il logea toute son armée dans la Vicomté, dans laquelle il prit toutes les petites places, Montvalant, Gaignac, Beaulieu, Roseme, Meissac, Turenne & Saint-Ceré, dans lesquelles j'avois mis bonne garnison. Dans Turenne, j'avois jetté, comme j'ay desja dit, le Regiment de la Morie, que j'avois auparavant entretenu dans Tulle, laquelle j'avois fait quitter à l'abord de l'armée de M. du Mayne, comme ne se pouvant deffendre. M. de Bouzoles, avec trente ou quarante Gentilshommes, s'y estoient jettez durant le sejour de M. du Mayue. A Martel, il se fit plusieurs escarmouches sur le haut de de Turenne au Marchecial, à l'une desquelles le sieur de la Morie ayant logé une embuscade, s'estant avancé pour attirer le sieur de Sacremore (a), qui commandoit à deux cent chevaux des ennemis, ledit de la Morie

(a) Ce *Sacremore* est appellé par M. de Thou *Sacromore de Birague*. Il fait aussi mention (Liv. LXXXV) de la rencontre où le Capitaine la Maurie fut tué aux environs de Turenne. On a prétendu (remarque-t-il) que cet accident fut le produit de son imprudence.

l'amenant à ladite embuscade, d'où fut faite 1586. une décharge d'arquebusade sur les ennemis, ledit la Morie allant le mesme chemin par où les ennemis le suivoient, une arquebusade tirée par un des nostres luy donna dans la teste & le tua : estant une maxime, que lors qu'en pareil cas on va pour attirer les ennemis, il faut que ceux qui les attirent, cherchent un autre chemin pour la retraitte, que celuy qui va droit à l'embuscade.

Durant ce temps-là, le Roy de Navarre estant à Montauban, s'exerçoit à prendre de petites places à l'entour de la ville, & à faire la guerre guerroyable avec les villes voisines, avec le petit corps de troupes qu'il avoit, qui pouvoient estre environ deux mille hommes de pied, & trois à quatre cent chevaux. Il luy prit fantaisie de venir voir les villes de Gascogne, & passa la Garonne au Mas, s'en vint à Nerac, d'où il partit pour aller en Bearn, plus pour y voir la Comtesse de Guiche que pour occasion que luy en donnoient les affaires publiques. M. du Mayne averty (a), estima qu'avec la diligence, il

(a) M. de Thou Liv. LXXXV) dit que l'entreprise du Duc de Mayenne avorta par la lenteur avec laquelle il procéda. Mais il ne s'accorde pas avec le Vicomte de Turenne sur la marche que celui-cy pré-

F 2

1586. pouvoit aller passer la riviere de Garonne, pour par ce moyen l'assieger, dans quelques-unes des places que ledit Roy tenoit au delà de la riviere de Dordogne auprès de Souillac, auquel lieu n'ayant point de bateaux suffisans pour passer son artillerie, & n'en pouvant faire approcher, qu'il ne luy fallut perdre quelques jours, il l'a fit passer par le fond de l'eau, avec des cables forts & puissans, ayant bien fait reconnoistre, que le fonds estoit dur & sans vase, s'avança avec douze cent chevaux, & quelques deux mille hommes de pied pour l'effet susdit. Ce qu'il ne pût faire que ledit Roy fust averty, & ne fut venu à Caumont, d'où il passa la riviere pour aller en Gascogne. Moy cependant je partis au mesme temps de Bergerac, que ledit Duc partit de Martel, sur l'avis que j'eus que le Duc alloit en Quercy, & m'en allay avec trois mille hommes de pied, & quatre cent chevaux passer par la Gascogne, me jetter à Montauban, pour estre à la teste dudit Duc, s'il eut pris le chemin de Quercy. Ayant sçeu le changement de son dessein, après estre arrivé à Montauban, je repartis soudain avec ces mesmes forces repassay la riviere de Ga-

tend avoir faite. Au contraire il assure que ce Seigneur accompagnoit le Roi de Navarre en Béarn

ronne, & vins me jetter dans Nérac, eſtant 1586. l'armée dudit Duc logée à Eguillon, Port Sainte-Marie, Tonnins & autres aux environs, ils menacent les places de Nérac, Caſteljaloux, Clerac, Montſegur & Sainte-Baſeille. Le Mareſchal de Matignon, en ce meſme temps, eut achevé ſon ſiege de Caſtres, ledit Duc ayant envie de joindre ces deux armées aviſa d'aſſieger Sainte-Baſeille, où le Roy avoit fait jetter huict à neuf cens hommes, lequel ſiege ne dura qu'onze ou douze jours, eſtant la place, comme il a eſté dit cy-deſſus, jugée très-mauvaiſe; cependant nous fortiſions toutes les places, & moy particulierement Nerac où je fis commencer & fort avancer la pluſpart des fortifications qui y ſont encore, jugeant que ledit Duc nous devoit attaquer, encore qu'il y eut de bons hommes, où s'il en fuſt venu à bout il euſt trouvé puis après peu de choſe qui luy euſt réſiſté, ſon armée eſtant puiſſante, les deux eſtant jointes & n'y ayant rien qui luy diſputât la campagne.

Neantmoins au lieu de venir à nous, il alla aſſieger Montſegur, qui eſt une ville en Agenois, d'une belle aſſiette ſur une montagne, en laquelle commandoit le ſieur de Melon, dans laquelle on jetta moins d'hommes & de munitions qu'il n'en fut de beſoin. Le

1586. Roy de Navarre estoit encore à Bergerac, où il avoit peu d'hommes; moy voyant ces choses j'allay passer la riviere & m'en vins à Clerac, & n'osay degarnir Nerac, que je ne visse l'armée des ennemis bien obligée, qui fut occasion que je ny en pus pas jetter. M. du Mayne (a) feignit une maladie durant ledit siege pour avoir sujet de s'aller faire penser à Bordeaux, & laissa le sieur de Matignon pour parachever le siege, ledit Duc cependant, se menageoit de la creance dans Bordeaux pour s'en asseurer, y ayant tousjours une notable mésintelligence, entre les serviteurs du Roy & ceux de la Ligue. Le siege finy, l'armée de M. du Mayne s'estant répanduë dans les Provinces pour se rafraischir un peu, je m'en vins sur la Dordogne, où je voyois qu'ils jettoient leurs desseins. La ville de Bordeaux continuant à solliciter son élargissement, qu'on

(a) Selon M. de Thou (ibid) la ville de *Montségur* capitula le 10 May; & le Duc de Mayenne, soit qu'il fut malade ou non, ne se retira à Bordeaux qu'après le siege. D'ailleurs M. de Thou convient de la mésintelligence qui étoit entre le Prince Lorrain, & le Maréchal de Matignon. Le dernier exécutoit les ordres secrets de Henri III, qui ne vouloit pas qu'on écrasât le Roi de Navarre. Ce fut là la cause du salut de ce Prince.

avoit desja commencé par la prise de Castels, 1586. Sainte-Baseille & Montsegur, n'ayant plus proche d'elle que la ville de Castillon.

Fin des Mémoires de Henri, Duc de Bouillon.

OBSERVATIONS DES ÉDITEURS SUR LES MÉMOIRES DU DUC DE BOUILLON.

(28) IL s'en faut bien que les écrits du tems s'accordent sur la manière dont le Roi de Navarre & Marguerite de Valois son épouse vivoient ensemble à cette époque. *Leur mariage estoit un divorce* (dit un (a) Historien à qui Henri IV raconta plus d'une fois les particularités de sa vie privée). *L'amour, ne s'estant point meslée de la premiere union de leur corps, avoit negligé celle de leurs cœurs...* Quelqu'autentique que puisse être ce témoignage, il nous semble cependant qu'on y apperçoit la trace de l'esprit, qui dicta le Factum si connu sous le titre *du Divorce* (b) *satyrique.* Nous nous garderons bien

(a) Histoire du règne de Henri III, Livre VII, page 446.

(b) Cet ouvrage, qu'on a inseré dans le tome IV de la dernière édition du Journal de Henri III, p. 486, fut imprimé en 1663 in-4°.; & en 1720 in-12, sous le titre *du Divorce Satyrique, ou les amours de la Reine Marguerite.* L'Editeur du Journal de Henri III l'attribue à d'Aubigné : mais la causticité d'un écrivain ne suffit

d'interroger ce *Pamphlet* ordurier, dans lequel la malignité & la calomnie ont exagéré les fautes de Marguerite de Valois. Les Mémoires de cette Princesse suffisent pour indiquer l'opinion à laquelle on doit s'arrêter. Ces Mémoires nous apprennent que Marguerite ne donna sa main au Roi de Navarre que par pure obéissance. On sent que la différence de religion dont elle cherchoit à se faire un moyen d'opposition, n'étoit qu'un prétexte; & elle s'explique assez clairement pour laisser deviner au lecteur que par goût elle auroit préféré le jeune Duc de Guise. Ce mariage ayant été contracté sous de pareils auspices, il n'est point surprenant que Marguerite portée à la galanterie (a) comme elle l'étoit, ait eu des foiblesses, & que la publicité de ses intrigues eût éloigné d'elle son époux. Ces faits, qui se concilient avec le récit du Duc de Bouillon, nous paroissent appuyés sur les

pas pour qu'on lui impute un libelle, où parmi des faits vrais il y en a de calomnieux.

(a) Scipion Dupleix, qui avoit été maître des Requêtes de cette Princesse, ne l'épargne pas sur cet article; & on lui a reproché avec raison l'acharnement avec lequel il l'a poursuivie. Ces discussions appartiennent aux Mémoires de Marguerite, & à ceux de Brantôme.

monumens; & l'anecdote, qu'on lit dans le Journal de l'Etoile, les contredit moins qu'on ne pense. Il s'agit du propos tenu (selon (a) cet Ecrivain) par le Roi de Navarre, lorsqu'il se sauva de la Cour de Henri III. « Je » n'ai regret (dit ce Prince, *en gauſſant à* » *ſa maniere accoutumée*) que pour deux » choſes que j'ay laiſſées à Paris, *la Meſſe* » *& ma femme* : toutesfois pour la premiere » j'eſſayeray de m'en paſſer : mais pour ma » femme, je ne puis & la veux r'avoir »... Le ton seul, avec lequel ce Prince s'exprima, indique le sens qu'il y attachoit. Peut-être objectera-t-on que Marguerite dans ses Mémoires déclare expreſſément qu'on lui donna des Gardes, pour l'empêcher d'aller joindre ſon époux, & que Geniſſac, chargé ſpécialement de lui obtenir cette permiſſion, fut congédié avec dureté. Malheureuſement on ſait que cette Princeſſe dans tout ce qui la concerne particulièrement ne s'eſt pas toujours piquée d'être franche, & véridique. On doit placer ſur la même ligne l'autorité de Brantôme (b) qui enthouſiaſmé juſqu'à l'idolâtrie de la beauté de cette Princeſſe, en fait une

(a) Tome I de la derniere édition, p. 158.
(b) Voyez dans ſes Mémoires l'article de Marguerite de Valois.

femme accomplie malgré les imputations graves, dont sa mémoire est entachée au tribunal de l'histoire. L'Abbé Lenglet, dans son édition du Journal de (a) l'Etoile a tranché la difficulté, en remarquant que, si le Roi refusa Marguerite aux sollicitations de son mari, il est problable qu'elle même répugnoit à ce voyage, qu'elle préféroit *les délices* de la Cour, & qu'au moment où sa mère la conduisit à Nérac elle se soucioit fort peu d'y aller.

(29) D'Ussac, Gentilhomme Périgourdin, livra la ville de la Réole aux Catholiques en 1580, & non pas en 1578, comme on le lit dans quelques ouvrages modernes. Ces Ecrivains, sur la foi des Mémoires (b) de Sully, ont confondu la surprise de la Reole en 1578, lorsque *Favas* y commandoit, avec la cession volontaire qu'en fit d'Ussac deux ans après. Ils auroient dû observer que M. de Thou (c)

_____

(a) Voyez la note du tome I de la dernière édition du Journal de Henri III, p. 158. Il est bon d'observer que l'Abbé Lenglet a fait un anachronisme dans cette note. Il fait agir Charles IX qui à cette époque étoit mort.

(b) Œconomies Royales, politiques & militaires (Edit. des Werts) Chap. X, p. 23.

(c) Liv. LXXII.

confirme le récit du Duc de Bouillon. Cet Historien nous apprend que l'événement se passa pendant l'Eté de 1580. D'Uſſac avoit été choiſi par le Roi de Navarre, pour commander à la Reole. Il paroît que le motif, qui porta cet Officier à trahir la confiance du Monarque, fut le reſſentiment des plaiſanteries que le Prince & le Vicomte de Turenne ſe permirent ſur ſon compte. D'Uſſac s'étoit aviſé, quoique vieux & couvert de bleſſures, de devenir éperduement amoureux de la belle *d'Atrie* une des filles d'honneur de Catherine de Médicis. Les galanteries du vieillard prêtoient au ridicule; & on le perſiffla cruellement. Il s'en vengea par une perfidie. Henri III récompenſa le traître, en lui conférant le gouvernement de cette ville. Il y ajoûta le Collier de l'Ordre de St-Michel; & d'Uſſac rentra dans la communion Romaine.

(30) Le Duc de Bourbon, par diſcrétion ſans doute, n'a pas voulu s'expliquer ſur le véritable motif qui à cette époque lui fit accepter le commandement des Proteſtans dans le haut Languedoc. Il eſt néceſſaire de ſuppléer à ſon (a) ſilence.

(a) Additions à l'Hiſtoire de M. de Thou (Edition

La sœur du Vicomte de Turenne, veuve du Comte de Tende, avoit plu à Philippe Strozzi, fils du Maréchal de ce nom, tué au siège de Thionville. La jeune Comtesse résidoit avec son frère à la Cour du Roi de Navarre. Strozzi (a) brulant du désir d'obtenir sa main, comprit qu'il n'y parviendroit pas sans l'agrément du Vicomte de Turenne. Quoique Strozzi fut un des plus fidèles serviteurs de Henri III, & que dans tous les tems il eut fait preuve de son zèle pour la religion catholique, il craignit avec raison que cette alliance ne causât de l'ombrage. Avant de hazarder aucune proposition, il sollicita l'agrément du Monarque. Henri feignit d'y consentir. Il avoit plus d'une vengeance à exercer contre la Cour de Nérac. Il ne pardonnoit pas à Marguerite de Valois ses intrigues & la correspondance qu'elle entretenoit avec le Duc d'Anjou son frère. Ne rougissant point du rôle qu'il alloit jouer, il vit dans cet évé-

---

de Hollande de 1740) Liv. LXXII.——Vie de la Noue par Moyse Amyraut, p. 154.——Histoire du Duc de Bouillon par Marsolier, p. 102 de l'édition in-4°.

(a) Brantôme à l'article de Strozzi, s'est tû sur cette anecdote. Comme elle intéressoit l'honneur de la Reine Marguerite, problablement le galant écrivain n'aura pas osé toucher une corde aussi délicate.

nement un moyen sûr, pour nuire à sa sœur, & pour tout brouiller dans la Cour de Nérac. Il y trouvoit encore le double avantage de rompre le mariage de Strozzi, & les relations du Duc d'Anjou avec le Roi de Navarre. Henri permit donc à Strozzi d'aller à Nérac. Il lui confia une lettre pour le Roi de Navarre, avec ordre de ne la remettre qu'à ce Prince seul. Strozzi avoit trop de loyauté dans l'ame pour soupçonner la teneur de cette épître. Il arrive, & s'acquitte de sa commission. La lettre du Monarque François renfermoit la délation la plus atroce. On y dénonçoit le Vicomte de Turenne comme l'amant favorisé de Marguerite de Valois. Le Lecteur a vu dans la notice, qui précède ces Mémoires, l'usage que le Roi de Navarre fit de cette lettre infernale. En homme sage il méprisa le délateur, & la délation. Le Vicomte de Turenne néanmoins eut la prudence de s'éloigner. Par la manière, dont il s'exprime à ce sujet, il sembleroit inculper Marguerite de Valois. Mais examine-t-on la délicatesse de ses procedés dans cette circonstance, on a droit d'en inférer qu'il n'a point eu cette Princesse en vüe, lorsqu'il a parlé des passions dangereuses à l'empire desquelles il vouloit se soustraire. Depuis la dernière paix on ne s'occupoit à la Cour du Roi de Navarre que de plaisirs & de fêtes. Les Mémoires de Marguerite, & ceux de Sully le disent positivement. Les *Circé* étoient en grand nombre dans cette Cour; & il y avoit peu de Seigneurs, qui eussent assez de vertu pour renverser la coupe que présentoient *les enchanteresses*. Le Vicomte de Turenne avoit succombé comme les autres; & voilà l'écueil qu'il s'efforçoit de fuir. Quant au malheureux Strozzi, on présume bien que cet événement n'avança pas ses affaires. Il s'en retourna, le cœur brisé de douleur, & justement indigné du personnage qu'il venoit de faire. Il falloit être aussi vertueux qu'il l'étoit, pour ne pas devenir l'ennemi de son Souverain. Les hostilités, qui recommencèrent bientôt, furent le produit de ces noirceurs & de ces tracasseries. Marguerite de Valois (a) souffla dans toutes les

(a) Elle n'avoue pas le fait dans ses Mémoires; mais les monumens l'attestent. Henri III en étoit bien convaincu. « Aussi (raconte Mathieu, Hist. de Henri III,
» Liv. 7, p. 459) le Monarque estimoit que la Royne
» de Navarre & le Vicomte de Turenne par despit
» de ce qu'il avoit mandé au Roy de Navarre quelque
» chose qui les offensoit, avoient rallumé ce feu, &
» le nourrissoient. Elle assuroit néantmoins le Roy que
» la paix ne seroit altérée, & commandoit à Pibrac

âmes le feu de la colère qui la transportoit. Les femmes de sa Cour secondèrent son ressentiment. Pour leur plaire, il fallut combattre. La Noue, qui n'étoit point amoureux, s'opposa vainement à cette levée de boucliers. La froide raison eut tort devant la beauté qui dans ce moment d'effervescence n'avoit pour cri & pour devise *que la guerre*. Quand on réfléchit sur l'histoire des nations, dont la destinée tient souvent à des considérations si frivoles & si méprisables, peut-on s'empêcher de plaindre le sort de l'humanité ! on sent alors la grande vérité qu'a consignée le Poëte latin dans ces vers si connus...

Quidquid delirant Reges plectuntur Achivi.

(31) Ces conférences, que l'Auteur des Mémoires place à *Coutras*, se tinrent à *Fleix*, chateau situé en Périgord, & appartenant à *Gaston* de *Foix*, Marquis de *Trans*. Telle est la version de M. de Thou (a). Davila (b) prétend qu'on s'assembla à la *Fresche* dans le Comté de *Foix*. Ce qu'il y a de certain, c'est

» de le supplier de n'en estre en peine »... On verra dans ses Mémoires la manière dont elle jouoit Henri III, & le bon Pibrac.

(a) Liv. LXXII.
(b) Histoire des guerres civiles, tome II, Liv. VI, page 92.

que généralement on désigne la paix, qui en résulta, par la dénomination *des conférences de Fleix*. Le Duc d'Anjou présida à cette négociation ; & on doit la considérer comme son ouvrage. Catherine de Médicis l'avoit réconcilié avec Henri III. Le Duc d'Anjou se disposoit alors à exécuter l'invasion projettée depuis longtems dans les Pays-Bas. Il falloit un Souverain à ces peuples fatigués de la domination Espagnole, & incapables de se gouverner eux-mêmes. Ils offroient ce titre au Duc d'Anjou. Henri III à la fin y consentoit, pourvû qu'on ne l'obligeât point de rompre ouvertement avec l'Espagne. Mais vouloit-on que l'entreprise réussît ; il étoit indispensable de calmer préalablement les troubles intérieurs de la France. Le Duc d'Anjou proposa au Roi d'aller en personne travailler à cette pacification. L'offre ne pouvoit que plaire au Monarque : habitué à une vie molle & efféminée, il soupiroit après la paix. Le Roi de Navarre & les Protestans en avoient également besoin. Partout ils n'éprouvoient que des disgraces. Une partie des Eglises protestantes blâmoit hautement le Roi de Navarre & le Prince de Condé d'avoir provoqué avec légéreté une guerre aussi dispendieuse. On verra dans les Mémoires de la

Reine Marguerite combien la situation de son époux étoit précaire à cette époque. Le Prince de Condé avoit envain parcouru l'Allemagne, pour solliciter des secours. On lui reprochoit ainsi qu'à ses associés la précipitation avec laquelle ils venoient de se conduire. D'après cet exposé, on sent qu'il n'étoit pas difficile d'amener les parties belligérantes à mettre bas les armes. L'Edit qu'on publia, confirmoit les conventions signées récemment à *Nérac*. Au lieu de *la Réole*, le Roi de Navarre obtint pour places de sureté *Figeac* en *Quercy*, & *Montsegur* en *Bazadois*. Dans le courant de Décembre 1580, Henri III ratifia le traité à *Blois* ; il s'y étoit retiré à cause de la peste (a), qui désoloit *Paris*.

(a). M. de Thou (Liv. LXXII) en parlant de cette peste, observe qu'elle avoit été précédée par une coqueluche qui tuoit tous ceux que l'on purgeoit, ou que l'on saignoit: En s'abstenant de remèdes on guérissoit. M. de Thou remarque encore que l'automne fut très-beau, & qu'il y avoit eu une grande abondance de fruits. La maladie contagieuse, qui ensuite se manifesta, enleva en six mois plus de quarante mille individus dans la capitale. Cette grande ville devint presque déserte ; & sans la vigilance d'Augustin de Thou, Prevôt des Marchands, les maisons des riches citoyens auroient été pillées. Les parents & les amis de ce Magistrat le pressoient de se retirer à la cam-

(32) Il est inutile de répéter ce qu'on a dit dans la notice de ces Mémoires par rapport aux intrigues qui alors divisoient la Cour. Henri III n'avoit point d'enfants, & ne se flattoit plus d'en avoir. La mort du Duc d'Anjou donnoit au Roi de Navarre l'expectative du trône, sitôt qu'il seroit vacant. Dans l'ordre de la succession il lui appartenoit. On conçoit combien l'avenir, qui s'entrouvroit, devoit exercer l'œil spéculatif des courtisans. L'esprit actif du Duc de Guise planoit sur cet avenir. Jamais les circonstances n'avoient été plus favorables pour son ambition. Tout sembloit concourir à l'accomplissement de ces projets, dont on prétend que le Cardinal de Lorraine l'avoit entretenu dès le berceau. Commandant à l'opinion par le moyen du Clergé qui lui étoit dévoué, dirigeant à son gré les fils secrets qui faisoient mouvoir le parti de la

pagne, afin d'éviter le mal. Il leur répondit par ce beau mot de Poete *Martial*... *Il n'y a point d'endroit fermé pour la mort dès qu'elle vient ; on trouve la Sardaigne au milieu même de Thivoli*... De Thou resta, & pour maintenir l'ordre, il se promenoit tous les jours dans Paris. Voilà de ces actes d'héroïsme qu'on ne peut trop louer, & trop répéter. La gloire qui en résulte, est supérieure à celle de vingt batailles gagnées. Le vrai heros sert l'humanité, & ne la détruit pas.

G 2

Ligue, ayant à réclamer ses services & ceux de ses ancêtres, joignant à ces prétentions du courage, des talents, & de l'audace, le Prince Lorrain (il faut l'avouer) sembloit devoir espérer beaucoup, parce qu'il étoit capable de tout oser. Ses vastes desseins, quoi qu'enveloppés sous le voile du mystère, n'échappoient pas à l'œil exercé de Henri III. Le Monarque de tems en tems sortoit du sommeil apathique que l'histoire lui reproche; & son réveil étoit douloureux. Les manœuvres sourdes de la Ligue l'effrayoient. *Joyeuse & d'Epernon* avoient les secrets de son ame. Le premier étoit livré entièrement au Duc de Guise, parce qu'il croyoit ses succès indubitables. Le second calculant l'amour des François pour le sang de leurs Souverains légitimes, envisageoit les événemens futurs sous un aspect opposé. Il prévoyoit que tôt ou tard le Roi de Navarre recueilleroit un héritage, que la loi, l'usage & l'opinion luy adjugeoient. Il crût avoir découvert un moyen infaillible, pour déconcerter les projets du Duc de Guise, & même pour en étouffer le germe avant qu'il put éclore. C'étoit de persuader au Roi de Navarre de rentrer dans la communion Romaine. En prenant cette voye, on otoit à la Ligue le prétexte dont elle se couvroit; &

le monstre s'annéantissoit de lui-même. Alors Henri III appelloit à sa Cour le Prince qui devenoit son héritier présomptif; & il n'existoit plus aucun motif de réclamation. Ce point de vûe plût à Henri, & il chargea d'Epernon de le réaliser. Les intérêts personnels de celui-ci l'excitoient à y travailler efficacement. Il savoit que le Duc de Guise, & les autres chefs de la Ligue le détestoient. D'ailleurs il vouloit épouser l'héritière de la maison de *Foix-Candale*; pour obtenir sa main, il avoit besoin de l'agrément du Vicomte de Turenne, cousin germain de la jeune personne. D'Epernon, bien convaincu de la nécessité de sa mission, répandit le bruit que sa mère souhaitoit ardemment de l'embrasser encore une fois. Cette ruse n'empêcha pas le secret de transpirer. Les conférences n'eurent point l'issue que d'Epernon s'en promettoit. Le Roi de Navarre exigea qu'elles se tinssent en présence de *du Ferrier*, son Chancelier, du Ministre *Marmet*, & de *Roquelaure*. Les deux premiers rejettèrent avec force la proposition d'embrasser le Catholicisme. Roquelaure ne pensoit pas ainsi. *Mettez* (a) (disoit-il à *Marmet*) *sur le tapis une paire de Pseaumes*, &

(a) Histoire du règne de Henri III par Mathieu, Liv. VIII, p. 495.

une couronne; & demandez s'il faut songer à choisir... Le Vicomte de Turenne, consulté par le Roi de Navarre, se rangea de l'avis de *du Ferrier* & de *Marmet*. On convint, pour ne pas cabrer les esprits, de motiver la réponse du Roi de Navarre dans des termes qui permissent de ne pas désespérer de sa conversion. Cette réponse (a) portoit *qu'il ne pouvoit aller à la* (b) *Cour de France où il avoit esté si maltraité, ni changer de religion si on ne lui faisoit voir l'erreur de la sienne...* D'Epernon s'en alla avec ce triste résultat à Lyon, où Henri III l'attendoit impatiemment. Il ne paroît pas, quoi qu'en dise le Duc de Bouillon, que son Souverain lui prépara un accueil défavorable, puisque les honneurs, qu'il lui fit rendre, faillirent lui coûter la vie. « Le » Sénéchal de Lyon (raconte Mathieu (c)) » le venant saluer par deçà *Escueilly*, mit » pied à terre, & en remontant, comme il » avoit le pied à l'estrieu, un Gentilhomme

―――――――――

(a) Lisez cette négociation dans le Recueil de Mémoires & d'instructions servant à l'Histoire de France, Paris Bouillerot, 1626, in 4°. (C'est ce qu'on appelle les Mémoires du Duc d'Epernon.)

(b) Mathieu, ibid., p. 495.

(c) Histoire du règne de Henri III, Livre VIII, page 496.

» qui fortoit de luy faire la réverence, en fe
» retirant accrocha avec la garde de fon efpée
» la bride de la haquenée du Duc, laquelle
» ayant la bouche délicate & efveillée pouffa
» à cofté, broncha dans un précipice; & le
» Duc tombant fe defnoua l'épaule, & faillit
» à fe tuer. Ce lieu depuis a efté appellé le
» *faut d'Efpernon*. Le Roy le vint voir incon-
» tinent, demeura jufques à la minuit auprès
» de luy, & le lendemain le fit porter fur une
» chaire à Lyon, montrant un reffentiment
» extrême de cet accident ».

(33) Les négociations du Duc d'Epernon cef-
sèrent bien-tôt d'être un myftère. Ce fut pour
les partifans de la Ligue le fignal de l'infur-
rection. Plaçant à leur tête le Cardinal de Bourbon, ils publièrent un véritable Manifefte (a).

(c) Ce Manifefte intitulé: *Déclaration des caufes qui
ont mû Monfeigneur le Cardinal de Bourbon, & les Pairs,
Princes, Seigneurs, Villes & Coumunautés Catholiques de
ce Royaume, de s'oppofer à ceux qui par tous moyens
s'efforcent de fubvertir la Religion Catholique & l'Etat...*
fe trouve dans le tome I des Mémoires de la Ligue,
p. 56 de la dernière édition. Il eft daté du dernier Mars
1585. Henri III oppofa à cet acte audacieux une déclaration en date du mois d'Avril de la même année. On
ne s'arretera point ici fur ces deux écrits, ni fur une foule
d'autres qui furent publiés fucceffivement. L'analyfe

On y réclamoit le vœu des (a) Etats-Généraux pour qu'il n'y eut en France qu'une seule religion. On attaquoit la validité des diverses conventions signées avec les Protestans. Afin d'émouvoir les esprits, & de paroître s'intéresser à la misère du peuple, on s'élevoit contre les désordres de l'administration, *le gaspillage* des finances, & l'avidité de favoris. On laissoit entrevoir le desir de diminuer les impôts, Enfin on disoit au Roi dans ce Manifeste qu'on prenoit les armes, parce qu'on vouloit obtenir le redressement de ces griefs. Henri III, au lieu de déployer la vigueur qui convient à l'autorité du Souverain, qu'on

de toutes ces pièces est reservée pour les Mémoires qui vont suivre. Ceux de Cheverny & de Sully, en exigeront particulièrement une application raisonnée. Les développemens succincts, auxquels on s'est réduit par rapport à l'ouvrage du Duc de Bouillon, nous ont semblé suffire pour en faciliter l'intelligence.

(a.) «Il avoit paru (lit-on dans le Manifeste) quelque rayon d'espérance quand on publia la convocation des Etats-Généraux à Blois, qui est l'ancien remède des plaies domestiques, & comme une conférence entre le Prince & les sujets, pour revenir ensemble à compte de la due obéissance d'une part, & de la due conservation d'autre toutes deux nées avec le nom royal, & règles fondamentales de l'Etat de France ». (Mémoires de la Ligue, tome I, p. 59.)

attaque, & qu'on méprise, eut la foiblesse de temporiser & de négocier. Il crut Catherine de Médicis, qui lui disoit *qu'il ne falloit rien aigrir, rien hazarder, & que les remedes seroient plus périlleux que le mal*. Mathieu (a) a peint en peu de mots la conduite du Monarque dans cette circonstance. « *Il est à pied* » (a-t-il dit), *& la Ligue parle à cheval. Il* » *porte le sac de pénitent; & elle a la cuirasse* » *sur le dos : oubliant les armes que la nature* » *& la nécessité luy présentoient, il recourt à* » *l'encre & au papier : il fait sa déclaration,* » *mais si froidement que vous diriés qu'il n'ose* » *nommer son ennemi* »... Tout cela se passoit au mois d'Avril 1585. Le mal n'alla qu'en croissant; & cela devoit-être. Henri effrayé publia (b) un édit qui détruisoit le Pro-

(a) Histoire du règne de Henri III, Livre VIII, page 497.

(b) Cet Edit est daté du mois de Juillet 1585. Le Monarque le fit enregistrer au Parlement en sa présence le 18 du même mois. On y garda (dit M. de Thou, Liv. LXXXI) le plus profond silence. Quelques séditieux (ajouta-t-il) poussèrent des cris d'acclamation. On les reprit aigrement en observant qu'ils imitoient les limaçons *d'Esope*, qui, tandis que leur maison étoit en feu, jettoient des cris d'allegresse. Telle étoit la

testantisme ; & la Ligue domina sur ses volontés.

manière de penser de tous les bons citoyens. Ils prévoyoient les maux que l'ambition & le fanatisme préparoient à leur malheureuse patrie.

Fin des Observations sur les Mémoires du Duc de Bouillon.

MÉMOIRES
DE MESSIRE
GUILLAUME DE SAULX,
SEIGNEUR
DE TAVANNES,

Chevalier des deux Ordres du Roi,

Lieutenant-Général pour Sa Majesté au Duché de Bourgogne ;

Commençant en 1560, & finissant en 1595.

XVI.e SIÈCLE.

NOTICE
DES ÉDITEURS
SUR LA PERSONNE
ET LES MÉMOIRES
DE
GUILLAUME DE SAULX,
SEIGNEUR
DE TAVANNES.

Guillaume de Saulx (nous l'avons dit (a) ailleurs) fut l'aîné de deux fils qui survécurent au Maréchal de *Tavannes*. S'il n'eut pas la réputation militaire de l'homme célèbre, à qui il devoit le jour, au moins se montra-t-il digne de lui appartenir par la fermeté de son caractère. Inaccessible comme lui à la séduction, invariable dans ses déterminations, il suivit constamment le plan de conduite qu'il s'étoit tracé. Jetté au milieu des tempêtes, qui par leurs secousses ébranloient la Monarchie, Guil-

(a) Voyez tome XXVI de la Collection, p. 19, tome XXVII, ibid. page 192, tome XXVIII, ibid. page 60.

laume de Saulx adopta pour maxime que les intérêts du Souverain, & ceux de la Nation font indivisibles. Les motifs (a) spécieux, qu'alléguoient les chefs de la Ligue, afin de colorer leurs insurrections, ne lui en imposèrent jamais. L'expérience & la réflexion l'avoient convaincu que le voile de la religion, dont l'ambition se couvre, n'est que le manteau de l'hypocrisie. Il se défia toujours de ces écrits où en affectant de réclamer au nom de la liberté, on s'étudie à dénigrer l'Administration, & encore plus de ces espèces de manifestes (b) qui exagèrent la somme des maux politiques

(a) Il suffit de lire le Résultat du Conseil tenu en 1586 à Châlons par les chefs de la ligue, pour avoir horreur de l'esprit infernal qui présidoit à ce conciliabule. On y voit qu'on vouloit mettre toute l'Europe en feu. Eh quel étoit le but de ce tissu de calamités qu'on préparoit? on tendoit uniquement à détruire l'autorité royale, & à repousser la maison de Bourbon d'un trône sur lequel elle avoit le droit de s'asseoir. Il n'est point de bon citoyen qui ne frémisse en lisant à la fin du Résultat dont il s'agit, que, pour mieux tromper le Roi, *il falloit toujours le flatter, & faire entendre qu'on s'estoit départi de toute ligue & association.* (Voyez ce Résultat, tome II, des Mémoires de Villeroy, p. 156 & suiv. de l'édition de Paris, 1665.)

(b) On se convaincra de cette vérité en lisant dans nostre Histoire les manifestes des Princes & des Grands, pour foulever les efprits. Guillaume de Saulx n'ignoroit pas que dans tous les temps ce fut-là le cri de ralliement des factieux, & que ces prétendus libérateurs des peuples n'afpirent qu'à en devenir les tyrans. Les vues fecrètes du Duc de Guife & de fes adhérents n'échappèrent point à fes regards pénétrans. Il démêla aifément qu'on vouloit anéantir l'autorité du Monarque, & qu'en détruifant l'unité du pouvoir, le régime monftreux de l'ariftocratie alloit néceffaire-

depuis la guerre *dite le bien public*, fous le règne de Louis XI, jufqu'aux tems orageux de la *Fronde*. Il n'y a pas un de ces écrits qui ne refpire l'amour du bien public, pas un où l'on ne peigne avec énergie les déprédations des Adminiftrateurs & l'innombrable foule d'abus qu'entraîne après foi les defpotifme, pas un enfin où l'on n'annonce avec emphafe le défir de foulager la mifère des peuples, & ce qui (comme l'a dit un de nos anciens écrivains) *fonne agréablement à leurs oreilles*, la diminution des impôts. Quels ont été les réfultats de ces promeffes confignées dans des déclamations ampoulées ? l'hiftoire nous apprend qu'on facrifia conftamment les intérêts de la nation, à des intérêts particuliers, que le peuple fut compté pour rien dans les conventions que l'on fit, que quelques ariftocrates en recueillirent le profit, & qu'en général la nation n'a eu qu'à gémir fur fa crédulité dont on fe moquoit.

ment s'établir. Guillaume de Saulx ne se dissimuloit pas les fautes nombreuses de Henri III : détestant les crimes que l'histoire lui impute, il gémissoit sur tant de calamités dont le Monarque & ses courtisans avoient été les funestes instrumens. Quelques fussent cependant les torts de Henri, Guillaume de Saulx jugeoit avec raison qu'on ne parvient point au rétablissement de l'ordre, sans avoir préalablement affermi dans la main du Souverain l'exercice du pouvoir que la loi lui a confié.

Plein de cette vérité, qui est la sauvegarde des Empires, il n'hésita pas un instant à se ranger au pied du Trône qu'on osoit attaquer. Repoussant avec dédain les offres de ceux qui se flattoient de le corrompre, il ne leur répondit qu'en les combattant. Fort de sa vertu, & calme au sein du péril, il considéra comme une dette, qu'il acquittoit, le sacrifice de sa personne & de ses biens. C'est énoncer en peu de mots, les particularités les plus intéressantes de sa vie ; la lecture de ses mémoires justifie cette assertion.

Guillaume de Saulx avoit médité trop profondément sur les principes d'après lesquels il agissoit, pour que ses résolutions ne fussent pas indépendantes des événemens. Bientôt

Bientôt une cataſtrophe changea la face des affaires. Henri III venoit d'expirer ſous le couteau d'un aſſaſſin. La loi, ou l'uſage, qui dans ces cas, équivaut à la loi même, deſignoient ſon Succeſſeur. La Religion, que le Roi de Navarre profeſſoit, paroiſſoit l'exclure d'un Trône qui lui étoit dévolu par ſa naiſſance : au moins la cupidité & l'avarice invoquèrent-elles ce honteux (a) prétexte pour lui faire acheter chèrement une acceſſion qu'aucun François n'avoit (b) droit de refuſer, & encore moins de vendre. Guillaume de Saulx auroit rougi de trafiquer de ſon honneur & de ſa penſée. Loin de profiter des circonſtances pour arracher à ſon Souverain légitime des conventions ſouſcrites par la néceſſité, il ſe repoſa ſur ſes ſervices, du prix qu'un jour il devoit en attendre. Il

(a) *Le Duc d'Epernon & beaucoup d'autres* (lit-on dans les économies royales, politiques & militaires, tome I, p. 68) *quittèrent le Roy, lequel s'en alla prendre Clermont & autres places.*

(b) Voyez dans l'Hiſtoire de M. de Thou (Liv. XCVII) la diverſité des avis des Seigneurs François après la mort de Henri III. On délibera ſi l'on reconnoîtroit, ou non, Henri IV pour Roi. L'affirmative paſſa à la pluralité des ſuffrages. Mais on eut ſoin de le lier par un acte qu'on lui fit ſouſcrire.

proclama Roi Henri IV ; & pendant sept années consécutives il combattit pour lui en Bourgogne.

Henri III lui avoit conféré la lieutenance générale de cette province. Confirmé dans cette place par son Successeur, Guillaume de Saulx pouvoit espérer qu'un autre ne lui enleveroit pas la récompense due à ses travaux ; mais le bien de l'Etat exigeoit des sacrifices : eh à qui les auroit-on demandés, si-non à l'homme qui se glorifioit de penser & d'agir en citoyen ? La Bourgogne partageoit le sort des autres Provinces. Epuisée par des guerres désastreuses, elle soupiroit après la paix. Pour que les hostilités cessassent, il falloit désarmer les Chefs de la Ligue. Le Baron de *Senecey* (a) ; un d'entr'eux, ne consentoit à se soumettre qu'à condition de dépouiller Guillaume de Saulx de fonctions que celui-ci avoit si bien remplies. Guillaume de Saulx ne balança pas. Il se démit volontairement. Ce dernier acte de patriotisme fait l'é-

(a) Claude de Beauffremont, Baron de Senecey, Bailly de Châlons & Gouverneur d'Auxonne, fut long-tems à la tête du parti de la ligue en Bourgogne. Il s'étoit distingué aux seconds Etats de Blois en 1588, par la harangue qu'il y prononça lors de l'ouverture de cette assemblée nationale.

loge de son cœur. Henri IV étoit trop équitable pour ne pas le dédommager. Aussi dans ses Mémoires témoigne t-il sa satisfaction. Ce digne citoyen, qui honore ses descendans, jouit long-tems du plaisir d'avoir servi utilement sa patrie. Il vivoit encore (prétend-on) (a) en 1633. Il laissa en mourant, des deux mariages qu'il contracta, une nombreuse postérité. Veuf de *Catherine Chabot* (ainsi s'appelloit sa première épouse), il avoit convolé en (b) secondes nôces à l'âge de 79 ans avec *Jeanne-Baptiste de Pontaillier*. Probablement ce fut dans sa retraite qu'il composa les Mémoires que nous réimprimons. Il les publia en (c) 1625. On les joignit depuis à ceux de son père. Le texte des deux éditions que nous avons comparées, n'offre aucune *variante*. Celle de 1625, au lieu d'être partagée en quatre livres, ne l'est qu'en deux. On y trouve en outre une Epitre dédicatoire adres-

———————————

(a) Ce fait, qu'atteste l'Abbé Papillon dans sa bibliothèque des Auteurs de Bourgogne (tome II, p. 239) est contredit par le continuateur du Père le Long (tome II, p. 361.)

(b) Papillon, bibliothèque des Auteurs de Bourgogne, ibid.

(c) Cette Edition faite à Paris sous le titre de *Francfort*, est un volume in-4°.

sée à Louis XIII, & une Préface qui ne renferme rien d'important. Nous avons adopté la division en quatres livres : ces pauses multipliées fatiguent moins l'attention du Lecteur.

Il ne faut pas chercher dans l'Ouvrage de Guillaume de Saulx les vues fines & profondes de la Noue sur les causes & les résultats des grands évènemens. Ce n'est point comme dans les Mémoires du Duc de Bouillon, le Courtisan aimable & spirituel qui raconte. Ici c'est l'homme de bien écrivant ce qu'il a vu. On lui a reproché (a) (ce n'est pas sans fondement) une marche trop monotone, & la sécheresse de sa diction. Ces défauts ne tenoient-ils point à la nature de son sujet & aux formes minutieuses dont il s'entoura ? Ses Mémoires embrassent trois époques. Le premier livre présente un exposé succinct des guerres civiles qui désolèrent la France jusqu'à l'élévation du Duc d'Anjou au Trône de Pologne. L'Auteur a encadré dans ce précis un monument précieux dont on a parlé (b)

(a) Papillon, bibliothèque des Auteurs de Bourgogne, tome II, p. 239; le Gendre, jugemens sur les Historiens de France, tome IV de son Histoire, page 117.

(b) Lisez la note (b), de la p. 153 du tome XXVII de la Collection.

ailleurs : c'eſt un journal d'opérations militaires, rédigé par le Maréchal de Tavannes. Il contient tout ce qui ſe fit d'intéreſſant depuis qu'on reprit les armes en 1568, juſqu'à la bataille de Jarnac, livrée le 13 Mars 1569. Le ſecond livre eſt l'eſquiſſe d'une grande partie du règne de Henri III. L'Auteur des Mémoires n'inſiſte que ſur les évènemens auxquels il a participé. Ce livre ſe termine vers la fin de 1588. Les deux derniers ſont conſacrés au récit de la guerre civile (a) dont, après l'aſſaſſinat du Duc de Guiſe, la Bourgogne fut le théâtre. Le Rédacteur ne ſort guères du cercle étroit où il s'eſt circonſcrit. En s'iſolant dans cet eſpace, il étoit difficile d'éviter les défauts qu'on lui a reprochés avec aigreur (b). Peut-être ces défauts prove-

(a) Dans les deux éditions de ces Mémoires on les fait commencer en 1560, & finir en 1596. Tel eſt l'énoncé des dates inſérées au frontiſpice. Tous les léxicographes ont répété cette erreur. La vérité du fait eſt que l'ouvrage ſe termine à l'année 1595.

(b) La critique ne s'eſt pas bornée à être ſévère à l'égard de Guillaume de Saulx. Elle a eu l'injuſtice de lui imputer ce qu'il n'avoit pas fait : Voyez le tome XXVI de la Collection, p. 19. On y a relevé les différents écrivains qui ont confondu les deux frères.

noient-ils auſſi de ſa manière de voir & de ſentir. Citoyen honnête & vertueux, raiſonneur froid & ſans prétentions, Guillaume de Saulx ſongeoit moins à plaire qu'à dire nuëment la vérité. Son œil ne ſe portoit pas au-delà de la ſphère qu'il occupoit. En enviſageant ſon Ouvrage ſous cet aſpect, il n'eſt donc pas à rejetter. Au Tribunal de l'Hiſtoire, l'Ecrivain véridique ſera toujours accueilli. Ce genre de mérite, moins commun qu'on ne penſe, doit également lui faire pardonner le penchant irréſiſtible de l'amour-propre qui l'a porté à parler trop ſouvent de lui & des ſiens. C'étoit (on le ſait) un défaut de famille. D'ailleurs, à l'exception de la Noue, aſſez Philoſophe pour être modeſte, tous ceux qui ont rédigé leurs Mémoires ſe ſont-ils, ſur leur propre compte, piqués de diſcrétion ?

La plupart des Obſervations, jointes à ces Mémoires, ne reſſemblent ni pour le fond, ni pour la forme à celles des autres volumes que nous venons de publier. Le Lecteur doit ſe rappeller (a) que Guillaume de Saulx avoit pour frère Jean de Saulx, Vicomte de *Ligny*

(a) Liſez le tome XXVI de la Collection, p. 20 & 21.

& de *Tavannes*. Dans la Notice (a) qui précède les Mémoires du Maréchal de Tavannes, dont le Vicomte a été le Rédacteur, nous observâmes que diverses particularités de la vie du dernier, liées plus ou moins à l'Histoire du tems, étoient éparses & presque ensevelies sous l'amas de dissertations dont il a surchargé les Mémoires de son père. On a fondu ces particularités dans les Observations qui accompagnent l'Ouvrage de Guillaume de Saulx ; & on leur a assigné une sorte d'ordre chronologique. Si ces particularités ainsi réunies ne constituent pas des Mémoires proprement dits, au moins est-ce un assemblage de fragmens qn'on ne lira pas sans intérêt. D'ailleurs le Vicomte de Tavannes, naturellement caustique, imprimoit à tout ce qui sortoit de sa plume un caractère d'originalité qui lui étoit propre. A cette considération, faite pour provoquer la curiosité, on peut encore en ajouter une autre. Les deux frères diamètralement opposés par leur manière de penser & par la conduite qu'ils tinrent, présentent un contraste piquant. Tandis que Guillaume de Saulx se dévoua toute sa vie au maintien de l'autorité royale, le Vicomte de Tavannes s'en afficha

(a) Ibid. p. 25.

l'ennemi. Henri IV surtout eut à se plaindre de l'acharnement avec lequel il le poursuivit. Entend-on le Vicomte de Tavannes s'exprimer sur le ressentiment que Henri IV nourrissoit contre lui ; on seroit tenté de supposer que ce Seigneur croyoit en tirer du relief. Le Marquis de *Mirabeau* (nous apprend-il (a)) proposa au Monarque de l'échanger avec son père, pris par les troupes de la Ligue. Henri, en s'y opposant, objecta *que le Vicomte pouvoit plus le desservir en une heure, que tous les siens ne le pouvoient servir en trente ans...* On s'abstiendra de réflexions sur cette anecdote transmise avec ostentation par l'homme qu'elle concerne personnellement. Ce fait peut servir à prouver l'excès d'aveuglement (b) que produit une vanité mal entendue. Les

(a) Mémoires du Maréchal de Tavannes.——Dissertation intitulé : *Conservation du monde neuf*——p. 140 de l'édition de 1650.

(b) Le Vicomte de Tavannes étoit si fortement imbu de l'esprit de parti, que, pour arriver à ses fins, il auroit volontiers favorisé la plus dangereuse de toutes les insurrections, *celle de la populace.* Mais laissons-le parler... « Au commencent de la ligue en 1588 (dit-il) » je considérois quelles forces nous appuyoient, con- » cluois l'argent d'Espagne pouvoir faillir, que la » Noblesse nous abandonneroit. Je propose de s'ay- » der du peuple qui eust esté le salut de l'entreprise,

préjugés & les opinions de son siècle égarèrent sans doute le Vicomte de Tavannes ; mais il faut l'avouer, l'orgueil de son esprit & une présomption immodérée achevèrent d'épaissir le bandeau qu'il avoit sur les yeux. Rapproche-t-on ses écarts, quelques brillans qu'ils

» S'estans d'eux-mesmes armez en Normandie au nom-
» bre de vingt mille hommes, je voulois leur donner
» des picques, comme *Suisses*, ou *Macédoniens*. Toute
» la France eust suivi cet exemple, & fait cent mille
» hommes armez. La crainte qu'ils ne se jettassent sur
» nous, & se missent en républiques, ainsi qu'ils estoient
» anciennement l'empescha. Il y avoit des remedes;
» & MM. de Lorraine fussent demeurés chefs sans estre
» à la mercy des ennemis, lesquels ruinez, ils n'es-
» toient hors d'espérance de restablir la royauté en
» leur maison. Les Huguenots n'eussent pas contenu
» leurs villageois qu'ils ne se fussent joints à cette
» société, chatouillez du commandement. Le peuple
» a branslé trois fois pour venir à ce point, & y viendra
» si jamais les guerres civiles sont grandes, ou qu'il
» y ait des chefs experimentés & désespérés. En l'an
» 1573, en Dauphiné, le peuple de la province fut
» défait à *Morans* par M. de *Mandelot*. En 1589 furent
» défaits les *Gautiers* par M. de Montpensier en Nor-
» mandie. Au déclin de la Ligue ils voulurent s'élever
» auprès de Beaune... Voyant qu'ils favorisoient nos
» contraires, nous y donnasmes sans marchander : après
» le feu mis en quelques villages inadvertamment,
» peu de sang éteint cette fumée. Mille villages re-

ayent pu être, des vertus simples & patriotiques de Guillaume de Saulx ; le parallèle tourne à l'avantage du dernier. Il nous semble qu'il est permis d'en conclure qu'un sens droit & l'amour du bien sont souvent préférables aux talens, & même au génie.

» gardoient le succès de cent qui avoient commencé,
» & eussent esté suivis d'un tiers de la France qui se
» faschoit de la guerre. La cruauté est nécessaire contre
» les entreprises populaires : elle est le seul remede.
» Ceux qui gouvernent les peuples, doivent entrer
» en soupçon, ne se fier, ny aller sans garde... *Le*
» *peuple vit de la ruine des riches, de quoy il ne se soucie,*
» *pourvu qu'il en profite* ».

(Mémoires du Maréchal de Tavannes.—— Dissertation intitulée : *des Conciles*, p. 126 de l'édition in-fol. de 1650.)

Fin de la Notice des Éditeurs.

MÉMOIRES
DE GUILLAUME DE SAULX,
SEIGNEUR DE TAVANNES.

LIVRE PREMIER.

LA connoiſſance de l'évenement des choſes humaines, & des cauſes d'iceluy, nous a eſté donnée de Dieu pour en bien uſer à l'entretenement & à l'accroiſſement de l'ordre politique, qu'il veut eſtre maintenu en ce monde à ſa gloire. C'eſt le but auquel la ſincerité des plus adviſez doit tendre. A leur imitation, j'ay redigé par écrit ſuccinctement quelques particularitez de ce qui s'eſt paſſé au Duché de Bourgongne, & en aucunes autres Provinces de ce Royaume, depuis l'année mil cinq cens ſoixante, juſques à mil cinq cens quatre-vingts-ſeize. J'ay remarqué & veu à l'œil ce que j'eſcris, ayant eſté obmis par tous ceux qui ont fait mention de l'eſtat de France. Ma bonne volonté en ce ſujet ſuppléera à tous les défauts qu'on me pourroit imputer; mon deſſein n'ayant eſté de produire une histoire entiere, mais un simple & veritable récit, lequel ne se trouvera sans fruict. Les travaux que j'ay porté en la guerre pour le service de mon Prince, & le bien de ma patrie de Bourgongne, en laquelle j'ay eu, sept années expirées en l'an mil cinq cens quatre-vingts-seize, la premiere authorité, tant à commander aux forces, & armées de la campagne, qu'aux villes, y ayant esté utile, comme chacun de ce pays-là sçait. Les troubles cessez par la paix generale faite en France, tant avec le Roy d'Espagne, qu'autres Princes, & les rebellions Civiles esteintes; j'ay pris le loisir de mettre la main à la plume, & avec un plus doux labeur que les passez me rendre dans le repos encores utile, en ceste description, que je desire estre receuë de bonne part; priant la Majesté divine nous vouloir coutinuer la paix à son honneur, & au bien de son peuple, aussi longuement que les plus sages & vertueux la desirent. La fragilité, & imbecillité de l'homme est deplorable en ce qu'il ne demeure jamais en un mesme estat. Nous ne devons esperer rien de nostre vertu, & force, sans la benediction du Tout-puissant, ny autre appuy que celuy qui vient de luy mesme; comme dit l'Escriture-Saincte: *Qui plante, & arrose n'est rien, mais Dieu qui donne accroiſſement eſt tout à toutes choſes.*

Peu de temps (a) avant l'année mil cinq cens ſoixante, Henry deuxieſme du nom, Roy de France, celebroit à Paris les nopces du Daufin François, avec la Royne d'Eſcoſſe; de Philippe Roy d'Eſpagne & de Madame Eliſabeth ſa fille; celles de Philibert Emanuel Duc de Savoye, & Madame Marguerite ſa ſœur, en grande joye, triomphes, & feſtins; où toutes les pompes, & felicitez du monde s'eſtoient aſſemblées, pour accroiſtre les delices de la paix generale faicte entre les Princes par tous les païs de leur obeïſſance: Quand le Roy en un tournoy dreſſé pour donner plaiſir aux aſſiſtans, apporta par ſa mort advenuë d'un coup de lance donné par

―――――

(a) L'Auteur des Mémoires débute par un anachroniſme. Le mariage du Dauphin avec Marie Stuart avoit été conſommé en 1558; & les fêtes, au milieu deſquelles périt Henri II, ſe célébrèrent en 1559. Elles avoient pour objet les nôces du Duc de Savoye avec Marguerite ſœur du Roi. Car celles qu'on avoit données pour l'alliance de Philippe II & d'Eliſabeth, étoient finies. Si l'Auteur des Mémoires avoit daigné lire ceux du Maréchal de Tavannes ſon père, il ſe ſeroit exprimé plus exactement. (Voyez le tome XXVII de la Collection, p. 17; & le tome XXXI, p. 243 & ſuiv.)

le Comte de Mongommery, le plus sensible dueil, & d'autant plus extréme qu'il n'estoit point attendu, & qui fut la premiere boucle de la chaisne, qui a lié la France pour estre affligée par plus de trente-cinq années aux guerres civiles, qui l'ont portée sur le bord de son entiere & totale ruine; où infailliblement elle auroit esté precipitée sans l'ayde Divine qui l'en a garantie. Après le deceds de ce grand Prince, son fils François second, estant en bas aage (a) à son advenement à la Couronne, employe MM. de Guise oncles de la Royne sa femme, en ses plus importantes affaires. Alors une grande assemblée des Etats-Generaux de France, s'estant tenuë (b) en la ville d'Orleans, après laquelle quelques Gendarmeries furent mandées; plusieurs reglemens sur le faict de la Religion, & de l'Estat, en termes d'estre establis, demeure-

1560. rent indicis. Ce jeune Roy par une descente sur l'oreille, ayant suivy son pere de bien

(a) Voilà encore une erreur. François II, en montant sur le Trône avoit seize ans; & assurément on ne peut appeller ce Monarque un enfant, surtout dans un pays où les Rois sont majeurs à quatorze ans.

(b) Les Etats-Généraux avoient été convoqués par François II; mais ils ne s'ouvrirent que sous le regne de Charles IX son successeur.

près, mourut (a) une année après luy. Le 1560.
Prince de Condé lors prisonnier fut mis en
liberté; & sous le Roy Charles neufiesme
successeur du deffunct, qui estoit aussi en
bas aage, les Princes du sang, & mesdits
sieurs de Guise debattoient entr'eux la gloire
& la charge du Gouvernement du Roy & du
Royaume, s'aydans les uns & les autres du
fait & du pretexte de la Religion. Le mal 1561.
desja commencé s'accreut, pour auquel remedier la Royne-Mere, Catherine de Medicis,
estant declarée (b) Regente, l'Edit de Janvier
en l'année mil cinq cens soixante (c) fut
resolu par les Estats; par lequel l'Interim
estoit estably en France; c'est à dire, l'exercice des deux Religions fut publié par toutes
les Provinces en dependans, excepté en
quelque-unes, & mesmement en celle du
Duché de Bourgongne; se disans les Bourguignons plus anciens & premiers Chrestiens
que les autres François, lesquels ne l'avoient
esté que par le moyen de l'une de leurs
Princesses, mariée au Roy Clovis premier.

(a) Le regne de François II dura dix-sept mois.
(b) Catherine de Médicis n'eut point le titre de Ré-
gente. Elle en exerça les fonctions, sans en avoir le nom.
(c) L'Auteur se trompe de date : il veut parler de
l'Edit de Janvier 1562.

C'est pourquoy ils vouloient aussi estre derniers à souffrir dans leur pays, cette nouvelle Religion. Ils avoient avec eux Gaspard de Saulx, sieur de Tavannes, Lieutenant du Roy pour les gouverner, personage très-Catholique, & affectionné à Sa Majesté; lequel se conformoit à leur bonne resolution, d'autant plus facilement qu'en ce il disoit faire le service du Roy son Maistre; & que toute rebellion qui paroissoit en ces nouveaux Religieux, luy estoit suspecte, les mouvemens desquels pulluloient en divers lieux, & pouvoient apporter une grande subversion en tous Ordres. Et de fait il ne se trouva point trompé par les desseins que tost après ils executèrent sur les villes de son Gouvernement; que je desduiray briefvement; après avoir informé le lecteur quel fut ledit sieur de Tavanes: son admirable generosité & probité meritent bien qu'on en grave le souvenir sur le marbre d'une eternelle memoire. Son origine vient des Comtes de Saulx, Château situé à cinq lieuës de Dijon, à costé du chemin de Langres. C'est le nom de ceux de sa maison, qui a tousjours esté alliée en des nobles, & entre autres à celles de Monbeliard, Vienne, Sainct-Seine, Bauffremont, Tavanes, d'Inteuille, Labaulme, Chabot & Pontallier.

tallier. Sa jeuneſſe commença (a) de donner quelque bon indice de ſa valeur, à la bataille de Pavye, l'an mil cinq (b) cens vingt-quatre, où il ſe trouva eſtant mis hors de Page du Roy François premier. Aprés il fut ès guerres d'Italie, tant ſans avoir charge, que guidon de la Compagnie de Gens-d'armes du ſieur grand Eſcuyer Galliot : où ſes déportemens furent ſi ſignalez, que Monſeigneur Duc d'Orleans frere du Roy Henry ſecond, dreſſant l'eſtat de ſa maiſon l'y voulut employer des premiers ; & luy ayant baillé le guidon de ſa compagnie, peu de temps après luy en laiſſa la Lieutenance : laquelle compagnie il eut après le decéds de Monſeigneur d'Orleans ; lequel il aſſiſta & ſervit à la conqueſte du Duché de Luxembourg en l'année mil cinq cens cinquante-deux (c), bien veu de luy, & ayant des premiers commandemens en ſon armée. Ledit ſieur de Tavanes avoit fait preuve de ſa valeur à la bataille de Cerizolles, où M. d'Anguin obtint la victoire

1561.

(a) On renvoye le Lecteur à la notice qui précéde les Mémoires de Gaſpard de Saulx, Maréchal de Tavanes, tome XXVI de la Collection, p. 10 & ſuiv.
(b) La bataille de Pavie ſe livra le 24 Février 1525.
(c) Encore un anachroniſme. Cette campagne du Duc d'Orléans ſe fit en 1542.

1561. sur l'Espagnol contre le Marquis du Gast, à celle de Renty en la presence du Roy Henry second, & de l'Empereur Charles cinquiesme, comme se void par l'extraict d'une (a) lettre escrite du Camp du Roy, par le sieur de Sallignac Gentilhomme François, au Cardinal de Ferare.

1592. Pour revenir à nostre premier discours; sur le refus fait l'année mil cinq cens soixante (b) & un, de la publication de l'Edict de Janvier au Duché de Bourgogne (c); ceux de la nouvelle opinion y estans, se voyants exclus des assemblées qu'ils vouloient faire sous pretexte de la liberté du Presche; dans lesquelles leurs desseins se pouvoient facilement tramer, pour surprendre plusieurs places; appellerent aucuns de leurs voisins, & entre autres le sieur de Monbrun du

(a) On a supprimé l'extrait de cette lettre, que l'Auteur des Mémoires a jugé à propos d'intercaler dans le texte. Nous avons fait usage de ce monument ; & on peut recourir aux Mémoires de Rabutin, tome XXXVIII de la Collection, p. 446 & suiv.

(b) Le Rédacteur des Mémoires a suivi l'ancienne manière de compter ; & voilà pourquoi il place l'Edit de Janvier 1562 en Janvier 1561.

(c) Voyez les Mémoires du Maréchal de Tavannes, tome XXXII de la Collection, p. 52 & suiv.

Dauphiné, lequel s'estant saisi de la ville de Chalon sur Saone, par quelques intelligences, en fut aussi-tost chassé à la diligence que fit le sieur de Tavanes avec sa Compagnie de Gensdarmes. Ceux qui s'estoient saisis de la ville de Mascon en furent chassez de mesme, de sorte que son Gouvernement demeura entierement en l'obeissance du Roy : & pour l'y maintenir, il fit depuis faire des citadelles esdictes villes. La derniere d'icelles fut prise par (a) un stratagême remarquable. Ceux de la nouvelle opinion que l'on appelloit lors Huguenots, s'estans saisis de Lyon, Ville-franche, & Belle-ville, sous la conduite du Comte de Saulx, avoient fait acheminer quatre mille Suisses entre lesdictes deux villes de Chalon & Mascon, & sur l'asseurance de ces forces avancées, on faisoit peu de garde en celle de Mascon. Le sieur de Tavanes, en ayant eu advis, fait acheminer depuis Chalon par chemins destournez sa compagnie de Gensdarmes conduicte par le sieur de Trotedan,

1562.

(a) On a vû dans les Mémoires qu'on vient de citer, que d'abord le Maréchal de Tavannes fut obligé de lever le siége de Macon, & qu'ensuite il surprit cette ville. Ce n'étoit plus Montbrun à qui il avoit affaire. Ponsenac commandoit alors les Protestans. Lisez le tome XXVII de la Collection, p. 73 & 79.

1562. qui en eſtoit enſeigne, accompagné des ſieurs de Canteperdris, & Sainct Poyat, qui commandoient à trois cens hommes de pied choiſis. Ayans fait leur repue au Chaſteau de Lourdon, eſloigné des villages, arrivent avant jour à demy quart de lieue de Maſcon, où ils firent alte. Ledit ſieur de Canteperdris s'eſtant avancé avec ſoixante arquebuziers, à trois cens pas de la porte, deſquels il en avoit logé quinze avec un Capitaine dans une petite maiſon qui en eſtoit proche; & fait acheminer un chariot de foin conduict par trois ſoldats habillez en chartiers; incontinent qu'il fut demye heure du jour, deux hommes de la ville allant faire la deſcouverte entrerent en ceſte maiſon: l'un y fut tué, & l'autre arreſté. Ledit chariot ayant faict alte ſur le pont levis de ladicte porte, les quinze ſoldats y allerent promptement, & attaquerent le corps de garde, qu'ils deffirent aſſiſtez dudit Canteperdris qui y accourut avec ſa ſuite, & ſe ſaiſirent de ceſte porte: où le ſieur de Trotedan ayant abordé avec ſa cavalerie, & le reſte des gens de pied, la ville fut incontinent réduicte. Ces troupes furent ès places ſans entrer en aucun logis, juſques à ce que les habitans eurent eſté deſarmez, & l'ordre neceſſaire mis. Quelques-uns de la ville y furent tuez de ceux 1562 qui en petit nombre avoient voulu faire resistance. Les Suisses voyans par ceste prise, le chemin de leur retraicte aucunement fermé, d'espouvante se retirerent en leur pays par le costé de Lyon, apres avoir eu quelque mescontentement de ceux qui les avoient embarquez. Ces heureux exploits du sieur de Tavannes, donnerent occasion au Roy, luy commander d'assembler une armée pour la reduction de la ville de Lyon ; laquelle il composa de quelques pieces d'artillerie, quatre mile hommes de pied sous la charge du sieur de Lessing frere du sieur de Maugiron, & de quatre à cinq cens chevaux, non compris les arquebuziers à cheval. L'ordre de la conduicte en fut si bon, que les vivres & la paye n'y manquerent point pendant que ledit sieur de Tavanes en eut la charge. Il commença la guerre par les prises des villes de Ville-franche, & Belleville, estans situées du long de la riviere de Saosne, & de-là s'approcha de celle de Lyon, où les intelligences avoient esté si bien pratiquées, que la reduction en estoit infaillible, sans un accident qui arriva. L'ambition est accompagnée souvent de generosité : elle a aussi ses vices, & apporte souvent

1562. du mal. Monsieur de Némours jeune Prince obtint alors de sa Majesté le commandement de ceste armée, en laquelle s'estant acheminé avec ample pouvoir, le sieur de Tavanes la luy fit voir en ordre de bataille; & après cela, quoy que ce mesme Prince de Némours qui l'honoroit *du nom de pere*, le priast de demeurer, il se retira luy faisant entendre (a) que luy laissant ses forces, il se retiroit en son Gouvernement de Bourgongne, où sa presence estoit nécessaire au service de sa Majesté. Ainsi ne voulut-il obeyr à celuy qui luy ostoit le commandement, qui luy devoit d'autant plus estre conservé qu'il en avoit magnanimement & utilement usé. M. de Némours ne prit point la ville.

Peu de temps après le retour (b) du sieur de Tavanes à Dijon, les Huguenots faisant de nuict des assemblées, & des Presches, en nombre de cinq ou six cens hommes en

(a) Ce passage a été copié par l'Auteur de *l'Illustre Orbandale*. Lisez les Observations sur les Mémoires du Maréchal de Tavannes, (Tome XXVII de la Collection.)

(b) Dans les Mémoires du Maréchal, (tome ibid. p. 68.) le désarmement des Protestans de Dijon est raconté comme ayant précédé son entreprise sur la ville de Lyon.

armes, en la rue des Forges, proche le 1562. Chasteau, & se vantans de traicter le sieur de Tavanes, comme le sieur de la Motte-Gondrain qui avoit esté pendu à la fenestre de son logis à Valence en Dauphiné, il pourveut à leurs insolences, faisant crier à son de trompe un soir, que les habitans eussent chacun à mettre lanternes & clartez à leurs fenestres; & que passé huict heures du soir, ils n'eussent à sortir la nuict de leur logis & ce, sur peine de la vie. La mesme nuict il fit entrer par le Chasteau, la compagnie d'ordonnance de M. de Savoye, conduicte par le Comte de Morvet (a), qui estoit Lieutenant : & au son de quelques canonades, se rendirent quantité d'habitans des villages voisins à la ville, au point du jour, suivant l'advis qui leur en avoit auparavant esté donné. Deux heures après, pendant que ceste cavalerie se promenoit sur le pavé, fut faicte recherche des armes que l'on mit à la maison de ville; & crié que tous les vallets de boutique eussent à venir devant le logis dudit sieur de Tavanes à une heure après midy : où s'en trouva plus de douze cens qui furent conduits par ladicte cava-

(a) De la Beaume Comte de *Montrevel* & non pas de *Morvet*.

lerie & chassez hors de la ville. On cogneut alors que tel marchand ou artisan qui ne devoit avoir qu'un vallet, en avoit six. Apres cela furent mis prisonniers audit Chasteau douze des principaux desdits Huguenots, ausquels le sieur de Tavannes dit, *que s'il advenoit remuement, leurs testes en respondroient* : parmy eux y avoit deux Conseillers du Parlement. Ainsi le péril fut par luy prudemment levé sans aucune effusion de sang, & la seureté establie, se comportant en cela comme pere, & non en tyran, au contentement de toute la Province. Il avoit esté Mareschal de Camp au voyage que fit l'armée du Roy en Italie (a), en mil cinq cens cinquante cinq, avec M. de Guise, & avoit aussi la mesme charge au voyage d'Allemagne, où les villes de Mets, Verdun, & Toul furent prises. Il y eut le mesme employ à la prise des villes de Calais, Thionville, & autres. Aussi fut-il Gouverneur en la ville de Verdun en Lorraine, y commandant à deux compagnies d'hommes d'armes, quatre de Chevaux legers, & douze de gens

_____

(a) Le Duc de Guise marcha en Italie à la fin de 1556; & il y arriva au commencement de 1557. (Voyez les Mémoires de Boivin du Villars & ceux de la Chastre, tome XXXV, p. 468, & le tome XL, p. 325.

de pied, lors que l'Empereur Charles cin- 1562.
quiesme alla assieger Mets, & que l'on estoit
incertain s'il assiegeroit Verdun, ou Mets.
Et peu auparavant ces mouvemens adve-
nus en Bourgogne, les factieux de la nouvelle opinion, s'estans saisis de Valence, ville
en Dauphiné, sur la riviere du Rosne, la
reduction en fut faicte par luy avec sa compagnie, & autres troupes qu'il y avoit conduictes, suivant le commandement de sa
Majesté.

L'année mile cinq cens soixante & deux,
la bataille de Dreux donnée, quelques
exploicts de guerre suivis, l'Edict de Paci- 1563.
fication publié, les armes furent mises bas
l'espace (a) de cinq années; & jusques à la
Sainct Michel mile cinq cens soixante & 1567.
sept, qu'au premier mal les pretendus nouveaux Religieux en adjousterent un autre,
faisant effort à Meaux de se saisir de la
personne du Roy Charles neusiesme, qui
fut garanty par le bon secours des regimens
de Suisses de sa Garde commandez par le

(a) Le calcul de l'Auteur des Mémoires n'est pas
exact ; l'Edit de pacification fut publié le 19 Mars 1563,
& l'entreprise de Meaux, qui fut le signal d'une nouvelle
guerre, eut lieu dans les derniers jours de Septembre
1567.

1567. Colomnel Pheifer. Le sieur de Tavannes fut aussi-tost mandé par sa Majesté de s'acheminer à Verdun en Lorraine, comme il fit avec plusieurs troupes pour s'opposer avec MM. de Guise aux estrangers Allemans, qui venoient en faveur des ennemis. De-là il s'achemina en l'armée que conduisoit M. le Duc d'Anjou frere du Roy, où la reveue s'en fit proche la ville de Troyes: & avant son partement de Bourgongne, il en fit sortir le sieur de Poncena, qui s'estoit saisi des villes de *Sainct Jean Gon*, & *Marciny*, avec quatre cens chevaux, & certain nombre d'infanterie & pieces de campagne. Le sieur de Vantoux, du nom & armes du sieur de Tavanes, commandant sous son authorité au Pays, y fut employé, avec les compagnies de M. de Savoye, du Comte de Beine, & autres & s'en acquitta dignement, estant venu aux mains avec les ennemis à un pont proche Joncy en Masconnois. Pendant l'absence du sieur de Tavanes dudit Pays, le mesme sieur de Vantoux conduit toutes les forces qu'il pût assembler à M. le Duc de Nevers venant d'Italie, qui avoit trois mille hommes de pied Italiens, au siege de la ville de Mascon, que les ennemis avoient reprise: de laquelle après les approches &

batteries faites, M. de Nevers & le sieur de 1567.
Vantoux les chasserent, s'en estant saisis (a)
par le costé du Pont de la riviere de Saosne.
Le travail, prudence, & diligence qu'ils y
employerent, leur réussit à grand honneur
& louange. La paix réitérée (b) mile cinq 1568.
cens soixante & huict, lors que les ennemis
avoient assiegé la ville de Chartres, ne
dura que six mois (c) ; M. le Prince de Condé
s'estant allarmé de quelques associations qui
se faisoient par les Catholiques en Bourgongne, pour se conserver, & des compagnies
de gens de pied, que conduisoit de Mets
en Piedmont, le sieur de la Verriere (d),

(a) Dans les Mémoires du Maréchal de Tavannes,
(tome XXVII de la Collection, p. 135) on a observé
que cette prise de Mâcon paroît démentie par deux monumens qu'on invoque.

(b) C'est la paix de *Longjumeau* qu'on publia le 27
Mars 1568.

(c) En rapprochant la date de l'Edit, qui fut le
résultat de la paix de Longjumeau, avec l'époque où le
Prince de Condé se sauva de *Noyers*, on trouve environ
cinq mois. (Voyez les Mémoires de Castelnau, T. XLV
de la Collection, p. 105.)

(d) Ces assertions du Rédacteur des Mémoires feront
peu d'impression sur ceux qui ont lu les Observations,
Numéros 4 & 5 qui sont jointes aux Mémoires de Castelnau, tome XLV de la Collection, p. 294, & 300.

1568. presumant qu'il y eust entreprise contre sa personne, & celle des autres Chefs de son party, s'en alla de sa maison de Noyers en Bourgongne, à la Rochelle, suivy de plusieurs d'eux, & entre autres de MM. l'Admiral de Chastillon, & d'Andelot freres. Il commença à assembler des forces, pour avec icelles attenter de toutes parts. Cette prompte saillie luy cousta la vie six mois après, & aux principaux Commandans à sa suitte à deux ou trois ans de-là : exemple notable pour eviter le commencement d'une guerre non necessaire, ny juste. Que si celle qui se fait avec equité, ameine infinis maux, que peut-il estre d'une guerre bastie sur des desseins pernicieux & une rebellion ouverte ; ayant pour fondement un vain pretexte de Religion, & bien public ; ne tendant neantmoins qu'à la ruine de tous les deux, pour l'aggrandissement d'un ou de plusieurs sujects par dessus leur souverain Prince ? Ceux-cy travaillent, subsistent, prosperent un temps, croissent en authorité, & puissance ; le *commander* (a) leur est doux : mais enfin ils y trouvent leur ruine totale, & le chastiment de leur

On y trouve la preuve des allarmes que le Prince de Condé avoit justement conçues.

(a). C'est-à-dire le commandement.

forfaits. Ainsi Dieu jette au feu les verges 1568. desquelles il a chastié son peuple. Les ambitieux Chefs de party, qui aspirent à renverser un Estat legitimement estably, pour planter une tyrannie, ne viennent au but de leurs prétendus desseins, la plus part meurent de morts violentes. Ils proposent injustement; Dieu dispose justement d'eux & de leurs actions; & tournant leur mal en bien, ameine les peuples affligez à repentance, & après à la douceur du repos; faisant son œuvre, qui est de départir ses graces gratuitement aux siens.

Le Roy Charles voulant pourvoir aux remedes necessaires en une guerre civile, qui luy estoit de si grande importance, appelle près de soy ses principaux serviteurs, & entr'autres le sieur de Tavanes, tant pour prendre advis de luy en son Conseil, pour ses plus urgentes affaires, que pour l'employer près Monseigneur le Duc d'Anjou son frere, pour ayder à la conduite de son armée, vers lequel le sieur de Tavanes alla, après qu'il eust mis bon ordre en son Gouvernement de Bourgongne (1).

Dès le commencement que l'on connut la guerre declarée, & que le Prince de Condé estoit en Poictou, M. le Duc de Montpensier

1568. y assembla les forces du païs, qui lors estoient fort petites, & n'eut gueres bon moyen de garnir les places; bien qu'il despartit de ses troupes en quelques unes, attendant que le Roy l'eust secouru de plus grandes forces, pour les mettre à seurté; & aussi qu'il eust fait approcher les gens-d'armes qui estoient de ce costé-là, & pareillement les gens de pied. Bien-tost après arriva M. de Martigues, avec bonne troupe tant de pied que de cheval: comme aussi furent envoyez de la Cour les sieurs de Brissac, & Strosse (a) Colonels de l'infanterie Françoise. Ils arriverent en Poictou avec leurs troupes, à sçavoir trente enseignes de gens de pied du sieur de Brissac, & douze du sieur Strosse. Ce qui donna grand contentement, pour l'espérance qu'on avoit que les gens de pied, & quelque nombre de gendarmerie seroient départies par les places, à fin de les tenir asseurées; & que M. de Montpensier se tiendroit à Poictiers, aussi avec des forces, pour favoriser & secourir les endroicts les plus agitez, & pressez des ennemis; lesquels ayans prémédité la guerre, avoient tout en un temps assemblé toutes leurs forces; reservé les gens de pied de Provence: de sorte que sans les Provençaux

(a) Philippe Strozzi.

ils pouvoient estre de quatre à cinq mille 1568. chevaux, & huict mille hommes de pied. A raison de quoy M. de Montpensier estant pour lors encore trop foible, sa délibération de se mettre sur la deffensive, eust esté juste & raisonnable, attendant que l'armée de Monseigneur le Duc d'Anjou fust preste, & arrivé; mais estant stimulé par les Seigneurs de la Cour, qui desiroient de faire connoistre leur valeur, & acquerir de la reputation; ou bien pour ne vouloir les uns estre envoyez dedans les villes pour les garder; ou pour quelque raison occulte, demeurerent ensemble, & en suspens, sans estre departis à la garde des villes; esperant se fortifier assez à temps, pour tenir la campagne, & venir au combat. Mais le malheur voulut que pensant bien faire, l'on fit tout autrement : car M. de Guise s'en venant en poste, pour estre des premiers; en passant à Orleans, où estoit le rendez-vous, pour assembler l'armée de Monseigneur d'Anjou, où le sieur de Sansac estoit pour recueillir les Gensdarmes; il bailla audit sieur de Guise dix compagnies de Gensdarmes à mener, disant *qu'il estoit fils d'un trop bon pere pour le laisser aller seul.* Occasion pourquoy M. de Montpensier, sentant venir cette troupe de ren-

1568. fort, se resolut à la persuasion de ceux qui estoient avec luy (2), de donner la bataille, & envoyer demander congé de le faire : ce qui fut accordé. Et pour estre encore plus renforcé, envoya dire à M. de Montluc, qui avoit de bonnes forces, qu'il se vint joindre à luy, & au sieur d'Escars pareillement. Ce qu'ils ne firent point, disant qu'*ils alloient au devant des Provençaux,* & partirent pour y aller : mais toutesfois ils les laisserent passer. Mondit sieur de Montpensier résolu de combattre, encores que ledit sieur de Montluc n'y fust point, s'achemine à Confolant, les ennemis estans au siege d'Angoulesme laquelle au bout d'un temps fut renduë. De sorte que les ennemis furent dedans, deux ou trois jours premier qu'on le sceust dedans le Camp; tant l'on estoit bien adverty de la venuë des Provençaux ; où au lieu de combattre ceux qui estoient audit Angoulesme, il délibera de s'en aller au devant d'eux; encores que M. de Longueville qui avoit esté envoyé d'Estampes, y fut arrivé avec huict autres compagnies de Gensdarmes, & les trouva à deux lieuës de Perigueux, où les compagnies qui marchoient derriere, menées par *Mouvant* furent defaictes (a), ledit *Mouvant* tué, &

(a) Voyez les Observations sur les Mémoires de

dix

dix enseignes emportées. Mais le sieur d'Acier 1568. avec la plus grande part desdicts Provençaux se rendirent au Camp du Prince. Je vous ay faict ce discours cy-dessus, afin que vous connoissiez le malheur de ce commencement, advenu par la faute de ces Messieurs nos coureurs de la Cour, qui ne se soucient pas de ce qui puisse advenir aux despens du Roy, & du public, pourveu qu'ils contentent leur caprice : & encore plus mal-advisez ceux qui leur permettent leur courses, & leur baillent des forces : car qui n'eust point baillé ces forces là à M. de Guise en passant à Orleans, ny souffert à tant de coureurs volontaires, s'en aller devant pour gaster tout, ains demeurer à Orleans au rendez-vous, où se devoit trouver l'armée ; M. de Montpensier n'eust peut-estre pas entrepris de donner la bataille, & se fust mis sur la deffensive ; en mettant les gens de pied, & autres forces, tant dans Angoulesme, Niort, qu'aux autres villes perdues. L'armée de Monseigneur d'Anjou eust esté assemblée assez à temps pour les aller secourir. Mais faisant semblant de vouloir donner la bataille, ils ne la donnerent point, & si perdirent les villes : qui fut un malheur qui a duré long-temps. Monseigneur Castelnau. (Tome XLV de la Collection, p. 321.)

1568. le Duc d'Anjou eſtant arrivé à Orleans où l'on ſe devoit aſſembler, n'y trouva que l'artillerie, les Suiſſes, & cinq ou ſix compagnies de Genſd'armes : & là fut mis en avant par le ſieur de Tavanes, de ſeparer partie de l'artillerie, qui reviendroit facilement après par eau, atteindre l'armée pour aſſieger Sanſerre, avec M. le Marquis de Villars. Mais comme les opinions ſont diverſes, d'autres Capitaines firent changer celles-là. Cette entrepriſe fut rompuë, qui a eſté un grand mal : car ceux de Sanſerre n'avoient ny gens, ny munitions quelconques, & eſtoient preſts de ſe rendre.

Donc Monſeigneur s'achemina avec ce peu de forces qu'il avoit trouvées à Orleans, du coſté de Blois, Amboiſe & Tours, allant touſjours retenu, & en ſuſpens, pour attendre l'iſſue de la bataille qui ſe devoit donner. Il faiſoit touſjours reconnoiſtre les villes, ſoit pour les fortifier, ou y faire dreſſer un camp fortifié, afin de pouvoir s'y retirer, ſi le malheur euſt voulu que l'on euſt perdu la bataille : mais eſtant en chemin il eut advis, qu'au lieu de combattre le Prince de Condé, M. de Montpenſier s'en alloit au devant des Provençaux, qui eſtoit reculé plus de quarante lieuës en arriere, laiſſant l'armée

du Prince entre Monseigneur d'Anjou & eux. 1568.
Ce qui le fit aller encores plus retenu. Et
neantmoins sans le sieur de Tavanes il recevoit un grand escorne : car encores qu'il eust
infiniment debattu que l'on ne devoit point
avancer, si est ce qu'à la persuasion d'aucuns,
il avoit esté conduit jusques au port de Pilles ;
en déliberation de passer plus outre, jusques
à Castelleraut, & Poictiers, au grand regret
du sieur de Tavanes : lequel avec plusieurs
protestations, supplia mondit Seigneur, qui
s'en alloit disner à *Presiny* chez le sieur Marquis de Villars, de descendre & vouloir encores tenir un conseil à la Haye en Tour-
raine en passant ; ce qu'il luy accorda. Et là
fut montré par vives raisons par ledit sieur
de Tavanes, que l'armée estant si foible ne
devoit point passer la riviere de Creuse, &
ny moins passer à Castelleraut, que l'on ne
fust joint avec M. de Montpensier : d'autant
que les ennemis y pouvoient facilement venir ; & qu'il valloit mieux couler du long de
ladite riviere de Creuse, & aller du costé du
Blanc en Berry, & mander à M. de Montpensier de s'en venir de ce costé là, pour
tous ensemble se joindre plus seurement. Mais
le sieur de Sansac & quelques autres estoient
tousjours de contraire opinion. De sorte que

1568. tout ce que put obtenir ledit sieur de Tavanes, fut que l'artillerie ne passeroit point ce jour-là le port de Pilles, & qu'on sejourneroit un jour. Ce conseil estant finy, & les Capitaines separez l'un deçà, l'autre delà, chacun à leurs affaires, fit tant ledit sieur de Tavanes envers mondit Seigneur que l'armée sejourna quatre jours à la Guierche; dans lequel temps on envoya haster (a) en toute diligence M. de Montpensier, qui desjà estoit sur son (b) retour. Au bout de quatre jours l'armée partit, & n'arriva pas si tost à Castelleraut que les ennemis avec toutes leurs forces en extrême promptitude, peurent passer la Vienne à Chaumigny, & vindrent jusques à une lieuë de Castelleraut. Mais M. de

(a) Le Président Coustureau (dans sa vie du Duc de Montpensier, p. 38) rejette le blâme sur le Duc d'Anjou. *Sur les chemins*, (raconte-t-il) *il eut plusieurs advis de Monseigneur Frère du Roy de son acheminement, tantost à Chastelleraut, tantost à Poitiers, une autre fois à la Tricherie, une autre fois à Chaumigny, ce qui le mit en grande peine & irrésolution, parce que l'ennemy s'approchoit fort de lui.*

(b) Le Prince de Condé & l'Amiral renforcés par les troupes que d'Acier conduisoit, serroient de près le Duc de Montpensier. *S'il faisoit diligence de son côté,* (dit le Président Coustureau, ibid, p. 39) *l'ennemy ne la faisoit pas moindre du sien; car il arriva encore à heure de dîner au mesme lieu d'où nous estions partis.*

Montpensier ayant esté fort hasté, arriva 1568. le jour mesme; ses gens, & ses chevaux neantmoins extremement harassez; estans les ennemis logez à une lieuë de-là, Monseigneur d'Anjou le lendemain matin fit mettre l'armée en bataille, & fut ordonné le Vicomte (a) d'Auchy pour les aller recognoistre avec quatre cens chevaux, sans toutefois les attaquer, qu'on ne luy mandast. Cependant le sieur de Tavannes ayant reconnu un ruisseau, qui estoit entre leur camp & le nostre, fit faire des ponts pour y passer l'armée, & fit passer les troupes de MM. de Martigues, de Guise, & autres pour soustenir ledit Vicomte, qui avoit descouvert les ennemis: auquel il manda de les attaquer. Cependant mondit Sieur marcha avec toute son armée jusques au ruisseau: mais ledit Vicomte rapporta qu'il n'estoit demeuré des ennemis que quelques-uns sur la queuë, & que leur armée s'estoit désjà retirée près dudit Chaumigny, qui est à cinq lieuës dudit Chastelleraut; n'estant venu là en autre esperance que pour attraper Monseigneur seul avec son armée, avant que M. de Montpensier y arrivast. Ce qu'à dire la verité ils eussent faict sans la providence du

(a) Eustache de Conflans, Vicomte d'Auchy.

sieur de Tavannes, par le sejour fait à la Guierche. S'estans ainsi les ennemis retirez, & repassez la riviere à Chaumigny, pour s'en retourner en leur conqueste, après avoir donné deux ou trois jours de sejour aux troupes de M. de Montpensier, fut mis en deliberation le chemin qu'on devoit tenir ; sur quoy y eut plusieurs advis ; estant le sieur de Sansac, & quelques autres, tousjours d'opinion que l'on allast à Poictiers : remonstrant que c'estoit le plus beau lieu pour une armée qu'il estoit possible ; & que de-là l'on prendroit tel chemin que l'on voudroit, pour trouver les ennemis. Ledit sieur de Tavannes au contraire disoit qu'encor qu'il n'eust point cognu le pays, qu'il avoit ouy dire que Poictiers estoit une ville en lieu fort plein de *baricaves* à l'entour ; & que dudit Poictiers tirant devers Luzignan & St-Mexant, estoit un pays bien fort & plein de hayes, de bois & de colines : que les ennemis se retreuvant là, ayant vingt mille arquebusiers comme ils avoient, & les nostres seulement deux mille, les Suisses & la cavallerie de peu d'effet dans ce lieu fort, lesdits ennemis auroient l'advantage. Qu'il avoit appris qu'on pouvoit aller à l'entour de ce pays-là, par les plaines de Mireballais, & se venir retreuver à Sainct-Mexant, où à Nyort; en 1568, ce faisant tout le Lodunois, & bas Poictou, qui n'estoit encore saisi des ennemis, eust esté conservé pour fournir des vivres : & qu'ayant jà esté envoyé le sieur de Ludé dans Poictiers l'on y pouvoit envoyer encores des gens de pied : que lesdits ennemis ne se pourroient attaquer audit Poictiers, ny à Luzignan, qu'ils ne fussent combatus. Mais ceste opinion ne fut pas receue, on marcha droit à Poictiers, en deux jours. Le sieur de Tavannes avoit mis en avant à mondit sieur, qu'à tout le moins on ne fist que repaistre audit Poictiers jusques à minuict; & soudain après repartit pour aller treuver les ennemis, qui ne pouvoient estre qu'à cinq, ou six lieuës de-là. Mais tant s'en faut que l'on peust faire cette execution; qu'à cause de la difficulté de ladite ville, qui se treuva si mal aisée, l'armée ne la peut passer en deux jours, & fut-on contraint d'y sejourner. Ladicte armée passée, Monseigneur alla à la maison de Theligny, où l'on trouva le pays difficile, & couvert, comme dit est, & fut deliberé le lendemain de faire une traicte assez bonne, pour s'oster de ce pays fascheux, & aller loger sur le bord de la plaine : & fut resolu que l'on iroit

1568. à *Pamprou* avec l'avantgarde, & à *Jaseneul* la bataille: mais estans les Mareschaux de camp arrivez audit Pamprou trouverent que le lieu n'estoit point propre, & qu'il valloit mieux aller à Jaseneul pour l'avantgarde, & la bataille à *Pamprou*. Les Mareschaux de camp envoyerent advertir M. de Montpensier de ces changemens; & pareillement à Jaseneul vers Monseigneur. Toutesfois M. de Montpensier dit qu'il ne fut point adverty, & ne laissa pas de passer outre avec l'avantgarde, droit audit *Pamprou* (a) où il

(a) Le récit du Président Coustureau (p. 40 de la vie du Duc de Montpensier) offre quelques particularités qui méritent d'être rapprochées de la relation du Maréchal de Tavannes. « Au partir de Chastelleraut, (lit-on dans son ouvrage) » l'armée prinst le chemin de Poitiers, » & le Dimanche 14 dudit mois de Novembre, mondit » Seigneur en deslogea avec l'avant-garde qu'il condui- » soit, pour aller à *Montreuil-Bonin*, le lundi à Lavan- » ceau; & le mardi son logis luy estant donné à *Pam-* » *prou*, ses Maréchaux-des-Logis trouverent que l'enne- » my y avoit déjà pris le sien; ce qu'estant rapporté à » mondit Seigneur, M. de Chauvigni qui chevauchoit à » costé de luy, luy dit qu'il feroit bien de retourner au » village de Sansay qu'il venoit de passer, & d'y faire » arrester les bagages, parce qu'il y avoit un pont & » une petite riviere dont on seroit couvert. Mais il ré- » pondit *que Bourbon ne tournoit pas le dos*; & descendit » pour prendre sa cuirasse. Peu après M. de Martigues

trouva que les ennemis y estoient, lesquels 1568. soudain furent en bataille, & se trouverent à la vue des uns & des autres, si près que l'arquebuzerie joua longuement des deux costez : mais la nuict soudain survenue les separa. M. de son costé, arrivant fort tard à Jaseneul, luy fut rapporté par le sieur d'Ochy, qui logeoit l'avantgarde, qu'il avoit trouvé cinq ou six mille hommes des ennemis logez proche Jaseneul ; de sorte qu'estimant que ce fut toute leur armée, envoya en toute diligence chercher M. de Montpensier, qui manda soudain qu'il estoit à la veue des ennemis, que l'on allast à luy. M. qui receut l'advertissement alla droit audit Jaseneul, de sorte que l'avantgarde & la bataille se trouverent séparées ; chacun pensoit, tant amis qu'ennemis, avoir toute l'armée devant soy : mais fut advisé qu'estant M. chargé

» arriva, qui luy confirma le rapport qu'on luy avoit
» fait, assurant luy-même *qu'il avoit vu les moutons à la*
» *grande laine*, voulant dire les casaques blanches (des
» Protestans) & ayant demandé à mondit Seigneur ce
» qu'il luy plaisoit de faire, il répondit, qu'il les
» falloit voir ; mais de fait il y fut, & se présenta au
» combat. » Un stratagême de Martigues empêcha les Protestans de profiter de la circonstance ; & on peut lire à ce sujet les Mémoires de *la Noue*. (Tome XLVII de la Collection, p. 224 & 225.

1568. de l'artillerie, les gensd'armes allez à leur logis, qu'il seroit impossible de marcher la nuict par un pays si fort, que les ennemis ne les trouvassent, en marchant forts d'arquebuzerie comme ils estoient, au grand desavantage de nostre armée, pour ne pouvoir la gendarmerie combattre, ny aussi les Suisses; qu'il valoit mieux revoquer M. de Montpensier avec ses troupes, toute la nuict, & cependant faire fortifier le camp de tranchées; afin que si les ennemis venoient, on pust les soutenir; attendant que l'on eust pu faire les esplanades necessaires à la gendarmerie. M. de Montpensier revint toute la nuict; mais plusieurs bagages pour n'avoir voulu sortir de leur logis de nuict, ou pour estre fourvoyez, faillirent à suivre la file, dont il y en eut quelques-uns de perdus. Et tout ainsi que M. de Montpensier estoit reparty de nuict pour nous venir trouver, aussi les six mille hommes ennemis, qui estoient proches Jaseneul près Monseigneur, partirent de nuict pour aller trouver le camp du Prince à Pamprou : & voyant ledit Prince que nous estions reduits en ce pays fort, se promit incontinent la victoire, à cause de cette grande arquebuzerie. Il commença à marcher dès le grand matin, depuis ledit

Pamprou, jusques à Jaseneul, estimant nous 1568. trouver escartez, & en un logis fort desavantageux, & nos gensdarmes separez par les villages : mais ayant très-bien preveu ce qui pouvoit advenir, ils trouverent toute l'armée en bataille, à dire la verité en lieu fort estroit & dangereux, à cause de ladite arquebuzerie, & leur armée arriva sur le costé de la main droite de la nostre. Soudain qu'ils furent à nostre veue, qui ne pouvoit estre que fort près à cause du pays couvert, ils commencerent à desbander de leur arquebuzerie par troupes. Le sieur de Brissac l'un des Colonnels de nos gens de pied, se mit pour les aller soutenir avec sept ou huict cens arquebuziers : mais le sieur de Tavannes ayant preveu le costé par où ils pouvoient venir, avoit fait lever huict pieces d'artillerie de la teste des Suisses, qui furent soudain conduictes sur le costé droict à la veuë desdits ennemis, avec une extrême diligence par le sieur de la Bordaisiere; & lesquelles pieces porterent une extrême faveur aux nostres ; pour en estre les coups si souvent redoublez qu'aucun de leurs escadrons ne se pouvoit avancer, pour soustenir cette grande arquebuzerie, qu'ils avoient desbandée : & leur deliberation étoit d'assaillir

1568. par derriere le village du logis de Monseigneur : car l'ayant gaigné, ils eussent pu faire déplacer les Suisses, & gens de cheval de leurs places de bataille en danger d'y avoir quelque desordre. Pour en éviter le péril, il avoit esté pourveu au village par le bout d'embas des compagnies de gens de pied Bretons, gens nouveaux : où n'y trouvant pas trop grande seureté, le sieur de Tavannes fit partir une troupe d'arquebuziers qui estoient au flanc des Suisses, sous la charge du sieur Strosse, lequel y voulut puis après aller luy-mesme. Il fut assailly le long dudit village fort rudement par une grande troupe d'arquebuziers, où les nostres pour estre peu les soustindrent fort vivement ; mais la plus grande charge estoit sur les bras du sieur de Brissac, qui enfin voyant les ennemis renforcez de trois ou quatre mille arquebuziers frais, ayant desjà perdu plusieurs Capitaines, & beaucoup des siens, dit au sieur de Tavannes, *qu'il estoit force qu'il perdit, s'il n'estoit renforcé d'arquebuziers.* A quoy luy fut respondu *qu'on feroit une charge par les gens de cheval ; qu'il n'y avoit point d'arquebuziers, & qu'il estoit plus que nécessaire faire ladite charge.* Et se trouverent le sieur de Tavanes & le sieur de

Martigues ensemble, & se resolurent qu'il falloit faire ladite charge. Sur quoy le sieur de Martigues prit la peine soudain d'aller parler au sieur de la Valette, Maistre de camp de la cavallerie legere, qui estoit ordonné pour marcher à la teste de l'avantgarde pour luy faire la charge en une petite plaine qui s'estendoit entre les deux armées, où il y avoit toutesfois quelque haye. Le sieur de la Valette, pere du sieur d'Espernon, ne s'en fit pas prier deux fois, comme Gentil-homme courageux qu'il estoit, & fort advisé ; sortit de la place de bataille, avec sa compagnie, & quelque troupe, alla charger si vivement cette arquebuzerie ainsi debandée, qu'il les mena tuant jusques auprès des bataillons & escadrons ennemis, sans qu'aucun des leurs fist un pas en avant pour les soustenir. On creut alors qu'ils ne s'oserent descouvrir à cause de l'artillerie ; ou bien pour quelque autre raison inconnue, Et au mesme instant de l'autre costé furent ordonnez les sieurs de Rantigny & de Rambouillet pour faire la charge avec leurs gensdarmes, à ceux qui assailloient le sieur Strosse & les Bretons au coin du village : ce qu'ils firent fort vaillamment, & menerent toute l'arquebuzerie qui estoit de ce costé-là, battant jus-

1568. qués dans leurs troupes. On trouva trois ou quatre cens arquebuziers des leurs tuez sur la place ; mais beaucoup plus du costé du sieur de la Valette que de l'autre costé.

Ces charges ainsi faites, il n'y eut plus une seule arquebuzade tirée tout ce jour là. Les ennemis se camperent où ils estoient à un ject d'arc de nostre armée ; & à dire la verité cette arquebuzerie que menoit le sieur de Brissac fit merveilleusement bien, pour estre les ennemis dix contre un ; car ils les soustindrent deux ou trois heures, meritoient bien d'estre secourus, comme ils le furent aussi. La nuict doncques estant survenuë, & toute l'armée tousjours en bataille, M. Duc d'Anjou commanda que l'on logeast au Picquet, à fin d'estre plus près de luy : mesme encore que son logis fut tout proche de là, il n'y voulut point entrer, & prit un arbre pour son logis. Après qu'il eut soupé, il tint Conseil avec bien peu de Capitaines de ce qui seroit à faire : demanda son advis au sieur de Tavanes ; lequel dit *qu'il jugeoit que les ennemis n'avoient point fait ce jour-là en gens de guerre, de voir mettre en pieces à leur veuë leur gens, sans les secourir ; & que d'avoir determiné une entreprise sans l'executer, qu'il ne pouvoit penser qu'ils n'eussent le cœur* tremblant, & faute d'asseurance : qu'il luy 1568. sembloit qu'on devoit commettre un des plus suffisans Capitaines soûtenus des corps de garde, & quelques-autres troupes, à fin de conduire un nombre de Pionniers, pour aller faire les esplanades, & remplir quelques petits fossez, & couper trois ou quatre hayes, qui estoient entre les ennemis & nous. Qu'il tenoit pour tout asseuré que le lendemain à grand peine se passeroit le jour, sans combattre ; qu'il espéroit la victoire veu le deportement du jour precedant : conseillant Monseigneur qu'il choisit le sieur de Lignieres (a) Chevalier de l'Ordre, & Capitaine experimenté, pour cette éxécution, & luy commandast d'aller prendre les Pionniers vers le Maistre de l'artillerie. Pour cet effet Monseigneur l'ayant ainsi commandé au sieur de Lignieres, il accepta cette charge fort librement, & partit pour s'y en aller. Toutesfois il ne l'éxecuta point, & qui pis est, n'en vint faire aucune responce, que le lendemain, qui estoit une heure de jour, quand il vint s'excuser, disant qu'il n'avoit sceu trouver des Pionniers, desquels toutesfois

(a). C'étoit celui qui s'étoit distingué en défendant la ville de Chartres, assiegée par l'armée Protestante. (Lisez les Observations sur les Mémoires de la Noue, T. XLVII de la Collection, p. 353 & suiv.

1568. nous en avions pour lors deux mille; & il euſt ſuffi de cent pour cette beſongne, qui n'eſtoit pas grande; laquelle euſt eſté facilement faite, d'autant que nos ſentinelles eſtoient eſtenduës juſques bien avant devant le lieu, où il falloit faire les eſplanades, ſans qu'ils euſſent eſté empeſchez des ennemis. Le jour venu, *Monſieur* les fut reconnoiſtre luy meſme. On voyoit du Camp toute leur cavallerie, en une petite plaine, ſur un haut; & à laquelle l'on n'euſt ſceu aller qu'à la file, par faute d'avoir fait l'eſplanade. Ils avoient fait partir les gens de pied dès la nuict, dont l'on ne ſe pouvoit appercevoir, à cauſe du païs fort & couvert: & n'euſt-on peu juger ce deſlogement, tant à cauſe de la fumée des feux de leur Camp, comme de la bonne mine qu'ils faiſoient, feignant ſe préparer pour venir au combat: Et ſur les neuf ou dix heures commencerent à diſparoir petit à petit, eſtant desjà leur infanterie à plus de trois lieuës de là. La cavallerie, à ce que rapporterent les eſpions, à meſure qu'on les avoit perdus de veuë, alloit plus grand train pour r'atteindre leurs gens de pied: & ce jour là ils firent ſix lieuës droict à Mirebeaux, & au pays de Mireballais.

Alors *Monſeigneur* trouvant ſon armée haraſſée,

raffée, laquelle avoit travaillé trois jours, 1568. jour & nuict à cheval avec plufieurs foldats bleffez, il advifa de la faire rafraifchir à Luzignan, qui eft à une petite lieuë de là, où il fit prefent aux foldats bleffez, de quelque argent pour leur affiftance. Après avoir fejourné à Luzignan, on mit en deliberation ce qui eftoit à faire. Les uns difoient qu'il falloit aller à la queuë des ennemis : les autres qu'il falloit retourner par auprès de *Pamprou*, par la plaine droit à Mirebeau : le fieur de Tavannes eftoit de cette opinion, d'autant que c'eftoit fe jetter entr'eux, & leur conqueste, à fin de les contraindre au combat ; enfin le fieur de Briffac Colonnel de l'infanterie, fit entendre qu'il ne pouvoit mettre enfemble trois cens hommes, à caufe que tous fes gens eftoient desbandez, & la plufpart retirez à Poictiers. Ce qui fit qu'on déliberа de paffer à Poictiers, pour aller trouver les ennemis : ce qui fut fait ; & l'armée y alla en un jour, où après avoir fejourné un autre jour, l'on fut d'advis de marcher droit au pont d'Ozance fur le chemin de Mirebeau, pour retourner trouver les ennemis : auquel lieu les Marefchaux de Camp allerent faire l'affiette du Camp. Ils vouloient faire paffer l'armée de l'autre cofté de l'eau

Tome XLIX. L

1568. sur le pont d'Ozance, à sçavoir l'artillerie, les Suisses, gens de pied : la cavallerie de l'avantgarde, si avant qu'elle pouvoit approcher à deux lieuës des ennemis ; celle de la bataille en arriere ; en envoyant à deux & trois lieuës la pluspart de l'autre costé de Poictiers : mais *Monsieur* arrivant sur le lieu, le logis fut recogneu par le sieur de Tavannes grandement desavantageux ; d'autant qu'encores qu'on eust peu s'y retrancher, pour attendre la cavallerie, il se trouva une montagne battant par derriere dans le logis, de sorte que l'on n'y eust peu demeurer : & d'autre part, tant de cavallerie si avancée du costé de l'ennemy, eust tourné le dos en danger de revenir avec effroy & perdre leur bagage : sans le péril où ils estoient d'estre surpris, logez si près des ennemis. Ainsi il fut advisé, après avoir entendu les raisons du sieur de Tavannes ; que les Suisses & l'artillerie qui n'estoient encores passez avec tous les gens de pied de la bataille, demeureroit logez en un lieu fort éminent, & avantageux, mettant la riviere, & pont d'Ozance devant eux, assez prez des Faulxbourgs, & une partie de la gendarmerie, dedans la ville. Les gens de pied, & la pluspart des gens de cheval l'avant-garde logerent au pont d'Ozance, & le sieur de la Valette 1568. à un village un peu plus avant sur l'advenuë des ennemis. Ce qui fut, à ce que disent ceux qui s'y cognoissent, très-sagement préveu; mesme ayant advertissement que tout le dessein de l'Admiral, experimenté par deux fois à Chastelleraut, & à Jaseneul, ainsi fort de gens de pied, estoit de surprendre l'armée dans le logis; d'autant que la necessité de l'hyver contraint de loger la gendarmerie escartée, qui ne se peut r'assembler en quatre ou cinq heures, quelques coups de canons que l'on puisse tirer pour les advertir. Outre ce les nuicts longues, & propres pour executer les entreprises à venir de loing. Estans ainsi logez à la campagne hors de Poictiers, ils trouverent encores moins de gens de pied, qu'à Luzignan : de sorte que le sieur de Brissac continua ses plaintes, & dit *qu'il ne pouvoit mettre trois cens hommes aux champs*. Néantmoins *Monsieur* ne laissa pas de faire recognoistre deux logis, l'un de Belle-faye qui estoit le droit chemin des ennemis, & de Mirebeau; & l'autre de Dicey : & mit en deliberation auquel des deux l'on devoit aller à Dicey, les autres à Belle-faye; & quelques-uns disoient qu'il falloit passer le Clain pour aller à Dicey. Le sieur de Tavannes fut d'opinion que si l'on vouloit passer la riviere d'Ozance & aller du costé des ennemis, qui avoient de bons espions, qu'on ne devoit point nommer le lieu où l'on devoit aller: qu'il falloit que l'armée marchast en bataille, & le cul sur la selle faire l'assiette du Camp au lieu qui seroit jugé le meilleur; & qu'il estoit nécessaire de le loger le plus à la plaine que l'on pourroit, puis qu'on estoit foible d'arquebuziers, & fort de gens de cheval. Enfin il fut résolu qu'à cause des pluyes continuelles qu'il faisoit, & pour estre si foibles de gens de pied, que tenir tousjours les gens de cheval à la campagne, seroit les ruiner: qu'il vaudroit mieux les mettre en lieu fort, attendant que les gens de pied qui s'estoient absentez à cause de l'injure du temps, fussent rassemblez; & que le sieur de Joyeuse qui venoit de Languedoc, & le Maistre de Camp Sarlabous avec deux ou trois mille arquebuziers fussent arrivez, qu'on passeroit la riviere du Clain, qui vient de Dicey à Poictiers, & iroit-on loger de l'autre costé de ladite riviere. Ce conseil tenu, soudain on fit le point de batteaux sur la riviere, & le matin l'artillerie passa avec les Suisses, & une partie de gens de cheval de l'avantgarde. *Monsieur* estant allé difner dedans la ville pour paffer à 1568. travers fur les ponts; les ennemis avec toute leur cavallerie, & le refte de leur armée qui les fuivoit, donnoient jufques fur le pont d'Ozance, où ils trouverent ce peu de gens de pied qu'avoit le fieur de Briffac, & luy mefme en perfonne, lefquels à la faveur du Chafteau d'Ozance qui eft fur le bord du paffage de la riviere, fe deffendirent vaillamment ; partie toutesfois des ennemis paffa tout outre, jufques où eftoient logez les Suiffes, & y tuerent quelques Pionniers. De là vint l'alarme dedans la ville, jufques au logis où eftoit *Monfieur*. Soudain les fieurs de Tavannes, de Martigues, de Loffes, de Carnavallet, monterent à cheval, fortirent & coururent à l'alarme, où il arriva plufieurs hommes de cheval, armez de toutes pieces, que le fieur de Tavannes fit mettre en bataille fur le haut, fous la conduite du fieur de Martigues, cependant qu'il s'approcha plus près pour voir la contenance des ennemis. Cela favorifa fort le fieur de Briffac, & fa troupe, qui toutefois avoit desjà commencé à fe retirer par la vallée du long de la riviere, à la faveur de quelques hayes, & des arbres. Il y eut là quelques foldats des noftres tuez, & des leurs ; entr'autres un

1568. un Gentilhomme de Bourgongne, qui fut recogneu avant que mourir. Il eſt tout certain que, ſi noſtre armée euſt eſté logée au ſuſdit logis ainſi deſadvantageux, elle eſtoit en grand danger de recevoir une honte. Cela ferma la bouche aux calomniateurs qui diſoient, que le ſieur de Tavanes avoit fait recevoir une deſfaveur à l'armée de la faire reculer, pour autant qu'en changeant ce mauvais logis, les Suiſſes avoient reculé environ cinq cens pas. Et à dire vray, c'eſtoient des gens qui parloient ſans l'entendre : car ils avoient ouy dire qu'on ne devoit point reculer ; mais il s'entend quand deux armées ſont ſi près en bataille l'une de l'autre, que l'on ne ſe puiſſe point demeſler, & non pas quand elles ſont à deux lieues : alors pour éviter un logis dangereux, on peut ſe reculer, & ſe mettre en celuy qui donne l'advantage ; tant pour le ſoulagement des ſoldats en hyver, que pour la ſeureté de laquelle procedent toutes les victoires. *Monſieur* temporiſa dans la ville, attendant que les retraites d'une part & d'autre fuſſent faites. Les ennemis ſe retirerent les premiers ; leſquels furent ſuivis des noſtres, qui recogneurent qu'ils retournoient loger à quatre lieues de là du coſté de Mirebeau. Arrivé que fut le sieur de Tavanes vers *Monsieur*, il trouva que la plusparts des Capitaines luy conseilloient de coucher dans la ville à cause du mauvais temps, & aussi qu'il avoit quatre lieues à faire, & qu'il estoit presque nuict. Surquoy Monsieur demanda l'opinion du sieur de Tavannes ; qui luy fit response *qu'il devoit, quelque pluye qu'il y eust, coucher en son camp, qui estoit le lieu le plus honorable de tous ses logemens.* De quoy *Monsieur* monstra estre fort content. Il arriva à Dicey, trois ou quatre heures de nuict, en un bien fort mauvais logis pour l'armée. Toutesfois le lendemain chacun s'accommoda, & logea-t-on au large à cause de la riviere du Clain, qui se trouvoit entre les ennemis & nous, où il y avoit plusieurs quays ; dont les uns furent rompus, aux autres on mit des corps de garde, & là fut l'armée contrainte de sejourner dix ou douze jours ; au grand regret de *Monsieur* premierement, & de tous les gens de bien, à faute des gens de pied, lesquels estoient aucunement excusables pour n'estre en façon quelconque payez.

Durant lequel temps les ennemis en estans advertis vindrent loger depuis Mirebeau jusques à Bouivet, qui n'estoit qu'à deux lieues

1568. de nous; s'eſtant ſaiſis du chaſteau de Mirebeau, aſſez fort, pour avoir eſté mal pourveu, comme les autres places. Ils ſe ſaiſirent pareillement de Loudun : & comme ils ſentirent que les troupes de Languedoc approchoient, & ſeroient bien-toſt à nous, ils partirent avec toute leur armée, pour eſſayer de gaigner un paſſage ſur la riviere de Vienne, pour pouvoir aller trouver le Prince d'Orange en Champagne. Ils allerent à Chaſtelleraut qu'ils trouverent pourveu : de là paſſerent à l'Iſle-Bouchard, où ayans pris le fauxbourg, les ponts furent fort bien deffendus par la garniſon qui y avoit eſté envoyée. De-là ils en firent autant à Chinon : enfin ils ſe reſolurent d'aller à Saumur, afin de pouvoir paſſer la riviere de Loyre ; & par conſequent toutes les autres rivieres à un coup. De laquelle ville qui eſtoit de leur coſté, ils s'eſtoient ſi bien approchez qu'ils commençoient de venir à la ſape : & de fait l'euſſent emportée, foible comme elle eſtoit, avec leur artillerie, encore qu'il y euſt des gens de bien dedans. Ce que voyant *Monſieur*, fit haſter le ſieur de Joyeuſe & de Sarlabous ; leſquels eſtant arrivez près de luy, il fut remonſtré par le ſieur de Tavannes à part à *Monſieur*, qu'il ne falloit pas aller suivre les ennemis par le droit 1568. chemin, & par là où ils estoient allez; mais qu'il estoit necessaire de recouper au devant de leur conqueste, & aller droit à Mirebeau, afin de prendre la ville en passant, qui nous eust coupé les vivres, & laisser quelques forces & artillerie derriere, au sieur du Lude pour reprendre le chasteau. Que les ennemis ne penseroient jamais qu'on voulust laisser derriere le chasteau de Mirebeau, à cause des vivres : & que cela seroit occasion pour pouvoir gaigner au devant de leurs conquestes, & les contraindre à la bataille. *Monsieur* estant trop plus sage que son aage ne portoit, tint ce conseil, & cette entreprise secrette, *à cause des ennemis couverts, qui sont ordinairement dans les chambres & salles des Princes*, comme les guerres civiles le portent; & ne la divulgua ny au Mareschal de camp, ny à autre, qu'après la garde assise. Le matin il partit, laissant les ennemis du costé de Nyort, estant à main gauche de Mirebeau : & quand & quand fut ordonné au sieur de Tavannes qu'il fit marcher l'artillerie toute la nuict droit à Mirebeau : ce qu'il fit, & y alla pareillement le sieur de Losses, & firent faire les approches, & la batterie en plain jour sans

1568. gabion. La ville & chasteau de Mirebeau pris; l'armée s'approcha à la veue des ennemis, du costé de la ville de Loudun, où ne se passa autre chose, sinon quelques escarmouches. Neantmoins la gendarmerie presque tousjours à cheval, laquelle ne se retiroit aux logemens qu'à la nuict, & ce pour éviter une surprise; d'autant que l'armée des ennemis estoit à couvert dedans la ville, pour sortir à leur commodité, & nous estions à la campagne, les gensdarmes aux villages. Le jour subséquent, pour le grand travail que souffroit nostre armée sans aucuns vivres, parce qu'à Mirebeau, le chasteau duquel avoit esté pris ce jour-là d'assaut, & mis en piéces ce qui estoit dedans, ne s'estoit point trouvé de bled; *Monsieur* advisa d'assembler le conseil pour voir ce qui seroit à faire; & fit cet honneur au sieur de Tavanes, d'autant qu'il estoit blessé, de l'aller tenir à son logis: & là fut deliberé que ne pouvant avoir des vivres d'ailleurs que de Chinon, & que le camp des ennemis estoit au-devant, qu'il falloit faire une lieue en tournoyant à l'entour d'eux, & se mettre du costé dudit Chinon. Le sieur de Tavannes estoit d'advis que l'on laissast le chasteau de Barrogne à main droicte, lequel est au-dessous de la montagne, que les ennemis avoient gaignée 1568. le jour de devant : & que si les ennemis revenoient en leur place de bataille, qu'il y auroit quelque moyen d'aller à eux sans point trouver de fossez, & qu'il falloit reconnoistre le chemin. A quoy fut debattu par M. de Sansac, & autres Capitaines, que ce seroit chose dangereuse. Sur quoy fut dit par le sieur de Tavannes, *que l'ordre des batailles se pouvoit dresser ensorte qu'encores qu'on marchast en monstrant le costé de l'armée, les premiers rangs se pourroient trouver facilement en bon ordre, sans guères bouger de leurs places, faisant départir l'artillerie, une partie à l'avantgarde, & l'autre à la bataille : que le bagage pouvoit marcher à main droite, & estre couvert de l'armée : & que si l'on failloit à combattre les ennemis en ce lieu-là, que l'on estoit pour attendre long-temps.* Sur ces disputes fut résolu que les Mareschaux de camp iroient le lendemain recognoistre le chemin & le logis. Ils y furent, & rapporterent qu'il ne se trouvoit point de logis propre en passant si près des ennemis, qu'il falloit laisser le chasteau de Barrogne à la main gauche, & aller jusques à la Marzelle, à une lieue de là, qui estoit sur le costé de Chinon, pour avoir les vivres.

1568. Le jour après fut mandée toute l'armée, encore que le mauvais temps durast tousjours ; fut ordonné toutes les batailles, & l'avantgarde derriere, pour estre plus près des ennemis, s'il sortoient à la queue. Et après que l'on eust commencé à marcher en un fort bel ordre, sortirent de la ville de Loudun, environ de deux à trois mille chevaux. Il faisoit un temps obscur, comme brouillards; de sorte que l'on ne pouvoit descouvrir ce qui venoit après ces troupes. Là le sieur de Martigues, & autres Seigneurs manderent à *Monsieur* qu'ils estoient pressez, voyant ces grosses troupes à cinq cens pas d'eux ; *que l'on luy mandast ce qu'il avoit à faire.* Surquoy *Monsieur* demandast advis au sieur de Tavannes. Il luy dit qu'il estoit d'advis qu'on mandast au sieur de Martigues, que s'ils passoient un chemin qui venoit du costé du parc à la vallée, lequel il avoit bien recogneu, il leur vouloit donner la bataille : & qu'il cheminast tousjours pour les laisser passer ; & que toutesfois il n'allast point à la charge, que *Monsieur* ne le luy commandast. Paroles que quelques-uns trouvoient estranges, de dire comme il estoit possible que *Monsieur* qui cheminoit tousjours devant avec la bataille, sans qu'il peust voir les ennemis,

commandaft à ceux de l'avantgarde qui es- 1568.
toient derriere, de charger quand il seroit
temps. Ausquels fut apprins secrettement,
que c'estoit à fin qu'ils ne se perdissent, &
que *Monsieur* ne les peust soustenir : à l'exemple de plusieurs qui ont trouvé leurs batailles
si loin de leur avantgarde, que l'un ou l'autre
a esté deffaict, ou bien tous les deux ; comme
il arriva au sieur de Sainct-Paul (a) en Italie,
lequel pour s'estre trop avancé fut deffaict
par Antoine de Leve, & à quelques autres.
Les ennemis voyant le bel ordre en quoy
l'on se retiroit, le verglas & froid durant
tousjours ; les Gensdarmes, gens de pied, &
autres gens de guerre, si harassez de froid &
de faim, marcherent en cet ordre jusques à
la nuict, sans se desbander ; qu'ils arriverent
à Saincte-Marzelle, & ne furent la pluspart
des Gensdarmes aux villages qu'il ne fust
nuict, ou une heure après. Le lendemain
Saicte-Marzelle estant de l'autre costé de la
montagne & de Loudun, les ennemis par un
fort grand brouillas sortirent de Loudun, &
revindrent en leurs montagnes, amenerent
quelques pieces d'artillerie. Surquoy fut par

(a) Le Comte de Saint-Pol, de la branche de Vendôme, fut battu par Antoine de Leve en 1529. (Voyez les Mémoires de du Bellay.)

1568. le moyen de la noſtre, advertie la gendarmerie, laquelle fut le plutoſt qu'elle peuſt en leur place de bataille ; & demeura toutesfois plus de trois heures à cauſe du verglas, qui fit que le ſieur de *Sanſac* en tombant ſe rompit une jambe, qui ne fut pas tout ſeul ce jour-là. Et trois (a) ou quatre jours auparavant, il ſe bleſſa environ deux cens Gentilshommes cheuts, à cauſe des verglas. Les ennemis s'approcherent fort près de noſtre camp, mais c'eſtoit ſçachant bien qu'on ne pouvoit aller à eux, d'autant qu'il ſe trouvoit entre-deux une vallée & un ruiſſeau fort difficile à paſſer : & y eut pour ce jour-là ſeulement des eſcarmouches & force coups d'artillerie. Le lendemain à cauſe que les vivres ne pouvoient venir par ce mauvais temps, fut adviſé que l'on marcheroit encores deux lieuës à un lieu appellé Marcey, ſur le chemin de Chinon. Ce qui fut faict, & eſtant arrivé là, infinis ſoldats tant de pied que de cheval ſe desbanderent par la neceſſité, pour aller audit Chinon ; enſemble une grande partie des Gentilshommes qui accompagnoient *Monſieur*. Toutesfois eſperant que

(a) Ces détails relatifs à la rigueur du tems, confirment ceux qu'on a lus dans les Mémoires de la Noue. (Tome XLVII de la Collection, p. 250.)

l'injure de ce mauvais temps passée, ils re- 1568.
viendroient, on séjourna audit Marcey quatre
jours; mais enfin luy fut remonstré par les
Colonnels de gens de pied, signamment par
le sieur de Brissac, qu'ils n'avoient plus de
gens; & estoient ses compagnies & celles du
sieur de Strosses si deffaites, que les enseignes
estoient presque toutes seules. Il ne restoit
plus que Sarlabous qui pouvoit avoir quinze
cens hommes, avec infinis malades. D'autre
part, la moitié des Suisses malades & harassez, une grande partie de la gendarmerie qui
estoit demeurée. *Monsieur* advisa tant pour ne
combatre avec son desavantage, que pour
séjourner & rafraîchir son armée, de se loger
à Chinon. Ce qu'il fit avec les Suisses & l'artillerie, & fit passer la gendarmerie derriere
pour se rafraichir: bailla au sieur de Brissac
l'Isle Bouchard pour ramasser ses compagnies; au sieur de Strosse & au sieur Sarlabous, Saumur. Et pour autant que l'armée du
Prince d'Orange (a) estoit entrée en France,
& que l'on avoit advertissement que les ennemis avoient envie de forcer les rivieres de
Loyre & de Vienne, pour leur empescher le

(a) C'est-à-dire celle de *Deux-Ponts*. L'Auteur des
Mémoires l'appelle l'armée du Prince d'Orange, parce
que ce Prince se joignit au Duc de *Deux-Ponts*.

1568. passage; de sorte qu'ils ne pouvoient passer, sinon du costé de Gascongne, ou devers Limoges.

Mais les ennemis qui avoient grande envie de forcer le passage de Saumur, s'estoient acheminez jusques près Touars & Montreul-bellay, en espérance que mondit sieur romproit son armée; où ils sejournerent longuement, & durant lequel temps se fit plusieurs entreprises, les uns sur les autres. Mesmement le sieur de Brissac & plusieurs Gentilshommes de la Cour, deffirent (a) deux enseignes de gens de pied, dont les drapeaux furent envoyez au Roy. Le sieur de la Riviere qui commandoit à Saumur, avoit envoyé garder une Abbaye, où il y avoit force bleds, & vins, par un Capitaine avec des soldats qui la rendirent. Le sejour des deux armées fut fort long: enfin ils delibererent (b) de partir les premiers, & chercher quelques autres moyens pour leur passage, & s'acheminerent droit devant Nyort, & Saint-Mexant, en es-

(a) La gloire personnelle de cet avantage a été contestée à Brissac. (Voyez les Mémoires de Castelnau, tome XLV de la Collection, p. 122.)

(b) L'armée Protestante entra la première en campagne. Le Duc d'Anjou ne sortit de ses quartiers, qu'après avoir été joint par le Comte de Tende.

perance

perance de donner ordre à leurs malades ; 1569.
dont ils avoient grande quantité, & departir
ce qui estoit necessaire pour la garde des
villes : & le surplus s'achemina du costé de Limoges, pour venir par le bout de la riviere
de Loyre, passer en Bourgongne, & aller
trouver le Prince d'Orange ; & pour cet effet
ils envoyerent pour prendre quelque passage
sur la riviere de Vienne, comme Confolant,
qu'ils trouverent bien pourvu. Quoy voyant
mondit Sieur marcha avec son armée, aux
plus grandes journées qu'il peut, droict à
la riviere de Creuse, & jusques à la Roche-
posé : mais comme ils en furent advertis,
leur entreprise fut rompuë. Ce qui fit que
mondit Sieur, encores que son armée fust
fort foible, résolut par son Conseil que l'on
pouvoit marcher jusques à Mommorillon,
attendant que les Reitres qui venoient fussent arrivez, & les Provençaux qu'amenoit
le Comte de Tende fussent venus. Ayant
donc séjourné deux jours à Mommorillon,
fut mis en avant par quelques-uns, si l'on
devoit aller jusques à Confolant, ou non.
Fut remonstré par le sieur de Montreuil,
qui servoit de Mareschal de Camp à M. de
Montpensier, que ledit sieur de Monpensier
y avoit esté avec son armée & mangé tous

Tome XLIX. M

les vivres, & qu'il n'y avoit rien deçà l'eau : que c'eſtoit un pays de brandes, & qu'il falloit paſſer de l'autre coſté. Nonobſtant celà, la pluſpart des Capitaines fut d'opinion, que l'on y devoit aller. A quoy ledit ſieur de Tavannes remontra que l'armée eſtant ainſi affoiblie, le ſecours de nos Reitres preſt à venir dedans ſept ou huict jours, qu'il n'y avoit nulle apparence d'aller à Confolant ; qu'eſtant là à mourir de faim, l'on ſeroit contraint de paſſer de l'autre coſté, pour chercher à vivre, en danger de donner la bataille avec deſavantage. Et puis qu'ils eſtoient encores reduits entre les rivieres, ne pouvant paſſer pour aller à leurs Reitres, qu'il n'y avoit nulle apparance de rien hazarder. Que ſi l'on voyoit qu'il euſſent paſſé les rivieres, en danger de s'aller joindre au Prince d'Orange, qu'il étoit d'advis, fort ou foible, que l'on les combatiſt, & que ſi d'avanture l'on paſſoit outre ledit Confolant, qu'il ſeroit le dernier, quelque foible que l'on fuſt, qui diroit, qu'il fallut retourner ; ſçachant très-bien combien les retraictes ſont dangereuſes aux François, meſmes quand ils ont à repaſſer une riviere. Toutes ces raiſons n'empeſcherent pas que le plus de voix ne l'emportaſt, eſtant *mondit Sieur* jeune & courageux, & de l'humeur de ceux qui défiroient 1569. d'aller du cofté des ennemis. De forte que le lendemain l'on partit pour aller à Confolant; où après avoir féjourné deux jours, prefque toute la gendarmerie paffa l'eau, pour la neceffité des vivres. Il fut tenu un confeil de ce qui eftoit à faire en ce lieu-là fi neceffiteux, où tous les Capitaines réfolurent qu'il n'en falloit point defloger, jufques à ce que le fecours fuft venu. Cette opinion ainfi réfolue, fut envoyée le Vicomte d'Ochy audit fieur de Tavannes eftant malade, pour fçavoir fon opinion: qui refpondit qu'il eftoit d'advis à Mommorillon de ne point paffer plus avant; mais qu'à prefent il avoit bien changé, d'autant que la neceffité des vivres avoit contraint la gendarmerie de paffer de là jufques à deux ou trois lieuës, & que les ennemis pouvoient venir avec l'armée affaillir cette gendarmerie, qui feroit contrainte, en gardant leur bagage, revenir en defordre repaffer au bout dudit Confolant, & à noftre veue eftre deffaits ou en perdre une grande partie fans les pouvoir fecourir. Qu'il eftoit d'opinion que l'on envoyaft le fieur de Biron dans le païs, recognoiftre un logis ou deux; & cependant s'il pouvoit trouver quelques petites villes, comme Sivray & autres, qu'il s'en faififf pour faire

1569. préparer les vivres, en nous attendant : que nous devions paſſer la riviere avec toute l'armée, & aller prendre place ſur la riviere de Charente, comme à Verteul (a), ou Ruſec, leſquelles l'on pourroit gaigner premier que les ennemis fuſſent aſſemblez. Ce conſeil fut fort bien receu de *Monſieur* pour les raiſons ſuſdites, & meſmes puis qu'il falloit aller en avant : & le lendemain ſuivant cette déliberation, l'on paſſa la riviere, & vint-on loger en un lieu qui s'appelle Champagne, après que ledit ſieur de Bion eut ſaiſi la ville de Sivray, & la Roche-Foucault, & y euſt eſtably des Commiſſaires pour dreſſer des vivres : & le jour après nous vinſmes à Verteul, & Ruſec, où l'on prit le chaſteau que tenoient les ennemis. Cependant le Comte de Tende arrivant avec environ deux mille Provençaux, on adviſa de faire quelque ſejour audit Verteul, en attendant le Comte Ringrave, & le ſieur de Baſſompierre pere *de celuy* (b) *qui eſt aujourd'huy dans la Cour,*

(a) Verteuil.

(b) C'eſt celui dont on a des Mémoires. Cette phraſe qui fait l'éloge du Maréchal de Baſſompierre, à été ajoutée au texte du Maréchal de Tavannes, par Guillaume de Saulx. Auſſi ne ſe trouve-t-elle point dans le texte du Maréchal ; & on peut s'en convaincre, en liſant les

l'exemple de la politesse, aussi bien que de la valeur, lesquels amenoient deux mille Reitres. Durant ce temps se firent quelques petites courses les uns contre les autres, de peu d'effect : & cependant les sieurs de Martigues, de Guise, & de Brissac, trouverent moyen d'avoir congé de Monsieur, d'aller dehors sans le sceu du sieur de Tavannes, & y mener douze cens chevaux ; & ledit sieur de Tavannes sentant les ennemis gaillards, avec grande envie de mener les mains dès l'heure qu'il sceust ce depart, supplia Monsieur de revoquer ce congé ; ce qui vint bien à propos : car l'Admiral de Chastillon les attendit tout le jour en deux villages en embuscade, avec deux mille chevaux, & trois ou quatre mille arquebusiers. Durant lequel temps, un Capitaine de Chevaux legers, nommé la Riviere, ou pour le butin, ou pour autre consideration, delibera de s'aller saisir de la maison de Jarnac, qui estoit pleine de meubles, où il y a sept grandes lieuës depuis ledit Verteul, à quatre lieuës de Cognac, où estoit le camp des ennemis : & entre Angoulesme, & ledit Cognac, il y demeura deux jours accompagné d'environ cinquante ou soixante

Mémoires de Gaspard de Tavannes, p. 328 de l'édition in-folio.

1569. chevaux : au troisième il fut assiegé, sans qu'il en advertist l'armée, & ne le sceut-on que quinze jours après qu'il fut assiegé. Soudain que Monsieur en fut adverty, l'on estima qu'il estoit perdu, d'autant que ce n'est qu'une maison basse, & qu'il y avoit artillerie, & falloit un grand temps à assembler l'armée ; qu'il valloit mieux y envoyer le sieur de la Vauguion, avec cinq cens chevaux, pour le favoriser ; que s'il n'estoit pris, l'on le pourroit aller secourir. Ledit sieur de la Vauguion rapporta qu'il estoit pris, & toutefois il ne l'estoit pas encores à l'heure qu'il y arriva, l'ayant assez mal recogneu : mais il estoit pris à l'heure qu'il fit son rapport : s'estant Monsieur acheminé avec l'armée jusques à Montagnac, pour deux occasions ; l'une pour le secourir, s'ils ne se fussent si tost rendu ; l'autre pour exécuter l'entreprise que le sieur de Tavanes luy avoit de long-tems premeditée, pour aller faire le tour d'Angoulesme, & prendre Chasteau-neuf, où estoit le pont de pierre, sur la Charante, entre ledit Cognac, & Angoulesme : Aussi pour estre du costé de Gascongne, & empescher le passage aux ennemis, d'aller au devant de leurs Reitres par le Languedoc. Mais comme l'on estoit sur le point de marcher pour executer ceste entreprise, survint un 1569. paysan menteur qui dit *que le Chasteau de Jarnac n'estoit pas encore rendu.* Surquoy Monsieur demanda conseil de ce que l'on devoit faire. Tous les Capitaines vieux & jeunes resolurent qu'il falloit passer l'eau, encores qu'il fust près de midy, & aller du costé dudit Jarnac. Alors il vit ledit sieur de Tavanes au desespoir, de voir rompre ladite entreprise de Chasteau-neuf, jusques là que sa juste passion luy faisoit dire *qu'il s'en iroit hors du Camp; qu'il tenoit tout asseuré que le discours du paysan, c'estoit une menterie; que Jarnac estoit pris; que les ennemis faisoient courir ce faux bruit; & qu'ils pouvoient avoir entreprise: qu'il falloit penser aux inconvéniens ordinaires, d'aller sur l'entreprise de son ennemy: enfin qu'il ne falloit point passer l'eau, en quelque façon que ce fust; & que dès l'heure que les Reitres seroient arrivez qui seroit le lendemain, l'on adviseroit ce que l'on auroit à faire.* Sur ces entrefaites vint nouvelles que les ennemis estoient en campagne; & qu'ils marchoient de nostre costé. Surquoy M. de Guise, & le sieur de Brissac monterent à cheval, avec cinq ou six cens chevaux, pour les aller trouver, & les rencontrerent en nombre de huict ou neuf cens;

M 4

qui estoient venus jusques à une lieuë de nostre camp. Aussi-tost qu'ils virent les nostres, ils commencerent de se retirer ; les nostres se mirent à les suivre. Le sieur de Brissac menoit les coureurs ; M. de Guise & le sieur de la Valette menoient la troupe. Ledit sieur de Brissac marchoit diligemment pour aller sur la queuë ; mais ils luy firent une charge ; de sorte que son plus beau fut de se retirer droit à sa troupe. L'Admiral estoit à une lieuë de là pour les soustenir, avec autres deux mille chevaux, & cette grosse cavalcade qu'ils faisoient tendoit à deux fins : l'une pour attirer quelque troupe au secours de Jarnac, sur le bruit qu'ils avoient fait courir par la voye d'une Damoiselle Catholique, qui avoit envoyé un homme de la part d'un sien parent qui estoit dans Jarnac, dire qu'ils tiendroient ce jour-là, & encores le lendemain jusques à dix heures. L'autre fut pour nous attirer sur main droicte de la Charante ; où n'ayant point de pont pour nous de ce costé-là, ils peussent passer du costé de Gascongne, ou de Limoges, & nous devancer de plus de quatre journées pour aller vers leurs Reitres, avant que nous les eussions sceu r'atteindre.

Le lendemain que nos Reitres furent arrivez, *Monsieur* partit pour poursuivre l'entreprise de Chasteauneuf, & y arriva en 1569. deux grandes traictes, qu'il fit avec diligence : mais il ne sceut tant se haster, que les ennemis qui avoient eu advis que nostre armée passoit à Montignac, n'eussent jà passé l'eau à Cognac, & ne se fussent acheminez, partie jusques à Barbesieux, pour prendre le chemin de leurs Reitres : mais estans advertis de nostre armée, en toute diligence se retirerent à Cognac. *Monsieur* arriva à Chasteauneuf, & en le faisant recognoistre pour y mettre l'artillerie, un Escossois qui avoit esté Archer de la garde, Capitaine du Chasteau, avec quelque nombre de soldats, se rendirent dès le soir mesme. Et le lendemain, dès la poincte du jour le sieur de Tavannes alla ordonner pour refaire une arche du pont qui estoit rompuë. L'arche fut refaicte en deux heures par les charpentiers que le sieur de Bordaisiere (a) y mit : & fit soudain mettre des Pionniers pour faire un ravelin, afin de garder le bout du pont de l'autre costé. Cela executé, il fut mis une enseigne pour la garde, & le sieur de Tavannes fit trouver certains grands bateaux,

(a) Babou de la Bourdaisiere avoit été Lieutenant de la compagnie d'ordonnance du Duc d'Anjou. (Mémoires de Condé, tome I, p. 3.)

1569. que les ennemis avoient mis à fonds, & ordonna à un bourgeois de la ville nommé *Tesseron*, d'assembler les pescheurs de la ville, & lever ces grands bateaux de dessous l'eau, pour s'en pouvoir ayder quand l'occasion viendroit. Ce mesme soir *Monsieur* délibera d'aller avec toute l'armée, & laisser le bagage à Chasteauneuf, jusques près de Cognac où estoit celle des ennemis ; tant pour voir leur contenance, que pour essayer, si l'occasion se présentoit, d'en tirer avantage ; mais ayant attaqué quelques escarmouches seulement devant la ville de Cognac, tant s'en fallut que les ennemis sortissent en gros, que l'on apperceut toute leur armée, qui passoit de l'autre costé de la riviere, du costé de Chasteau-neuf : c'estoit sur les quatre heures après midy. Quoy voyant *Monsieur*, encores que le pont de Chasteau-neuf fust fortifié, il ne laissa pas de retourner tout d'une traicte coucher audit Chasteauneuf, & ayant l'armée fait huit lieuës, il fut deux heures de nuict avant que l'on y arrivast. Les ennemis demeurent de l'autre costé de la riviere à Jarnac, qui est à deux lieuës de Chasteauneuf. Le sieur de Tavannes avoit souventesfois prédit à *Monsieur*, que la gloire des armes feroit venir au combat ses ennemis. Il croyoit allors qu'ils entreprendroient ou de venir faire quelque bravade, & se présenter de l'autre costé de l'eau, ou bien quelque stratagême pour couvrir l'autre chemin, que pouvoit prendre partie de leurs forces pour passer, & repasser à Montagnac, les rivieres de Vienne & de Creuse lesquelles estoient lors gayables, pour s'en aller dans le Berry trouver leurs Reitres : & pour autant qu'il n'y avoit que le pont de la ville, où il estoit impossible de passer toute l'armée, le sieur de Tavannes se leva avant le jour, & fit appeller le Comte de Gayasse (a) ; & eux deux seuls allerent recognoistre le lieu où l'on pourroit faire un pont de bateaux des pescheurs, avec lesquels, d'autant que la riviere estoit trop large pour le faire par des batteaux, nous avions sondé les endroits, où l'eau estoit la plus basse pour y pouvoir faire des treteaux ; à fin de croistre le pont & satisfaire aux bateaux, qui n'estoient suffisans pour la largeur. Ceste délibération ainsi arrestée, le sieur de Tavannes commit ceste charge au Comte de Gayasse, d'aller prendre des charpentiers vers le sieur de la Bordaisiere Grand-Maistre de l'artillerie, & faire tenir tout le bois prest ce jour-là, en un lieu loin de la

(a) Cajazze.

1569. riviere pour n'eftre defcouvert, afin que la nuict venuë, & la garde affife, l'on peuft faire le pont pour paffer. Ce qui fut executé, & y fift travailler le Maiftre de l'artillerie luy mefme en grande diligence ; ayant le fieur de Tavannes fait entendre à *Monfieur* qui lors eftoit au Confeil, l'ordre qui y avoit efté mis, il en demeura fort content. Sur l'apref- dinée, l'armée des ennemis commença à pa- roiftre de l'autre cofté de l'eau, & enfin mar- cha toute leur cavalerie, fur le haut de la montagne, de l'autre cofté du pont. Surquoy *Monfieur* fit fortir tant des compagnies du Sr de Stroffe, que du fieur de Briffac, mille ou douze cens arquebuziers, qui attaquerent l'efcarmouche avec quelques-uns des Sei- gneurs de la Cour : mais cela ne dura que demye heure, que les ennemis commen- cerent à fe retirer, à fçavoir une partie s'alla loger du long de l'eau, du cofté de Jarnac, en un lieu nommé Baffac ; & l'autre partie, qui eftoit beaucoup la plus groffe, print le chemin comme fi elle euft voulu aller du cofté d'Angoulefme, & Montagnac : & ne fceut-on pour ce jour-là, defcouvrir où ef- toit allé loger cette groffe troupe. Le foir la garde affife, *Monfieur* mit en deliberation ce qui eftoit à faire. Il fut incontinent réfolu de faire poser le pont en toute diligence, 1569, ainsi qu'il avoit esté ordonné. Il fut aussi mis en déliberation si l'on passeroit la riviere; tous les Princes & Capitaines furent d'opinion qu'il falloit passer. Surquoy il fut ordonné au sieur de Biron Mareschal de camp, qui desiroit aussi infiniment que l'on passast, que suivant l'ordre qu'ont accoustumé de tenir les troupes en marchant, chacun se trouvast à l'heure qui seroit dicte, pour éviter la foule & désordre, & que chacun passast à l'heure qui luy seroit donnée, à commencer dès la minuict. Le sieur de Tavannes estoit toutesfois d'advis qu'avant que commencer à passer, & avant la minuict, que l'on devoit recognoistre qu'estoit devenuë la grosse troupe qui avoit pris le chemin de Montagnac: & que si elle avoit passé sur les ponts dudit Montagnac, & les avoit rompu après, premier que l'on sceut avoir passé l'eau, ils seroient si loing pour aller trouver les Reitres, qu'ils ne pourroient plus estre r'atteints. Encores que l'on laissast dans le logis tout le bagage, & chariots des Reitres, qui ne sçauroient estre passez en un jour; & que la moindre troupe qui estoit demeurée à Bassac du long de la riviere, pouvoit estre la garnison, qui devoit demeurer en Xaintonge, laquelle se pourroit estre retirée la nuict. Il insista aussi vivement qu'il falloit laisser des troupes de gens de pied, pour la garde du bagage : & fut résolu que l'on y laisseroit six enseignes de gens de pied, & que le Capitaine la Riviere iroit recognoistre qu'estoit devenuë la grosse troupe des ennemis ; & cependant que l'armée ne laisseroit d'estre mandée, suivant l'ordre ordonné au sieur de Biron. Surquoy chacun se retira pour reposer une heure ; en peine toutefois, pour ne sçavoir quel party avoit pris la grosse troupe des ennemis : laquelle au bout d'un temps fut descouverte par le Capitaine la Riviere qui en vint faire le rapport à *Monsieur*, estre logée à une lieuë de là. *Monsieur* envoya aussitost vers le sieur de Tavannes, pour se réjouyr avec luy de cette bonne nouvelle : *Il luy fit responce qu'il avoit raison de ne pouvoir dormir de joye, au reste qu'il esperoit avant que la journée du lendemain fust achevée, luy faire advouër qu'il estoit un des plus contents Princes qui se pust trouver au monde.* D'avantage fut donné ordre, que tous les bagages qui estoient dedans la ville de Chasteauneuf, ne bougeroient de leurs logis, & que tous ceux de Reitres, de la gendarmerie, & autres tant de pied, que de cheval, n'entreroient point dedans la ville, pour n'embarasser le chemin des ponts. Le sieur de Tavannes se trouva luy mesme à la poincte du jour, pour faire resortir ceux qui desja y estoient entrez ; & arrester les autres : & commander que tous se mettroient sur le haut du costeau en la plaine, qui est auprès du chasteau, laquelle se pouvoit descouvrir dès le costé de la riviere, où estoient logez les ennemis. De sorte qu'à juger de si loing ce bagage, sembloit plntost une grande partie de l'armée que ce qu'il estoit. Chose qui servoit à couvrir le passage des gens de guerre. L'armée ne commença point à passer dès la minuict, pour autant que la gendarmerie estoit logée à deux ou à trois lieuës de là ; ains commença à passer seulement deux heures avant jour ; & neantmoins les ponts & entrées d'iceux, ayant esté achevez avec tant d'heur & en extrême diligence, l'armée passa à souhait, & sans embarrassement quelconque. Durant lequel passage MM. de Guise Colonnel des chevaux legers, & de Martigues, qui avoient esté ordonnez d'estre tousjours à l'avantgarde, ayans fait acheminer le sieur de la Valette devant eux ; celuy-cy trouva que les ennemis commençoient desjà arriver sur le haut de la montagne ; lesquels à l'instant

1569. se retirerent, voyant que les nostres avoient pris la place. Ils prindrent leur place de bataille à un quart de lieue de là près du village de Bassac, où à l'instant les autres grosses troupes les vindrent trouver, & se mirent en un lieu fort avantageux & tres-difficile, à cause d'un ruisseau qu'ils mirent devant eux, où il falloit aller à la file. Durant lequel temps toute nostre armée se trouva passée. *Monsieur* voyant les ennemis, la fit descendre de la montagne en la plaine, & fut attaquée l'escarmouche sur le bord du ruisseau, où les ennemis furent menez de telle façon qu'ils furent contraincts de quitter le ruisseau. Ils firent retirer leurs gens de pied, les couvrant de grosses troupes de cavallerie jusques à un autre quart de lieue de là, sur le bord d'un estang à un autre ruisseau devant eux. Nostre avantgarde estant passée la premiere, les Seigneurs qui alloient les premiers, comme *Monsieur* de Guise, le sieur de Brissac, & quelques autres se hasterent tant qu'ils arriverent où estoient les ennemis en desordre ; mesmes les enseignes desbandées : & se mirent en un village sur le bord de la chaussée. Ce que voyant le sieur de Tavannes qui par le commandement de *Monsieur* alloit à la teste des nostres, pour voir

voir leurs deportemens ; manda à *Monsieur* 1569.
qu'il voyoit un très-mauvais ordre à ceux qui
alloient devant, & qu'il estoit très-nécessaire
qu'il se hastat en toute diligence avec toute
la gendarmerie, pour les soustenir ; autrement qu'il les voyoit en danger d'estre perdus, & luy en fit deux ou trois recharges ;
la derniere fust par le Seigneur *Marc-Anthoine*
Escuyer de l'escurie du Roy : ce que *Monsieur*
fit en la plus grande diligence qu'il luy fust
possible. Mais cependant les nostres s'estant
desbandez & avancez, recevoient une grande
charge dans ledit village : de sorte que la pluspart retournoient & abandonnoient le lieu
presque du tout, avec un grand désordre.
Le sieur de Tavannes n'avoit en cet endroit
amené nulle troupe ; & sa compagnie estoit
demeurée avec *Monsieur*. Ce qui fut cause
qu'il alla trouver le Comte Ringrave avec
sa troupe des Reitres, & le pria de vouloir
venir à la charge pour soustenir les nostres :
ce qu'il fit volontiers ; les mena le sieur de
Tavannes au grand trot à costé du village.
Ce que voyant les ennemis tindrent bride,
& se retirerent : chose qui vint bien à propos pour ceux qui s'estoient avec si mauvais ordre tant avancez. Là demeurerent les
troupes l'une devant l'autre, ne pouvant

1569. venir au combat que par la chauffée de l'eſ-
tang, à cauſe du petit ruiſſeau qui partoit
au deſſous de la chauſſée, & de certaines
hayes. Quoy voyant le ſieur de Tavannes
envoya en diligence (a) un Gentilhomme des
ſiens nommé *Richemont*, au deſſous du ruiſſeau recognoiſtre s'il y avoit moyen de paſſer, lequel revint ſoudain, & rapporta que
le paſſage eſtoit facile. Toutesfois parce que
la choſe importoit beaucoup, & qu'il eſtoit
queſtion de venir à la bataille par ce coſté-
là ; le ſieur de Tavannes pria les ſieurs de
Loſſe & de la Vauguion & le Seigneur Baillon
d'aller recognoiſtre ſi ce Gentilhomme diſoit

(a) Il s'en faut bien que ces détails s'accordent avec
le récit de Caſtelnau ; & nous l'avons obſervé, T. XLV
de la Collection, p. 132. Il eſt aſſez difficile de pro-
noncer entre deux témoins oculaires, tels que le Maréchal de Tavannes & Caſtelnau : il réſulte delà qu'en
fait de relations de cette eſpèce, on ne doit prendre un
parti qu'avec beaucoup de circonſpection. Interrogez dix
Militaires ſur la même affaire à laquelle ils ont aſſiſté,
vous aurez dix relations qui varieront. Sans compter l'eſ-
prit de parti, les petites haines, les vivacités & l'amour
propre de chacun d'eux, la diverſité de leurs récits à encore une autre ſource. C'eſt que le même homme dans
une bataille ne peut pas être partout. Son jugement doit
être ſubordonné à ce qu'il a vu, ou cru voir dans l'eſpace
qu'il occupoit.

verité; lesquels soudain rapporterent que l'on y pouvoit facilement passer. A l'instant le sieur de Tavannes envoya vers *Monsieur* pour le faire prendre à main droite avec ses troupes droit au passage, & y faire acheminer l'artillerie, & le reste de l'armée : & quand & quand fit marcher MM. de Guise & de Martigues, qui estoient resortis du village, & ralliez à leurs enseignes & le reste de l'avantgarde, droict au passage pour aller au combat; estans tousjours l'armée des ennemis en bataille, de l'autre costé du ruisseau, si près, & à la veuë l'un de l'autre, que l'un ne pouvoit rien faire que l'autre ne le vist.

Et comme ces troupes commencerent de descendre le long du ruisseau ledit sieur de Tavannes, se doutant bien que les ennemis en feroient autant, alla à la troupe du Ringrave, & le pria qu'il ne suivist point l'avantgarde; mais comme il verroit les ennemis desemparer la chaussée & le ruisseau, qu'il passast; & comme les nostres iroient à la charge, qu'il pourroit charger lesdits ennemis par derriere, ou à tout le moins par le flanc. Ce qu'il accorda, & le mit le sieur de Tavannes au chemin, voyant que les ennemis commençoient desja à desemparer pour aller au devant de nostre avantgarde. Ce faict

1569. il s'en retourna soudain trouver *Monsieur*, qui estoit son lieu, ayant charge de combattre près de luy. Nostre avantgarde arrivée au passage, trouva que partie de l'artillerie qui avoit pris la main droicte, y estoit desja arrivée, & neantmoins si tard qu'elle n'eust le loisir de tirer que deux coups.

Là les ennemis vindrent à la charge les premiers, où l'on vit (a) l'Admiral & d'Andelot faire mollement; car comme ils furent à la longueur des lances, la plus grande part tourna à gauche, & celle du Prince de Condé vint tout droit, & se trouva là premiere à la charge. Le sieur de la Valette avec sa troupe les chargea fort vivement. MM. de Guise & de Martigues estans pour le soustenir, se trouvans abandonnez de partie de leurs gens qui tournerent le dos, & le sieur de la Valette mal soustenu, toute la charge vint tomber sur M. de Montpensier & M. le Prince Dauphin; lequel Prince Dauphin tint ferme, où *Monsieur* arriva avec sa troupe bien à propos; en sorte que les ennemis furent mis en route. Là fut tué le Prince de Condé (b).

(a) Cette prétendue mollesse de l'Amiral & de d'Andelot est fortement contredite par la Noue & par Castelnau.

(b) Par rapport à la mort du Prince de Condé, lisez

On peut asseurer veritablement que les Rei- 1569.
tres qui avoient passé sur la chaussée servirent
grandement, encore qu'ils allassent assez mollement: car s'ils eussent voulu, ils eussent
donné par le derriere au Prince de Condé, à
l'heure qu'il marchoit droit aux nostres ; &
bien qu'ils tinssent bride seulement, leur presence (a) ayda aucunement à faire fuyr les
ennemis, qui s'en allerent au grand gallop ;
& se voulant ralier par fois, ils furent pour-
suivis si vivement, qu'ils n'en eurent pas le
moyen ny le loisir. Or comme ils fuyoient,
& que *Monsieur* avec son armée les poursui-
voit, les Reitres qui avoient passé sur la
chaussée arriverent, lesquels avec le reste des
nostres poursuivirent & emporterent la victoire trois lieues durant ; & après que *Monsieur* eust aussi poursuivy la victoire deux
grandes lieues avec ses troupes, on luy rapporta que plusieurs des ennemis tant de pied
que de cheval, avoient pris la main gauche,
& s'estoient retirez dedans Jarnac. Il y alla

les observations sur les Mém. de Tavannes, T. XXVII
de la Collection, p. 361, & celles sur les Mémoires de
Castelnau, tome XLV, p. 334.

(a) C'est ici que dans l'édition originale du Maréchal
de Tavannes finit la relation inserée par le Rédacteur de
ses Mémoires. La suite appartient à Guillaume de Saulx.

1569. auſſi-toſt avec l'artillerie, pour attaquer ladicte ville & chaſteau, laquelle il leur fit abandonner, & les força de ſe retirer par le pont, qu'ils rompirent après eux. Mais ils ne ſceurent ſe ſauver ſi promptement, eſtans pourſuivis de ſi près, comme ils eſtoient, qu'il ne fuſt tué là meſme une partie de leur infanterie. Et dès le ſoir meſme *Monſieur* logea audit Jarnac, tant pour raſſembler ſon armée, que pour ſçavoir qu'eſtoient devenus l'Admiral d'Andelot ſon frere, & les principaux qui eſtoient avec eux. On luy rapporta que les noſtres avoient pourſuivy leſdits Admiral & d'Andelot juſques à Xainctes, qui eſt à huict grandes lieuës du lieu où la bataille avoit eſté commencée; & que bien près de ceſte ville là, la cornette de l'Admiral fut priſe, & le ſieur de *Beaujeu* qui la portoit, amené priſonnier; & que l'Admiral & d'Andelot qui eſtoient ſous la cornette, s'eſtoient ſauvez dedans la ville. L'armée de *Monſieur* & celle des ennemis commencerent de ſe voir, & prendre les advantages les uns ſur les autres, dès le Dimanche matin, treizieſme de Mars mil cinq cens ſoixante-neuf, au Soleil levant: le combat & la pourſuitte des ennemis à la bataille que *Monſieur* gaigna, dura juſqu'à ſix heures du ſoir.

Par l'advis du sieur de Tavannes, fut en- 1569. voyé au Roy le sieur de Lignerolles, après la bataille de Jarnac, proposer que s'il plaisoit à Sa Majesté permettre à *Monsieur* laisser en Guyenne M. de Montpensier, les Suisses gens de pied, l'artillerie & le reste de l'armée, de s'acheminer avec deux mille chevaux, joindre l'armée conduicte par MM. d'Aumalle & de Nemours en Bourgongne; qu'infailliblement il contraindroit le Duc des Deux-Ponts, qui menoit d'Allemagne les Reitres & Lansquenets des ennemis, de venir à la bataille en certains lieux audit pays, où il estoit contraint de passer; & esperoit en obtenir la victoire, tant pour l'augmentation des forces à l'armée, que pour l'obeyssance qui y seroit mieux renduë sous un seul chef, que sous lesdits sieurs d'Aumalle & de Nemours, ausquels le pouvoir estant égal, la jalousie entr'eux estoit inevitable. Le sieur de Lignerolles ayant esté ouy en Cour, y fut retenu six semaines, sans estre depesché, & après on luy dit *que sa proposition estoit bonne.* Surquoy il respondit *qu'elle l'avoit esté à son arrivée; mais maintenant qu'elle estoit inutile, que les Reitres ennemis avoient passé Loire à la Charité.* Le retardement (a) vint

(a) Le Cardinal de Lorraine influa certainement

1569. par le moyen de M. le Cardinal de Lorraine, qui vouloit que ſes parens demeuraſſent en authorité. Par là on void que l'intereſt particulier marche ſouvent avant celuy du public: mais ceux qui ne préferent le bien d'un Eſtat à leurs paſſions particulieres, ne ſont point excuſables.

On ſejourna le lendemain de la bataille de Jarnac au meſme lieu, pour refaire les ponts. Le jour après fut adviſé d'aller à Cognac, lequel n'ayant pas eſté fortifié, l'on eſtimoit que les ennemis ne s'y arreſteroient point, & que la prenant, ce ſeroit tenir Angouleſme en ſubjection; joint que ſuivre plus avant les ennemis qui eſtoient retirez à Xainctes, à Sainct-Jean-d'Angely & à la Rochelle, ne ſeroit que perdre le temps; principalement n'ayant point de groſſe artillerie, laquelle neantmoins avoit eſté mandée plus de trois mois auparavant, pour avoir moyen de battre les places, & attirer les ennemis au combat. Ainſi eſtans arrivez près de Cognac, l'on

---

ſur ce retard. Ce fut en excitant la jalouſie de Charles IX contre ſon frère, le Duc d'Anjou. Il n'y eut plus de plan fixe. Les Proteſtans profitèrent de ces tracaſſeries de Cour, pour prendre des forces; & bientôt ils ſe joignirent au Duc de *Deux-Ponts* dont la méſintelligence des Officiers François favoriſa la marche.

la fit sommer, & fit-on semblant de faire 1569. quelque approche par le parc: mais il se trouva que la pluspart de leurs gens de cheval, jusques au nombre de quatre ou cinq mille, s'estoient sauvez là dedans; & n'ayant point de pieces en batterie que quatre petits canons, ny de munitions que pour tirer deux ou trois cens coups; aussi qu'il falloit loger à descouvert par une pluye extremement froide. *Monsieur* se logea (a) à demye lieuë de là, après avoir jugé que ce seroit perdre temps de l'assaillir sans artillerie. Le lendemain ayant entendu que les ennemis se rallioient du costé de Sainct-Jean-d'Angely, Nyort & la Rochelle, fut advisé de faire repasser l'armée à Jarnac pour les aller trouver; après toutesfois avoir séjourné deux jours, à cause des grandes traictes que l'on avoit faictes pour l'entreprise de Chasteauneuf & de la bataille, & pour faire reposer nos Reitres qui ne fai-

(a) M. de Thou (Liv. XLV) s'exprime à cet égard avec bien plus de franchise. Martigues & Brissac (dit il) n'imaginoient pas depuis la dernière victoire, qu'il y eût rien d'impossible pour eux. Mais Blacons les reçut si mal à Cognac, que l'armée fut contrainte de se retirer. (Nous renvoyons le Lecteur, pour éviter les répétitions, à nos observations sur les Memoires de Castelnau, Tome XLVI de la Collection, page 97 & suiv.)

soient que d'arriver, estans venus à grandes journées. On s'avança jusques auprès de Dampierre, d'autant que les ennemis s'estoient acheminez jusques vers Thonnay-Charente : & là nous fusmes advertis que sentans nostre venue, ils avoient passé la Charante jour & nuict, & estoient allez du costé de Pont. On nous advertit qu'ils devoient passer à la faveur du Capitaine Pilles, qui estoit dans Bergerac du costé de la Guyenne, pour joindre les Vicomtes, qui estoient trois ou quatre Seigneurs Gascons unis ensemble avec quelques troupes de gens de guerre. Quoy voyant nous retournasmes aussi-tost au passage de Jarnac, n'y en ayant nul autre plus près, pour essayer de les attraper au passage de la Garonne. On envoya au devant le sieur de Martigues avec deux mille chevaux, y compris la compagnie du sieur de Tavannes, conduicte par le sieur de Tavannes son fils aisné, Autheur de ces Memoires. Il trouva que les ennemis avoient changé de dessein, & avoient ordonné seulement le Comte de Mongommery avec huict cornettes pour aller à Ponts, desquelles (a) le sieur de Martigues en deffit

(a) Selon M. de Thou (ibid) l'Amiral avoit détaché Montgommery avec quatorze escadrons pour couvrir Angoulême. Brissac, qui l'avoit suivi, le mit en déroute ;

quatre, dont les drapeaux furent envoyez 1569. au Roy. Ce fait, il vint retrouver l'armée avant qu'elle fuſt au paſſage de Jarnac. Surquoy fuſt adviſé d'envoyer faire venir quatre petits canons à Poictiers, que le ſieur de Lude amena juſques à la riviere de Boutonne, où toute l'armée les alla recevoir, & ce, pour prendre (en attendant la groſſe artillerie qui venoit de Paris) les petites places qui tenoient le paſſage de Gaſcogne, comme Muſſidan, Aubeterre, Bergerac & autres petits Chaſteaux. Alors les ennemis n'avoient point de corps d'armée où l'on les euſt ſceu attaquer; ains tenoient tous leurs gens dedans Cognac & Xainctes, par le moyen deſquelles villes & du port de Thonne-Charante, ils avoient les paſſages de la riviere à leur commandement; & nous ne pouvions forcer leſdictes villes par faute de la groſſe artillerie.

De ſorte que *Monſieur* s'achemina avec l'armée à Montmoreau, tant pour empeſcher l'armée des Vicomtes, que l'on diſoit tous les jours devoir paſſer, que pour prendre Muſſidan, & autres places, avec les petits canons qui n'eſtoient pas de grand effect: & fût employé plus de temps à la priſe

Chaumont, un des Officiers de Montgommery, fut pris avec deux cornettes.

1569. de Muſſidan (où le Comte (a) de Briſſac l'un des Colonnels de l'Infanterie Françoiſe, & le ſieur de Pompadour furent tuez) que l'on n'avoit eſperé, d'autant que ceux qui eſtoient dedans eſtoient gens bien réſolus, & la firent combattre pied à pied, depuis l'avoir faicte raſer. On nous advertit que les Vicomtes à cauſe de la priſe de Muſſidan, qui les favoriſoit, avoient réſolu de ne plus paſſer; & d'autre part que les ennemis faiſoient eſtat d'avoir rallié environ quinze cens chevaux, & deux mille arquebuziers, la pluſpart à cheval; leſquels ils eſperoient faire paſſer la la riviere de Loyre au deſſus de Roüane; pour aller trouver le Duc des deux Ponts, qui commençoit à ſortir d'Allemagne, & y avoit desjà huict cens chevaux des ennemis dans Angouleſme. Quoy voyant *Monſieur*, il s'en vint avec ſon armée loger à Villebois, pour empeſcher cette entrepriſe, en attendant touſjours la groſſe artillerie, de laquelle quelques jours après en arriva douze canons à Tours. Cependant le Duc des deux Ponts, arriva en la Comté de Bourgogne. Surquoy on

(a) Son éloge ſe trouve dans les Mémoires de Tavannes, tome XXVII de la Collection, p. 155, & non pas tome XXVI; comme on le lit dans une note du volume XLVI de cet Ouvrage, p. 98.

manda au Roy, s'il luy plaisoit qu'on assaillist 1569. les places, ou bien que l'on empeschast le passage des ennemis, qui pouvoient aller passer au long de l'Auvergne, pour là joindre les Vicomtes & aller droict au passage de la riviere de Loyre : lesquels Vicomtes pouvoient avoir avec eux six mille arquebuziers & six cens chevaux. De maniere, que tous ensemble ils pouvoient estre plus de deux mille chevaux & huict mille hommes de pied, & leurs places très-bien garnies. Remonstrant à Sa Majesté, que nous ne pouvions assaillir les places, & empescher de passer les ennemis. Surquoy Sa Majesté manda que l'on empeschast sur tout le passage des ennemis, sans s'amuser aux places; comme chose plus importante, & que cependant le Duc des deux Ponts seroit fort bien empesché de delà. L'on sçait assez en quel estat ils estoient réduicts, leurs hommes desseichez de faim, & accablez de maladies, leurs villes tout en un coup comme assiegées, & en grande necessité. On avoit laissé les forces du sieur du Lude du costé de Poictiers, pour empescher la recolte, & *Monsieur* estoit de l'autre costé, quand les nouvelles vindrent, que le Duc des deux Ponts avoit desjà passé la Bourgongne. Alors avec raison *Monsieur* pour n'estre forcé de combattre à

1569. si grand desavantage, fut contrainct de prendre party, & s'approcher de la riviere de Vienne; mesme attendu que l'armée du Duc ayant forcé la Charité, venoit la premiere, estant arivée au Blanc en Berry. M. d'Aumalle l'advertit, & le supplia de prendre garde à soy. Ce qui fit cheminer l'armée entre Seuilly & le Blanc. Et depuis l'armée de M. d'Aumalle, s'estant approchée, fut advisé de se joindre; non toutesfois sans grande crainte, que ceux de son armée desjà desobeïssans, & qui avoient commencé de l'abandonner, ne continuassent, & ne servissent de mauvais exemple à l'armée de *Monsieur* : & depuis s'estre joincts à demy, & par maniere de dire, en poste en la presence de la Royne-Mere, l'on entra dans le pays stérile de Limousin, sans avoir le temps d'y dresser nul magazin; par lequel pays les ennemis qui avoient auparavant sejourné, marchoient à grandes journées : & on les vint joindre à la Souterranne, où par l'excuse que trouverent nos Reitres sur les vivres, l'on ne les peut combattre, & on marcha avec la faim jour & nuict, jusques au petit Limoges, où ils furent encore r'atteins, & firent les Reitres le mesme refus; par ce, disoient-ils, que leur bagage qui ne les avoit peu suivre, estoit encore esloigné deux. De sorte que les ennemis passerent la riviere de Vienne, où l'armée du Duc des deux Ponts les vint joindre. Quand l'armée de *Monsieur* eust passé Limoges, les Capitaines furent d'advis de suivre les ennemis, le plus diligemment que faire se pourroit & demanderent de porter avec eux du pain pour un jour, à fin que s'ils trouvoient les ennemis en lieu si avantageux que promptement l'on les peust combatre, ils eussent quelque temps pour en chercher les moyens; ou bien s'ils faisoient quelques traictes, ils eussent moyen de les suivre, & oster l'occasion & excuse aux Reitres de demeurer derriere, ou ne vouloir point combattre. Mais il ne fut possible d'en estre secourus : encores que outre les Commissaires ordinaires des vivres, plusieurs autres de la suitte de la Royne-Mere s'en meslassent. Enfin l'armée passa la riviere pour aller trouver les ennemis; & le jour mesme cette désobeyssance desjà commencée en Bourgongne en l'armée de M. d'Aumalle, vint à continuer. De sorte que son Lieutenant partit, & toute sa compagnie se desbanda fors huict ou dix gensdarmes, & infinis autres tant de l'une que de l'autre armée, à leur exemple s'en

1569. allerent sans congé, & sans avoir égard que nous allions pour donner la bataille, ny à la presence de la Royne qui estoit encore à Limoges; & depuis par ce mauvais exemple les nostres continuerent à s'en aller, avec plus d'occasion toutesfois, pour avoir campé près d'un an entier; non qu'il y eust excuse qui valust, ny pour l'un ny pour l'autre. Quoy voyant *Monsieur* delibera avant qu'il y eust plus grande diminution, d'aller retrouver les ennemis, encore qu'il n'y eust aucuns vivres, principalemennt parce que nous estions contraints de marcher sur leurs pas, & aux piteuses traces du feu qu'ils mettoient par tout où ils passoient. *Monsieur* donc vint loger à la Rochelabeille, à une lieue de Sainct Juiez (a), où ils estoient en un lieu fort advantageux, & nous pareillement pour avoir une vallée, & un marais à la teste de nostre armée. Là fut déliberé ce qui seroit à faire : quelques-uns furent d'opinion que l'on devoit passer la vallée qui estoit entre les deux camps, deux heures devant jour, afin de prevenir, & prendre la place avant que les ennemis s'en saisissent. Chose qui ne fut point exécutée pour les difficultez qui s'y trouverent. Les ennemis vindrent prendre la mesme place le

(a) Saint-Yrier.

matin;

matin ; où partie de noftre arquebuzerie, pour eftre logez auprès du valon ; au lieu de fe rendre en leur place de bataille, fans commandement, ny fans confiderer qu'ils ne pouvoient eftre fecourus de gens de cheval; allerent paffer la vallée du cofté des ennemis; pendant que l'armée fe mettoit en bataille : & non contens de ce allerent par dedans le bois de fuftaye, monter fur le haut du cofteau, & là attacherent l'efcarmouche, où une troupe de leur cavalerie fit une charge. Là le fieur Colonel Stroffe, & quelques Capitaines, & foldats furent prifonniers, & partie d'iceux tuez. Il s'en enfuivit ce que plufieurs Seigneurs & Gentilshommes pourront tefmoigner, lefquels s'y trouverent auffi fans commandement, & ne fouftindrent la charge ; ce qui donna courage aux ennemis d'executer leur deffein. *Monfieur* y avoit envoyé pour les retirer ; pendant lequel temps, il envoya le fieur de Tavanes devers les Italiens qui eftoient logez à l'un des bouts du camp, en un petit village, fur l'advenuë par où les ennemis pouvoient venir, en faifant toutesfois un grand tour. Il trouva que les Italiens s'eftoient mis en bataille, à fçavoir leurs gens de cheval dedans le camp, & leurs gens de pied dehors le village entre deux.

1569.

1569. De sorte que les gens de pied & de cheval ne se pouvoient secourir l'un l'autre, à cause des marests, sinon à travers le village par un seul lieu bien fort étroit. L'arquebuzerie séparée en un certain bois de haute futaye, qui estoit plus avant. Surquoy fut remonstré par le sieur de Tavanes (a) au sieur Comte de Saintefiour (b), qui commandoit aux troupes Italiennes, envoyées par le Pape, qu'il estoit raisonnable que les gens de pied repassassent dans le camp afin de pouvoir combattre avec l'armée, & leurs gens de cheval. Ledit sieur Comte respondit, *qu'il luy sembloit n'estre pas fort honneste d'abandonner le logis, mesme que son bagage estoit encores dedans.* A quoy fut reparty par ledit sieur de Tavanes, *que le logis ne luy estoit donné que pour sa com-*

___

(a) C'est dans les Mémoires du Maréchal de Tavannes (tome XXVII de la Collection, page 164) qu'il faut chercher les particularités les plus curieuses, qui concernent cette action. Nous ajouterons que M. de Thou (Liv. XLV) confirme l'humeur que montra en cette circonstance le Maréchal de Tavannes. Il dit formellement que, malgré le voisinage de l'armée Protestante, celle du Roi étoit dans la plus profonde sécurité. Aussi fut-elle surprise ; & il en coûta la vie à beaucoup de braves gens.

(b) Voyez son article, tome XLVI de la Collection, p. 102 & suiv.

modité, & non pour y combattre : que le lieu 1569. pour combattre estoit avec les autres batailles; & que sauf son meilleur advis, il luy sembloit que son bagage devoit aller trouver le bagage de l'armée : que le bataillon des gens de pied, devoit passer du costé des gens de cheval, que neantmoins il pourroit laisser quelque arquebuzerie pour deffendre le village, le plus longuement que faire se pourroit, lequel toutesfois ne pouvoit estre tenu à cause d'une montagne fort près de là, qui luy estoit à cavalier. Chose à quoy ledit sieur Comte s'accorda très-volontiers, & avec prompte diligence, fit repasser ses gens de pied du costé du camp, où estoient ses gens de cheval, & delà en avant se logea dans le camp à la campagne, au lieu qui fut advisé sur l'heure : tousjours neantmoins sur la seul advenuë, ainsi que luy comme personnage de valeur le desiroit. Et pource qu'aucuns ont voulu dire que le camp estoit fort debile, & mal à l'advantage; il se trouvera par le dire de ceux qui s'y entendent, qu'il n'en estoit point en quelque part que ce fust de plus advantageux; comme l'on esprouva après que les batailles furent rangées, ainsi qu'elles devoient estre.

Le lendemain les ennemis partirent de

1569. leurs logis, & firent une grande traicte de six lieuës du costé de Perigueux, lequel avoit esté fort bien pourveu, non toutesfois sans grande difficulté. Et après *Monsieur* estant contrainct par famine, & necessité, de prendre la main gauche, & aussi pour favoriser plus facilement le pays de Perigueux : l'armée vint à Lessac. Les ennemis trouverent le Perigueux si bien pourveu, qu'ils prindrent la main droicte, & depuis tout à un coup tournerent droict à Chabanay, Confolant, & le Dorat, qui estoit tourner la teste devers le Berry, ou Touraine. Ce qui fit croire à *Monsieur* qu'ils voulussent aller gaigner Tours, ou autres villes, qui sont sur la riviere de Loyre. Combien qu'il n'en pouvoit advenir inconvenient, ayant commandé à M. de Lude, dès l'heure que les ennemis approcheroient de la Creuse, faire approcher le Maistre de camp (a) Onous, avec quinze enseignes pour se jetter dans Tours, quand il verroit l'occasion. D'autre-part il despescha le Maistre de camp de l'Isle, & les enseignes Italiennes du Duc de Somme (b), pour y

(a) Saint-Jean, Seigneur d'Aunoux : on lui a consacré un article dans les observations sur le XLVIe vol. de la Collection, p. 106.

(b) Le Duc de Somma.

aller, & pourvoir à Loches en passant; & de là considérant que nos gensdarmes avoient tousjours continué de s'en aller, de sorte qu'il n'y en avoit presque plus; fut advisé de retourner par auprès de Limoges, gaigner le devant de Tours. Quoy faisant, les ennemis tournerent tout court droict à Luzignan, avec l'artillerie qu'ils avoient amenée d'Angoulesme. Ceste place se rendit en quatre jours. Celuy qui estoit dedans, où le sieur de Lude en eust peu rendre raison, luy ayant esté laissé trente enseignes de gens de pied, & sept compagnies de gensdarmes, pour la garde seulement dudit Luzignan, & de Poictiers; sans comprendre les compagnies qui gardoient les rivieres de Vienne & Loyre, jusques à Saumur. Et pour ce que ces forces-là estoient trop puissantes pour garder seulement deux places; ains estoient bastantes pour tenir ennemis serrez dans leurs places, & empescher la recolte; afin que quand l'armée des ennemis seroit passée en Guyenne, ou du costé de la France, ils se joignissent avec les forces du sieur de Montluc, & se missent en campagne ainsi qu'il leur avoit esté commandé, afin d'essayer de prendre quelques villes de la conqueste des ennemis, avec l'artillerie qui estoit à Poictiers. Toute

1569. fois le sieur de Lude avoit commandement exprès, mesme par le sieur d'Argence, qui luy apporta la parole, de ne sortir point, & de n'assaillir rien avec l'artillerie, que les ennemis ne fussent esloignez, comme dit est, & qu'il ne peussent retourner à luy. Mais *Monsieur* sceut incontinent qu'il estoit devant Nyort, & l'avertit par quatre messagers de suite, qu'il eust à prendre garde à soy, & se retirast avec l'artillerie : ce qu'il fit, mais ce fut si tard qu'il en laissa une partie à Sainct Mexant, & l'autre à Lusignan : & partie de ses forces demeurent à Sainct Mexant. Or quelle raison peut-on alleguer d'estre sorty, & pourquoy il ne mit plus de gens dans Luzignan ; & quel obstacle il eust, ensemble les autres Gouverneurs, de ne fortifier les villes de Poictiers, Limoges, Perigueux, Liborne, & Saumur ? Chose qui leur avoit esté commandée par infinies & reïterées fois, & envoyé ingenieux, & pouvoir d'employer les forces & moyens du païs, pour cet effet. Or estant *Monsieur* acheminé pour venir gaigner Loches ; M. de Guise demanda plusieurs fois congé d'aller à la guerre. Ce qui luy fut refusé, mesme en la presence de M. d'Aumalle, tant à cause du peu de gens de cheval François que nous avions, dont on ne pouvoit desgarnir le camp, que pour le res-1569. pect de sa personne : mais enfin il pressa tellement, qu'il dit tout haut, *que le Roy luy avoit donné la charge de Colonel general des chevaux legers ; & qu'il falloit qu'il fust indigne de sa charge, s'il ne la faisoit.* De sorte que *Monsieur*, quoy qu'à son grand regret, luy accorda son congé pour aller à la guerre, entre le Camp des ennemis & le nostre seulement. Et toutesfois la premiere (a) nouvelle qu'il en eust, fut qu'il s'estoit allé jetter dans Poictiers, avec ce qu'il avoit emmené. Ce qu'ayant sçeu les ennemis, qui estoient encores à Luzignan, pour surprendre ledit sieur de Guise, ou pour attirer nostre armée, sans gensdarmes à la bataille, pour aller secourir, l'allerent assieger à Poictiers : & l'on estime que sa presence y servit beaucoup ; combien que le sieur de Lude avoit tousjours mandé, que l'on s'asseurast de la place sans demander nostre secours.

Au commencement de l'Autonne, en l'année mil cinq cens soixante & neuf, le siege

(a) Voilà les mêmes assertions contre le jeune Duc de Guise qu'on trouve consignées dans les Mémoires de Tavannes. On a indiqué le jugement, qu'on doit en porter, tome XLVI de la Collection, p. 19. (Lisez la note *a*.)

1569. de la ville de Poiſtiers continuant, & l'armée de M. le Duc d'Anjou, eſtant inférieure en nombre de cavallerie, & des gens de pied, à celle des ennemis, à cauſe de la Gendarmerie licenciée avec congé ou autrement, ne pouvant ſecourir la ville qui eſtoit en peril d'eſtre priſe, à faute de vivres, & autres manquemens; le ſieur de Tavannes conſeilla de faire une diverſion qui la rendit entierement libre, qui fut telle. La ville de Chaſtelleraut à quatre lieues des ennemis fut inveſtie par les forces de *Monſieur*. Le lendemain qu'elles en eſtoient approchées; la batterie faicte le matin; l'aſſaut ſe donna à midy, où la réſiſtance fut telle qu'il fallut s'en retirer avec perte. Apres cela on tint conſeil de ce qui eſtoit à faire : quelques Capitaines eſtoient d'advis que *Monſieur* ſéjournaſt un jour ou deux, à fin de faire cognoiſtre aux ennemis, qu'on ne les redoutoit point. Le ſieur de Tavannes tout au contraire, dit que les ennemis eſtoient advertis du ſiege de la ville de Chaſtelleraut, où ils preſumoient qu'on fuſt engagé, ayant tout ce jour-là ouy tirer l'artillerie. Qu'infailliblement eſtans ſupérieurs en forces, ils viendroient à nous, tant pour ſecourir la ville, que pour tenter un combat, avec ap-

parence d'en avoir la victoire, Que le deſ- 1569.
ſein qui avoit eſté fait ſur Chaſtelleraut, n'eſtoit que pour faire lever le ſiege de Poictiers,
& y faire entrer des vivres. Ce qui empeſcheroit les ennemis d'y retourner. Qu'il falloit que l'armée partiſt promptement, & ſe
retiraſt au port de Pilles, delà la riviere de
Creuſe; & deça laiſſer deux mille arquebuziers dans le bourg, qui empeſcheroient avec
retranchement, l'advenuë & paſſage des ennemis; & *que celuy qui avoit le profit de la
guerre en avoit de l'honneur.* Ce conſeil fut receu, & executé ſi à point, qu'il en advint
ainſi qu'il avoit propoſé; la ville de Poictiers
demeurant par ce moyen deſgagée. Les ennemis arriverent le ſoir meſme proche le
port de Pilles, où ils furent bien recus; &
repouſſez de l'infanterie qui les attendoit. Et
le lendemain furent faicts pluſieurs retranchemens aux quays de la riviere; pour empeſcher les ennemis de paſſer. Le ſejour faict
au port de Pilles, donna commodité d'attendre pluſieurs compagnies d'ordonnance,
qui vindrent là trouver *Monſieur*; & ſon armée ſe renforça depuis: qui luy donna ſu-
ject d'aller chercher les ennemis à Moncon-
tour, où ſe donna la bataille à l'advantage
de l'armée du Roy: où le ſieur de Tavannes

1569. remporta la gloire d'avoir mis l'ordre qui la rendit victorieuse, assisté la personne de M. Duc d'Anjou, & d'avoir genereusement combattu. Ce fut le troisiesme jour d'Octobre mil cinq cens soixante & neuf. Les histoires qui ont devancé ces Memoires, n'en ont rien oublié, ny des succez de l'armée depuis son partement du port de Pilles : ensemble du siege, & prise de la ville de Sainct-Jean-d'Angely, où le Roy Charles neufiesme se trouva en personne.

1570. L'année mil cinq cens septante, après que l'armée du Roy conduicte par le Mareschal de Cossé, & celle des ennemis par les Princes de Navarre, & de Condé, & l'Admiral de Chastillon, eurent passé en Bourgongne, où le sieur de Vantoux de la maison de Saulx, commandoit en l'absence du sieur de Tavannes son parent, il y mit si bon ordre que les ennemis ne peurent prendre aucunes petites villes (a) : aussi n'avoient-ils aucunes pieces

(a) Il n'étoit point étonnant que les Protestans ne pussent s'emparer d'aucune ville fortifiée, puisqu'ils n'avoient point d'artillerie. Leur marche, une des plus extraordinaires dont l'Histoire parle, a été suffisamment développée dans les Mémoires de Castelnau & de la Noue. Ainsi le mérite du sieur de Vantoux ne fut pas si grand que son cousin Guillaume de Saulx voudroit le faire croire.

de batterie, ains avoient perdu une partie 1570.
de leurs gens à une charge faicte par le sieur
de la Valette, à la veuë des deux armées
proche Arnay-le-Duc (a). Peu après l'Edict du
Roy pour la paix avec eux fut publié à Sainct-
Germain en Laye. Ce fut alors que le sieur 1571.
de Tavannes, lors Mareschal de France, &
depuis Gouverneur de Provence, & Admiral des Mers de Levant, mit par escrit &
donna au Roy plusieurs (b) memoires, &
advis concernans le bien du Royaume, manutention de la personne de Sa Majesté, &
de son Estat, pleins de conseils utiles, &
maximes salutaires, faicts l'année mil cinq 1572.
cens septante & deux, concernant mesme
suject, & discourant contre l'opinion de ceux,
qui persuadent la guerre de Flandre. La pos-
terité jugera par tel ouvrage, quel estoit

(a) Ce combat d'*Arnay le Duc* ne fut décisif pour
aucun des deux partis. Mais il annonça aux Catholiques
que les Protestans n'étoient pas faciles à dompter. Aussi
prit on le parti de faire la paix.

(b) Ces avis & Mémoires relatifs à la paix de 1570,
& ceux qui tendent à dissuader la Cour de France de se
mêler de la guerre des Pays-bas, ont été recueillis dans
les Mémoires du Maréchal de Tavannes. (tome XXVII
de la Collection, pages 196, 200, 225, 229, 248 &
252.)

1572. l'ouvrier, lequel on a voulu blasmer, d'avoir esté un des Autheurs des exécutions faictes la mesme année mil cinq cens septante & deux contre les Huguenots. Un seul exemple dissipera ce faux bruit, qui est le doux traictement (a) qu'au commencement des guerres civiles il leur fit à Dijon, lors qu'ils y avoient commencé de prendre les armes : ils en furent quittes pour un bannissement de la ville : Bien mit il par escrit (b), après ces éxécutions (voyant le Roy resolu de faire la guerre, & attaquer la Rochelle) les moyens comme il s'y falloit comporter.

Le mesme Mareschal de Tavannes ne fut point au siege de la Rochelle ; une violente maladie l'arresta en chemin, & l'osta du monde en l'aage de soixante & trois ans. Sa présence y eust sans doute apporté une heureuse issuë, selon le jugement des plus advisez. Il laissa Guillaume de Saulx sieur de Tavannes son

(a) Malgré ce *doux traitement*, on reprochera toujours au Maréchal de Tavannes d'avoir figuré parmi les exécuteurs de la Saint-Barthelemy, s'il ne fut pas un de ceux qui présidèrent à l'affreux conciliabule, où cette proscription se médita.

(b) Ces écrits se trouvent dans le tome XXVIII de la Collection. Ils sont divisés en trois parties. (Voyez pages 12, 18, 29 & 47.)

fils aîsné, Autheur de ces Memoires, Lieu- 1572. tenant du Roy en Bourgongne, en l'abfence de M. le Duc de Mayenne, & du fieur Comte de Charny; qui pendant ce temps rompit plufieurs entreprifes faictes fur les villes du pays par les ennemis; mefmement fur Mafcon; & la citadelle de Chalon, où il fit prendre en fa prefence le Lieutenant de la garnifon y eftant prifonnier, & mener à Dijon. Le tombeau qu'il fit dreffer au fieur Marefchal de Tavannes fon pere, doit par les mérites d'un perfonnage fi fignalé, avoir lieu dans ces Memoires (3), comme fes rares vertus l'ont eu dans les hiftoires qui racontent les guerres de fon temps.

Fin du premier Livre.

MÉMOIRES
DE MESSIRE
GUILLAUME DE SAULX,
SEIGNEUR
DE TAVANNES.

LIVRE SECOND.

1573. Sur la fin de l'année mil cinq cens septante & trois, le Roy Charles neufiesme, après le départ de M. le Duc d'Anjou son frere, qui alloit (1) en Poulogne prendre la Couronne de ce Royaume-là ; donna charge (a) à ces deux Gentils-hommes de qualité, en chacune province de son Royaume, de visiter

(a) Ce fait a échappé à nos Historiens. M. de Thou (Liv. LVII) fait bien mention d'une assemblée qu'on indiqua alors à Compiègne, & il y devoit être question de la convocation des États-Généraux. Comme cette demande étoit le mot de ralliement de tous les mécontens, Catherine de Médicis, avoit imaginé l'assemblée de Compiègne où l'on en délibéreroit. Elle étoit bien aise (dit M. de Thou) de faire croire que e Roy se prêtoit volontairement à la convocation d'une assemblée nationale ; & à l'aide des premiers troubles, qui s'éleveroient, elle espéroit éluder la chose.

les villes & bourgs d'icelles, pour s'informer 1573.
de ce qui estoit nécessaire au bien de son
Estat & de ses sujets, & des oppressions
qu'ils recevoient, afin d'y pourvoir & y
mettre un bon ordre, par l'advis de Mgrs.
les Princes de son Sang, & de MM. de son
Conseil, en l'assemblée que pour ce sujet
il vouloit faire à Saint-Germain-en-Laye.
A quoy estant satisfaict, Guillaume de Saulx,
sieur de Tavannes, (le Mareschal de Tavannes son pere estant lors decedé) fut em- 1574.
ployé pour la Bourgongne, où il estoit Lieu-
Lieutenant de Sa Majesté, en l'absence de
M. le Duc de Mayenne, & du Comté de
Charny. Après s'estre employé sincèrement
à la visite des villes & bourgs de son Gouvernement, il fut à la Cour faire son rapport au Roy & à l'assemblée, de ce qu'il y
avoit appris, & proféra en la présence de
Sa Majesté & de cette assemblée le discours
suivant, que l'on trouva fort libre en ce
qu'il demanda la tenue des Estats-généraux
libres, ce qu'aucun des autres Deputez n'osa
entamer. Ceste franchise fut très-agréable à
aucuns de ladicte assemblée, des principaux,
& mieux affectionnez au public, comme ils
le tesmoignerent à l'issue d'icelle, par les
louanges qu'ils luy donnerent. Ledict sieur

1574. de Tavannes estoit pour lors âgé de dix-neuf ans. Ce discours doncques estoit tel.

« SIRE, par le commandement exprès de
» Vostre Majesté, j'ay veu & visité les villes
» qui sont en cinq bailliages du Gouverne-
» ment de Bourgongne, délaissant les autres
» à la charge du sieur de Missery (a), auquel
» vous avez addressé pareille commission. Et
» me suis essayé satisfaire à vostre intention,
» avec toute la fidelité & diligence que l'on
» pourroit desirer en un très-affectionné
» subject de ceste Couronne ; n'ayant jamais
» rien eu de si cher, dèslors qu'il vous pleust
» m'honorer des charges que je tiens, sinon
» de faire en sorte qu'éxécutant vos com-
» mandemens je fusse recogneu de vous, &
» d'un chacun pour très-humble asseuré ser-
» viteur de Vostre Majesté. J'ay dressé des
» Mémoires qui contiennent particuliere-
» ment ce que j'ay veu, appris & entendu
» en chacun lieu, après m'estre secrettement
» & doucement informé des Ecclesiastiques,

(a) Dans le Journal du Duc de Nevers (tome III de la derniere édition du Journal de l'Etoile, p. 186) on trouve un sieur de Miseri jouant un rôle parmi les députés de la Noblesse aux Etats-Généraux de 1576. Seroit-ce le même que celui dont parle ici l'Auteur des Mémoires ?

» principaux

» principaux habitans des villes, mieux affec- 1574.
» tionnez à voſtre ſervice, & à la conſer-
» vation du repos public, des Maires, &
» Echevins des lieux, de vos Officiers eſta-
» blis pour rendre la juſtice, & des autres
» Officiers commis au maniement de vos
» finances: tous d'une meſme voix prient
» Dieu pour voſtre proſperité, vous reco-
» gnoiſſant d'une ſincere obéyſſance, pour
» leur Prince naturel, veulent toute leur
» vie vous reverer & honorer comme l'i-
» mage du Dieu vivant : & neantmoins ils
» ont jetté quelques plaintes & doléances
» entre mes mains : qu'il vous ſupplient
» très-humblement recevoir; bien aſſeurez,
» comme ils diſent, que ſi elles viennent
» juſques à vos oreilles, leur mal ſera du
» tout guéry, du moins de beaucoup alle-
» gé & amoindry. Les Eccleſiaſtiques ſe
» plaignent, non tous en general, mais
» aucuns d'entre eux, du trouble & em-
» peſchement qui leur eſt faict en la jouiſ-
» ſance de leurs benefices? Pour ce regard
» les Eveſques, ou leurs Vicaires ont dreſſez
» des procez verbaux, pour eſtre preſentez
» à Voſtre Majeſté. Le peuple ſe plainct,
» que pour raiſon de cette non jouyſſance,
» les ſervices accouſtumez d'eſtre faits à

» l'honneur & louange de Dieu, ne font
» point continuez en plufieurs endroits :
» que la vie & les mœurs des Eccléfiafti-
» ques ne font point remplies de fainĉteté,
» & Religion, pour leur fervir d'exemple;
» mais pluftoft qu'ils font addonnez à tous
» vices : qu'entre eux s'exercent publique-
» ment un trafic & commerce de bénéfices :
» comme fi avec la corruption des mœurs,
» telle marchandife eftoit approuvée & ren-
» due licite. Avec mefme volonté, ils re-
» grettent de ce qu'ils voyent bien fouvent
» la place des Magiftrats, eftre occupée par
» ceux qui ont plus de deniers pour les
» acheter, & non par perfonnes capables,
» fuffifans & de bonnes mœurs ; lefquels
» devroient eftre recherchez, & tirez de
» leurs maifons, pour eftre employez au
» fervice du public. Adjoutent *encore que le*
» *grand nombre defdits Officiers retourne à*
» *leur foule & oppreffion; en ce que la juf-*
» *tice leur eft plus cherement vendue; & que*
» *par moyen de ce qu'ils font exempts de tailles*
» *& autres charges publiques le refte du peuple*
» *en fupporte davantage.* C'eft ce dernier
» point duquel ils fe plaignent principale-
» ment, & difent que telle maladie comme
» plus griefve leur fait oublier le mal pre-

» mier. Que les impositions, subsides, em-
» prunt qu'ils supportent, adjoustez à une
» continuelle sterilité de plusieurs années,
» leur laissent, sinon l'esprit pauvre, souf-
» freteux & misérable ; lequel neantmoins
» il maintiennent tousjours en vostre obéis-
» sance, & se contentent, pour s'exempter
» d'icelles charges, de vous apporter non
» pas une volonté meschante de rebel-
» lion, qu'ils n'eurent jamais ; mais avec
» leurs plaintes très-humbles, leur grande
» pauvreté & necessité. Ils se plaignent en-
» core de la très-grande vexation qu'ils
» reçoivent par le passage, & sejour des
» gensdarmes ; lesquels n'estans payez de
» leurs soldes, vivent aussi sans rien payer,
» pillent & rançonnent les pauvres villages,
» exercent sur eux, comme s'ils estoient
» ennemis, tous faits d'hostilité : & ne s'en
» osent plaindre, comme ils disent, de
» crainte que le feu mis en leurs maisons,
» par la vengeance du soldat, ou gendarme
» courroucé de leurs plaintes, ne leur oste
» ce que par le pillage ils n'auroient peu
» emporter. Demandent les Estats-Généraux
» libres, pour mieux vous informer de leur
» mal, lequel vous estant cognu, ils s'as-
» seurent de vostre clemence, que le remede

» falutaire y fera apporté. Aufquels pour
» appaifer aucunement leurs doléances ;
» j'ay faict entendre que la corruption des
» mœurs qui eſtoient en la Juſtice, le def-
» faut de pieté & de ſainčteté qu'ils repre-
» noient juſtement ès Eccleſiaſtiques, pro-
» venoient plutot de l'injure & miſere des
» fiecles paſſez, que par voſtre diſſimulation.
» Que n'aviez jamais tant rien defiré, ſinon
» que ces deux fermes colonnes & appuys
» de voſtre Couronne, la pieté & la juſtice,
» fuſſent maintenus en leurs entiers. Au re-
» gard des tailles & impoſitions qu'ils de-
» voient, comme bons, loyaux & fideles
» ſubjects, conſidérer les charges que vous
» avez trouvé venant à la Couronne : que
» depuis elles eſtoient accrues & augmentées,
» à l'occaſion des troubles qui avoient ap-
» porté infinies deſpenſes : que n'aviez eſ-
» pargné aucun ſoin & diligence, non pas
» meſme voſtre propre patrimoine, pour les
» faire vivre en repos, & appaiſer les diſ-
» ſentions civiles. Auſſi qu'il eſtoit raiſon-
» nable qu'eux, qui reſſentoient le profit
» de cette tranquilité publique, fuſſent rendus
» participans des charges qui en provenoient.
» Que c'eſtoit le devoir des bons & affec-
» tionnez ſubjects, de départir liberalement

» toutes aydes à leur Prince, duquel ils 1574.
» reçoivent affeurée protection & bon trai-
» tement. Adjouſtant avec plus ample diſ-
» cours, remonſtrances particulieres à cha-
» cune de leurs doléances, felon que je
» les ay redigées par eſcrit aux Mémoires
» que je vous preſente. Quand il vous plaira
» me le commander, j'adjouſteray autres
» choſes qui regardent le Gouvernement
» de Bourgongne, & le devoir de la charge
» que j'y tiens pour voſtre ſervice ».

Les reſolutions priſes en telles occurrences apporterent quelque fruict ; mais non tel qu'euſt eſté à defirer. L'intention de Sa Majeſté, d'aſſembler les Eſtats-Generaux, & pourvoir raiſonnablement aux affaires du Royaume, ne fut pas ſuivie d'aucun effet ; la mort le prévint. Ce qui obligea M. le Duc d'Anjou, eſtant lors Roy de Poulogne, de venir prendre la Couronne en France, en l'an mil cinq cens ſeptante-quatre, & le nom de Henry troiſieſme, où ſes ſubjects Catholiques l'attendoient en intention de luy rendre toute obéiſſance ; la Reyne ſa Mere, Catherine de Medicis, oſta (a) généreuſe-

(a) Nous renvoyons le Lecteur aux Mémoires du Duc de Bouillon, & aux obſervations qui y font join-

1574. ment en son absence toutes les difficultez qui pouvoient nuire à son establissement. Le bon ordre que le Comte de Charny, Grand Escuyer de France, & le sieur de Tavannes, mirent au Duché de Bourgongne, assistez de la Noblesse du pays y retint chacun en son devoir, au grand contentement de Sa Majesté, ainsi qu'Elle leur tesmoigna près Montmelian en Savoye, où ils allerent avec partie de la Noblesse de Bourgongne, recevoir ses commandemens, & l'accompagnerent passant par ceste province-là, à son retour de Provence.

La guerre *des Religieux* (a) *prétendus* continuant en France, ils y firent venir en **1575.** Septembre mil cinq cens septante-cinq, deux mille Reitres du costé de Champagne, qui furent (b) deffaits à Dormans, par l'armée du Roy, qui estoit de quinze cens chevaux, commandez par M. le Duc de

---

tes. Il y trouvera tous les renseignemens propres à fixer l'opinion qu'on doit se former de l'administration de Catherine de Médicis, & de la conduite qu'elle tint.

(a) A cette dénomination, on substitua depuis celle de *prétendus Réformés*.

(b) Voyez les Mémoires du Duc de Bouillon (Tome XLVIII de la Collection, p. 91 & suiv.

Guise, assistez de M. de Mayenne son frere, 1575.
& du sieur de Biron le pere. Les sieurs de
Tavannes l'aisné, & le Vicomte son frere,
furent des premiers à ceste charge, avec
leurs compagnies de gensdarmes ; lesquels
par le bon ordre qu'avoit mis ledit sieur
de Biron, qui les y fit aller, porterent coup
à la victoire.

L'année mil cinq cens septante-six, en 1576.
Janvier le Duc de Casimir avec six mille
Reitres, vint sous la conduicte de M. le
Prince de Condé, passet en Bourgongne sans
s'arrester à la ville de Chastillon, où le sieur
de Tavannes s'estoit acheminé avec sa compagnie de gensdarmes, & six compagnies de
gens de pied du regiment de Piedmont,
commandé par le sieur d'Autefort pour la
garder, ains il passa du costé de Langre, &
alla séjourner huict jours près de Dijon, où
le Comte de Charny (a), & le sieur de
Tavannes avec leurs compagnies, & plusieurs
Gentils-hommes du pays luy firent teste,
faisant ledit sieur de Tavannes plusieurs sorties. Il mit bon ordre aux villes du long de
la riviere de Saone, où il fut envoyé avec
cent cinquante chevaux, compris sa compagnie de gensdarmes, faisant acheminer le

(a) Léonor Chabot, Comte de Charny.

1576. sieur de Chevriere, pere du sieur de Saint-Chaumont son Lieutenant, à la ville de Mascon pour y commander; & le sieur de Tremont (a) à celle de Tournus: & quant à luy il alla à la ville de Chalons. Ainsi les Reitres n'eussent pris aucunes places en Bourgongne, si ceux de la ville de Nuis eussent voulu prendre garnison. Ils la refuserent; & peu après se voyans assiegez, la batterie commencée, & quelque commencement de bresche faicte, ils se rendirent, & en ce faisant, apporterent la commodité des vivres aux ennemis, qui en estoient en necessité; lesquels allerent joindre M. d'Alençon, frere du Roy, plus avant que Moulins (2). Ce Prince sous prétexte du bien public, & neantmoins pour augmenter son appanage de la Duché d'Anjou, qui depuis luy fut accordée, avoit pris les armes à l'exemple du Duc de Guyenne, frere du Roy *Louys unziesme*; sans considérer que ce que l'on obtient du Souverain par violence, & non par amitié & service, n'est pas souvent de longue durée.

(a) Le Sieur de Tremont fut depuis un des plus chauds partisans de la Ligue. (Voyez le Journal de l'Etoile, édit. de 1744, tome II, p. 114, & tome III, p. 472.

Ayant faict mesme faute en Flandres (a), où 1576. sous prétexte d'ayder ceux qui l'avoient faict Duc de Brabant, il voulut oster l'entiere liberté aux habitans d'Anvers, & se voulut saisir de leur ville : lesquelles non-seulement l'en chasserent, mais aussi de tout le pays. Les desseins bastis sur le fondement de la vertu prosperent & réussissent ; les mauvaises intentions sont suivies de malheur, & n'ont jamais bonne issuë : les histoires sont pleines de tels exemples. La prosperité du Duc de Valentinois, fils du Pape Alexandre sixiesme en Italie, a faict trouver sa cheute plus misérable, & recognoistre que Dieu exerce ses jugemens sur les meschans. Celuy - cy par perfidie avoit ruiné plusieurs hommes, & par perfidie il fut ruiné, estant mené prisonnier en Espagne, par le commandement de Consalve, Viceroy de Naples ; sans avoir égard à l'asseurance & sauf - conduict, qu'il luy avoit donné; disant qu'en cela il n'estoit point authorisé de son Prince.

(a) Ces évènemens se passèrent postérieurement à l'époque dont il s'agit en ce moment. Le Duc d'Alençon alors désigné sous le nom de Duc d'Anjou, entra dans les Pays-Bas au mois d'Août 1581. Il manqua son entreprise sur Anvers en 1583, & il mourut le 10 Juin 1584.

1576. M. le Duc de (a) Mayenne suivoit les ennemis, avec l'armée de Sa Majesté. Le sieur de Tavannes estoit près de luy, avec sa compagnie de gensdarmes, & les forces de Bourgongne qu'il y avoit menez. Il se logea à Moulins. La paix fut faite cette mesme année; les Reitres furent renvoyez, M. d'Alençon obtint pour son appanage, les Duchez d'Anjou & de Berry (b), & l'armée sous sa charge par commandement du Roy. Après la tenue des Estats-Généraux 1577. (c) à Blois, l'an mil cinq cens septante-six, furent assiegées, & prises les villes de la Charité, & Issoire. En ceste ville-cy, la valeur du Vicomte de (d) Tavannes (3), se fit remarquer à l'assaut. Il se logea avec

(a) Les exploits du Duc de Mayenne pendant cette campagne, se réduisirent à observer l'armée des confédérés. (Lisez M. de Thou, Liv. LXII.)

(b) Il faut encore y ajouter la Touraine. (De Thou, ibid.)

(c) Les Etats-Généraux de Blois s'ouvrirent en 1576 & ils ne furent clos que l'année suivante. (Lisez l'observation N°. 27 sur les Mémoires du Duc de Bouillon, tome XLVIII de la Collection.)

(d) C'étoit le frère de Guillaume de Saulx; on lui doit la rédaction des Mémoires du Maréchal de Tavannes leur père.

sa troupe, entre la muraille de la ville, & 1577. le retranchement du dedans; où nonobstant qu'il fust blessé de plusieurs harquebuzades, il demeura assez long-temps; il y perdit quelques Gentils-hommes, entre autres le sieur de Trotedan son parent, jeune homme fort malheureux, qui estoit allé des premiers à l'assaut, dont il mourut tost après en estre de retour. Cet effroy ayda grandement à faire rendre la ville. En ce temps M. de Mayenne prit la ville de Broüage (4).

Es années mil cinq cens septante-huict, & mil cinq cens septante-neuf, l'armée du Roy conduicte par ledit sieur de Mayenne, fit deux voyages en Dauphiné. Au premier les villes de Gap & la Meure furent prises. En cette-cy, qui fut forcée, le sieur Vicomte de Tavannes se logea avec le regiment de Livorat, à un assaut sur un bastion de la citadelle, avec cinquante hommes de sa compagnie de gensdarmes; & y tint ferme jusqu'au changement des gardes qu'autres y furent logez. Et depuis fut au ravitaillement de Talard, avec trois cens chevaux. Au second voyage le sieur de Tavannes son frere aisné, y mena sa compagnie d'ordonnance, & s'y rendirent toutes les places de Dau- 1578 & 1579. 1580.

1580. phiné, à l'obéissance du Roy. L'année (a) après, ledit sieur de Tavannes avec sa compagnie de gensdarmes, ayant esté ordonné pour la garde de la Royne regnante, Louyse de Lorraine, qui estoit aux bains à Bourbon, fut commandé d'aller au-devant du Roy jusques à Nevers, qui s'y achminoit, & de conduire avec sa compagnie, & celle du sieur de Ruffec, la sienne estoit lors composée de quatre-vingt Maistres, de la ville de Nevers. Sa Majesté l'envoya avec les mesmes troupes, & trois cens harquebuziers de ses gardes, commandées par le Capitaine Bus, charger le regiment du sieur de Montfort, où il y avoit douze cens hommes du costé de Sainct-Florentin, proche les sieurs de la Ferté-Imbaut, & Beau-Jeu (b), qui

(a) Cette date fautive est une suite de la première erreur qu'on a relevée dans l'observation N°. 4. Puisque le Régiment dont il s'agit, & que le Sieur de Tavannes combattit, hiverna en Bourgogne, pour se joindre à l'armée du Duc d'Anjou, il est clair que les évènemens décrits dans ce paragraphe, se passèrent en 1580. Le Duc d'Anjou entra dans les Pays-Bas l'année suivante.

(b). Il est souvent question de ce Sr de Beaujeu dans les Mémoires du Baron de Fœneste, par d'Aubigné. Selon le Journal du Duc de Nevers (Tome III des

pouvoient lors assembler deux cens chevaux en trois jours : ils dependoient avec ledit regiment de M. d'Anjou, frere du Roy. Ledit sieur de Tavannes prevint par sa diligence, le secours qu'eust peu avoir ce regiment, & le deffit ès environs de Sainct-Florentin, l'ayant chargé dans un village, où il se deffendit quelque temps : enfin il fut forcé, & le sieur de Tavannes fit executer à mort, par le Prevost, huict ou dix des prisonniers les plus malfaicteurs : aucuns d'eux avoient bruslé quelques villages, & faict plusieurs grandes exactions. Le Roy eut grand contentement de cest exploict, & de ce que ledit sieur de Tavannes luy dit, que nonobstant que ce regiment fut employé par M. le Duc d'Anjou son frere, il le chargeroit puisqu'il en avoit commandement de Sa Majesté : & que où il y alloit de son service, il n'y avoit Prince en France qu'il voulust espargner : luy baillant sa commission pour estre assisté de la Noblesse, & de ceux des villes & lieux où il passeroit. Le sujet de ce qui en advint, fut qu'un homme de la porte de Mascon, Capitaine de l'une des compa-

1580.

Mémoires de l'Etoile, édit. de 1744, p. 91) il paroîtroit que le sieur de Beaujeu fut attaché pendant quelque tems au Duc de Nevers.

1580. gnies de ce regiment arrivé à Cofne, les Marefchaux des logis du Roy y eftans, s'enqueroit quel train Sa Majefté menoit quant & luy, & portoit lettre au fieur Comte Charny, de M. d'Anjou, pour faire hyverner ledit regiment en Bourgongne, attendant le printemps pour l'employer à faire la guerre en Flandre. Auffi les troupes dudit regiment faifoient plufieurs ravages, mefmement en la prefence de M. de Nevers, dans un village, comme il s'acheminoit pour aller recevoir Sa Majefté à ladite ville de Nevers; & marchoient fans commiffion du Roy.

1581. L'an mil cinq cens quatre-vingt-un, le fieur de Peuguillard (a) par commandement du Roy s'achemina avec quatorze compagnies de genfdarmes, fur la frontiere de Picardie, pour s'oppofer aux deffeins que pourroient avoir les Efpagnols eu France, fous le pretexte de la guerre que leur faifoit en Flandre, M. d'Anjou, lequel renvitailla lors la ville de Cambray, avec plufieurs troupes. Et entr'autres celles du fieur de Tavannes que le même
1582. fieur de Tavannes avoit conduictes près le fieur Peuguillard. Le fuccez de ces guerres de Flandres, réuffit après que M. d'Anjou euft efté mis hors d'Anvers, comme a efté dit cy-deffus. Il

(a) Jean Leomond, fieur de Puy-gaillard.

mourut l'an mil cinq cens quatre-vingt-deux 1584. (a). Sa mort fit une grande expanade aux desseins dès long-temps projettez par MM. de Guise, de chercher l'establiſſement de leur grandeur ſur les evenemens de ce temps-là : comme pluſieurs ont voulu maintenir par raiſons apparentes, que ça eſté leur but, & que leurs effets l'ont depuis témoigné. Ce qui neantmoins ne leur a pas réuſſi : la Nobleſſe Françoiſe, par l'aſſiſtance donnée au Roy Henry troiſieſme, & à leur Roy Henry quatrieſme, l'ayant genereuſement empeſché. Partie de laquelle toutesfois a eſté mal recognuë : mais Sa Majeſté eſtoit excuſable à cauſe de ſes grandes affaires. Les hommes généreux ſe gliſſent facilement à l'ambition ; les entrepriſes hautes, ſoyent-elles juſtes ou non, leur plaiſent & ſouvent ils ſont ſi peu fournis de prudence, que voulant franchir tel précipice, ils y demeurent au milieu. Les uns en eſchappent à demy froiſſez, les autres ſuccombent, & s'y perdent du tout. Exemple qui nous apprend de ne nous fier point entierement en nos forces. L'équité doit premierement marcher après l'authorité du Ma-

(a) La mémoire de Guillaume de Saulx, en fait de dates, le ſervoit mal. le Duc d'Anjou mourut à *Chateau-Thierri* en Juin 1584.

1584. giſtrat. La rebellion d'un ſujet envers ſon Prince, ſe peut rapporter à ce que nous diſons pechés envers Dieu, puiſqu'elle procéde de la déſobeïſſance que Dieu deffend. Auſſi ſa juſtice divine les punit en tems & lieu rigoureuſement. Un hardy & inſolent entrepreneur n'emporte aucune louange, quand meſme ſes deſſeins réuſſiroient heureuſement pour luy; ce qui arrive fort rarement: car les meſchans projets ſont périſſables. Il faut donc pour bien réuſſir, ſuivre les bons deſſeins, leſquels toutesfois n'arrivent pas tousjours au but deſiré; Dieu ſe reſervant la diſpoſition du ſuccez des choſes humaines, afin que nous ne nous en glorifions point, & pour nous faire cognoiſtre noſtre foibleſſe. Si eſt-ce pourtant qu'ils réuſſiſſent plus ſouvent que les meſchants par la faveur que le Ciel leur accorde. Mais ces véritables maximes, & ces ſalutaires diſcours n'entrerent point dans les eſprits de MM. de Guiſe. Car

1585. au mois de Mars mil cinq cens quatre-vingt-cinq, ils ſe plaignent que les Princes, vieux Seigneurs & Capitaines ſont reculez de la Cour, du moins du Cabinet du Roy, l'entrée duquel n'eſt que pour les ſieurs d'Eſpernon & de Joyeuſe, qu'on a eſlevez juſques à les faire Ducs & Pairs: jeunes Gentilshommes,

hommes, qui par leur bas âge, ne pouvoient 1585. avoir acquis grand merite, comme les vieux Seigneurs. De plus ils disent qu'il faut descharger le peuple. Et neantmoins peu après ils luy mirent eux-mesmes sur les espaules des fardeaux si pesants, qu'il en fut accablé. Ne parlent aucunement de la Religion, comme ils firent long-temps après avoir commencé la guerre. Font courir un sourd bruit, qu'on les vouloit mettre au chasteau de la Bastille à Paris, prennent les armes. M. le Duc de Guise se saisit de la ville de Chalons (a) en Champagne; M. le Duc de Mayenne, de celle de Dijon, & du chasteau d'icelle, après avoir desbauché la fidélité du sieur *Drée*, Lieutenant qui commandoit dedans en l'absence du sieur de Tavannes auquel

(a) Le Duc de Guise, à la tête d'un détachement de cavalerie, conduisit le Cardinal de Bourbon à Châlons-sur Marne. Tandis qu'il cajoloit le vieux prélat, dont il vouloit faire un simulacre pour l'opposer aux prétentions du Roi de Navarre, il proposoit à Henri III tous les arrangemens qui pouvoient flatter son indolence. (De Thou, Liv. LXXXI.)

Je m'en vais doucement à Châlons (écrivoit alors le Duc de Guise au Duc de Nevers) *& là je donnerai de belles paroles pour entretenir, & me tiendrai clos & couvert.* (Mémoires de Nevers, tome I, p. 148.) Le Prince Lorrain s'empara de Châlons le 21 Mars 1585.

Tome XLIX. Q

Drée il donna mille escus, de deux mille qu'il luy avoit promis. Ceste mauvaise practique arriva par l'infidelité de Peliffier, qui gaigna les affections d'un plus grand que luy, qui n'estoit pas pour lors en bonne intelligence avec ledit fieur de Tavannes; & mefme Peliffier, qui commandoit comme Lieutenant dans la ville & chafteau d'Auxonne, les rendit lors au party du Duc de Mayenne. Ledit fieur de Tavannes s'en fentoit tant offenfé, qu'il fut du dedans entierement contre ledit Duc de Mayenne, & fit entendre fes déportemens au Roy Henry troifiefme à Paris, huict jours après la prife du chafteau de Dijon; affeurant auffi Sa Majefté que le fieur Comte de Charny, (lequel avant fon partement, il vifita en la ville de Chalons fur Saone, pour le reconfirmer en la bonne refolution qu'il avoit prife, de fervir fidelement Sa Majefté,) faifoit bien fon devoir en ces occurrences, & que ceux de la ville luy eftoient fideles, enfemble les habitans de Beaune. Ces derniers aucunement esbranlez par les continuelles menées qu'on faifoit avec eux, furent raffermis par ledit fieur de Tavannes, qui les affeura d'eftre de retour de la Cour dans dix jours, avec ample pouvoir du Roy pour les affifter. Ils luy promirent aussi, avec cette condition qu'ils le recevroient 1585. pour leur commander, & luy rendroient toute obéissance. Et de faict il leur en porta à jour nommé, un si ample en lettres patentes, que par iceluy son authorité estoit entierement establie en Bourgongne, & celle du Duc de Mayenne, anéantie ; & deffences aux Bourguignons de luy obéir : ces lettres estoient du unziesme Avril, mil cinq cens quatre-vingt-cinq.

L'histoire peut remarquer que le sieur de Tavanes, entre autres discours qu'il fit au Roy en presence de son Conseil, pour son service, remonstra que ses forces estoient composées de gens d'ordonnance, & gens de pied entretenus, desquels il se pourroit long-temps servir à la campagne : que celle des ennemis, n'estoient que des volontaires, & qu'infailliblement ils n'y demeureroient pas un mois; qu'il les falloit publier criminels de leze-Majesté, & confisquer leurs biens, s'ils ne se retiroient dans trois semaines en leurs maisons. Si cet advis eust esté suivy, c'eust esté la ruine entiere des ennemis, qui eussent esté abandonnez incontinent : & en mesme temps il leur alloit faire la guerre fermement, & les punir de leurs premieres rebellions, & non pas de faire l'accord de Nemours, qui ne fit que les faire reculer, pour mieux franchir leur faut; & leur donner les moyens de faire le mal qu'ils firent depuis. Or ledit fieur de Tavanes ayant efté receu dans la ville de Beaune, où il logea après fa compagnie d'hommes d'armes & cinquante hommes de pied pour fa garde, avec plufieurs Gentilshommes volontaires qui le vindrent là trouver, il fit enregiftrer fon pouvoir au Baillage de ladite ville, l'ayant fait publier en la Chambre d'icelle, en préfence de la plus grande partie des habitans, aufquels il fit publiquement un difcours de Meffieurs de Guife, & de leurs adherans : « que leur intention & deportements eftoient, fous beaux » prétextes, de divifer l'eftat de France, » comme l'Italie l'a efté depuis les Empe- » reurs Romains; que c'eftoit la ruine des » peuples; & que les petits Princes necef- » fiteux, & foibles pour conferver leur au- » thorité, eftoient contraints d'ufer de rapi- » nes & tailles exceffives fur leurs fujets, & fe » fervir d'autres moyens illicites». L'exemple en eftoit fort apparent aux Princes d'Italie. « Leur remonftra qu'il n'y avoit rien de fi » utile, feur, & honnorable à ceux du Royau- » me de France, que de vivre fous un grand » Roy, comme eftoit fa Majefté. Que la

» Noblesse estoit disposée à employer ses
» biens & sa vie, pour le maintenir en sa
» grandeur, & ses subjets en leurs biens &
» privileges, contre lesdits sieurs de Guise ».
Après avoir adjousté plusieurs autres choses
sur ce subject, ledit sieur de Tavanes prit le
serment des habitans de la ville de Beaune,
de demeurer fermes au service du Roy, &
ne recognoistre plus le Duc de Mayenne,
pour Gouverneur du Duché de Bourgongne.
Il logea aux faux-bourgs d'icelle, deux cens
arquebuziers sous la charge du Baron de
Chigy; & envoya le Baron de Lux (a),
commander à la ville de Seurre, avec le
pouvoir qu'il luy avoit fait bailler estant à la
Cour, d'où il l'avoit r'amené avec luy. Ce fait
il commença à s'opposer au Duc de Mayenne:
& pour contenter les habitans de Beaune,
& se fortifier, il leur permit de lever à leurs
frais une compagnie de cent hommes, sous
la charge du sieur *Massot*, un de leurs citoyens: à quoy ils furent d'autant plus ex-
citez qu'ils voyoient que ledit sieur de Tavanes entretenoit les gens de guerre en ladite
ville à ses propres despens: ce qu'il continua
l'espace de deux mois, & jusques à ce qu'il
alla trouver le Roy. Il fit aussi entretenir au

(a) Edmond de Malain, Baron de Lux.

1585. sieur de Sainct (a) *Riran* Gouverneur au château, & ville de Beaune, pendant ce temps-là, cent hommes. Et parce qu'un nommé *Simon*, avec plusieurs habitans de ladite ville, faisoient souvent des assemblées aux Jacobins, pour exciter quelques troubles, & sedition; il le manda, ensemble ses complices, chacun en particulier; exhorta les uns, menaça les autres, à ce qu'ils eussent à se déporter de

(b) Pierre de *Damas de Saint-Riran* étoit trop affectionné au service du Roi, pour qu'on lui laissât le Gouvernement du Château de Beaune. Aussi le Duc de Mayenne l'en dépouilla-t-il après la paix de Némours. La chose lui fut d'autant plus facile, que Beaune fut une des Villes de sureté qu'on accorda à la Ligue. Le Prince Lorrain substitua à S. Riran, le sieur de *Montmoyen*, son Maître-d'hôtel : celui-ci étoit né à Dijon. On lui prête un trait de perfidie qui prouve jusqu'à quel point on se jouoit alors de la Religion. Dans la capitulation qui se fit entre *Montmoyen*, & les habitans de Beaune, lorsqu'ils lui remirent les clefs du château, on exigea de lui son serment sur l'hostie. A cette époque les contractans communioient ensemble; & cette solemnité en imposoit. *Montmoyen* vouloit éluder ce serment, sans se parjurer. En conséquence (dit l'Auteur de la prise des ville & château de Beaune, tome VI des Mémoires de la Ligue, p. 291) *il donna le mot au Prêtre de ne consacrer point l'hostie qu'il luy bailleroit; taillant ainsi & cousant de ce saint sacrement de l'Autel pour preuve de sa catholicité.*

leurs entreprises. Ils cesserent leurs assemblées, mais non pas leurs mauvais desseins : 1585.
car ils persuaderent après cela un Cordelier
qui preschoit ordinairement en caresme en
l'Hospital de Beaune, où chacun alloit ouïr
ses Sermons, de recommander par belles paroles, avec dexterité, & artifice néantmoins
la cause de Messieurs de Guise, qu'il appelloit *Princes Catholiques*; nonobstant que le
sieur de Tavanes fust ordinairement à sa pré-
dication : lequel manda incontinent ce Cordelier à la maison de la ville, & en présence
du sieur de Sainct Riran, & des Magistrats,
& Eschevins d'icelle, luy remonstra le mal
qui pouvoit arriver de la sédition qu'il vouloit
exciter; & partant qu'il estoit punissable;
qu'on luy pardonnoit, à la charge de se con-
tenir comme il devoit, & ne prescher plus
contre le service du Roy, & repos de la ville:
les Eschevins & Magistrats luy en parlerent
aussi dignement. Ce coup estant rompu, le
mesme *Simon*, & ses complices en vouloient
obliquement faire un autre : à sçavoir que le
Chapitre general des Cordeliers, où ils se
fussent trouvez plus de cinq ou six cens
hommes, se tint à Beaune. Ils en demanderent permission au sieur de Tavanes, qui
leur refusa, ne pouvant souffrir que sous

1585. le prétexte d'une assemblée Religieuse, on fit des monopoles profanes & séditieux.

Au mois de May de cette année mil cinq quatre-vingt cinq, le Duc de Mayenne sous prétéxte de son voyage de Dijon, à la ville de Mascon qui estoit lors de son party, par le moyen du sieur de Crusile (a) frere du sieur de Senecey, qui s'en estoit mis, ensemble la citadelle, vouloit en passant occuper la ville de Beaune, & pour y parvenir envoya vers les habitans d'icelle, le Baron de *Brouillars,* que le sieur de Tavanes laissa parler à eux à part en son absence, afin de monstrer aux habitans qu'il n'avoit deffiance de leur fidelité au Roy. Ce Baron leur fit deux propositions de la part du Duc de Mayenne, à sçavoir qu'ils eussent à mettre promptement le sieur de Tavanes, & ses gens hors de leur ville, & recevoir M. de Mayenne avec ses troupes allant à Mascon, ou autrement qu'il les iroit assieger avec vingt pieces de canon. Les habitans ayant communiqué au S^r. de Tavanes, le discours *broüillé* (b) du sieur de *du Brouillars*, s'assemblerent en leur Chambre de ville, & après

(a) De la Maison de Beaufremont.
(b) Mauvais jeu de mots qui fait allusion au nom du Baron.

firent responfe au Duc de Mayenne, « qu'ils
» recognoiffoient le fieur de Tavanes pour
» Lieutenant du Roy, que fon pouvoir eftoit
» reconfirmé par patentes de fa Majefté, &
» enregiftré en leur Bailliage : qu'ils n'atten-
» teroient point aucunement à le mettre hors
» de leur ville ; mais qu'ils luy rendroient
» toute forte d'obéiffance pour le fervice de
» fa Majefté, fans y efpargner leurs biens,
» ny leur fang. Que quant à la reception du
» Duc de Mayenne en leur ville, qu'ils ne
» le vouloient point recevoir, que le Roy
» leur avoit deffendu de ne le plus recon-
» noiftre pour Gouverneur du pays. Que s'il
» n'avoit affez de vingt pieces d'artillerie
» pour les venir affieger, qu'il en amenaft
» trente s'il vouloit. Qu'avec l'ayde de Dieu
» & l'affiftance du fieur de Tavanes, ils fe
» fçauroient bien conferver ».

Peu de temps après, le Duc de Mayenne paffa allant à Mafcon, & en rentournant vint près de Beaune, à la portée du canon avec fes forces, lefquelles il fit à diverfes fois depuis approcher de la ville, fous la conduite du fieur de Sacremore, qui commandoit lors à deux ou trois mille harquebuziers : & on eut advis qu'il fe vouloit faifir de l'Eglife de la Magdelaine, qui eftoit aux faux-bourgs,

1585. forte, & bien voutée, sur laquelle il eust peu loger des pieces d'artillerie, qui eussent commandé en courtine à la ville, & au chasteau, qui en estoient près : & en ce faisant il vouloit desloger le Baron de Chigy, qui estoit avec deux cens hommes de pied ausdits faux-bourgs. A cette occasion par advis dudit sieur de Tavanes, des Gentilshommes de son Conseil, & des principaux habitans de la ville, après en avoir communiqué au sieur Comte de Charny, qui estoit à Chalon, elle fut mise sur pilotis, avec résolution, si Sacremore (a) s'en approchoit de la porter par terre : ce qui fut fait depuis, la derniere fois qu'il en avoit esté près. Cette Eglise servoit aussi d'eschelle aux ennemis, d'où ils pouvoient par le moyen d'aucuns seditieux, qui estoient dans la ville, traitter de s'en emparer; mais il y fut sagement pourveu au contentement des habitans, quoy que ceux du fauxbourg en fussent marris. Ce qui fut cause qu'on mit des troupes en la campagne, pour éviter l'empeschement qu'ils y vouloient apporter. Le sieur de Tavanes fit aussi demolir les maisons qui touchoient par le dedans de la ville, à la muraille d'icelle ; & fit remparer la plus grande partie de ladite muraille, y

(a) Ce *Sacremore* étoit un Birague.

faisant travailler tous les jours une personne de chacune maison de la ville : fit aussi travailler ès ravelins qui estoient ès portes. Ainsi toutes choses estans en bon ordre en ladite ville, & le Mareschal d'Aumont arrivé à Roüane, avec huict mille Suisses, pour le service du Roy, qui s'acheminoient à Blois, & selon le commandement de sa Majesté, les forces des provinces près lesquelles ils passoient, se joignoient à eux. Le sieur de Tavanes ayant laissé les places munies de garnisons necessaires, alla à Roüane joindre les Suisses, avec sa compagnie d'hommes d'armes composée de quatre-vingt dix Maistres, & un regiment de six cens harquebuziers, en quatre compagnies de gens de pied. Le sieur de Joyeuse avec trois cens chevaux, les vint aussi joindre sur le chemin, & quelques troupes de M. le Duc de Montpensier. Le sieur de Cornusson passant près Bourges, chargea avec sa compagnie de cavalerie, celles du Baron de Vatan, du party de Messieurs de Guise, qu'il deffit, & le prit prisonnier. Les troupes du sieur de la Castres, commandant pour le mesme party à Bourges, & en Berry, chargerent aussi la compagnie de gensdarmes du sieur Cousant dans le logis, & emmenerent le sieur de Montessu Soran son

1585.

1585. enseigne, & quatre hommes d'armes prisonniers avec grande diligence, parce qu'ils furent suivis du sieur de Tavanes, & de sa troupe de cavalerie une lieuë entiere, & jusques à ce qu'ils eussent passé une riviere: sans luy ils eussent executé un plus grand effet. Les Suisses avec les sieurs de Joyeuse & d'Aumont, ensemble leurs troupes de cavalerie, & gens de pied, estans arrivez à Blois, pour se joindre au premier jour à l'armée du Roy, vers Estampes; la paix fut faite par la Royne mere à Nemours (a), avec Messieurs de Guise: & incontinent après l'Edit d'Union fut publié en la présence du Roy au Palais à Paris; & la guerre declarée au Roy de Navarre, & à ceux qui se disoient de la Religion reformée, qu'on appelloit *Huguenots*. Cette guerre fut faite depuis en Guyenne par l'armée du Roy, sous le Duc de Mayenne, avec peu d'effet, & après par le Duc de Joyeuse ayant mesme authorité. Beau prétexte pour Messieurs de Guise, afin de couvrir leurs desseins, & arriver à leur but, attirants les peuples par apparences de Religion: & parce qu'ils estoient lors foibles, ils avoient

(a) Les articles, après avoir été discutés dans les conférences qui se tinrent à Epernay, furent signés à *Nemours* le 7 Juillet 1585.

du temps pour se renforcer, & attendre la commodité de faire leurs coups. C'estoit assez, comme ils disoient, d'avoir formé un party. Si le Roy, suivant l'advis que luy avoit donné le sieur de Tavanes, eust à ce commencement employé ses forces contr'eux, qui n'en avoient autres que quatre mille Suisses, sous le Colonel Pheiffer, & quelques gens ramassez en petit nombre, n'estant en tout, y compris les Suisses, la sixiéme partie des forces du Roy (5), ils les eust battus, & confisqué leurs biens, & eust mis son Royaume en repos ; & empesché les maux qui y advindrent depuis, qui l'ont porté à la perte de sa vie, & de son estat. Le malheur advint pour la Bourgongne, qu'en suivant cette paix, non seulement le chasteau de Dijon, qu'avoit pris le Duc de Mayenne luy demeura ; mais aussi le chasteau de Beaune, que ledit sieur de Tavanes avoit si bien faict conserver pendant la guerre. Ce qui fut au regret des habitans de ladite ville de Beaune, qui avoient faict ce qui estoit de leur devoir envers sa Majesté.

1585.

Au mois de Janvier, mil cinq cens quatre-vingt six (a), la cérémonie des Chevaliers de

1586.

(b) Le premier jour de l'an 1586 Henri III créa vingt huit nouveaux Chevaliers de cet ordre. Le Monar-

1586. l'Ordre du Sainct-Esprit tenuë aux Auguſtins à Paris, le Roy honora de cet Ordre quelques Gentilshommes de qualité qui dès long-temps, & en ces dernieres occurrences luy avoient rendu pluſieurs bon ſervices, & entr'autres le ſieur de *Tavanes*.

Advint incontinent après, un accident, qui fut tel. Le Vicomte de Tavanes perdit lors le Gouvernement du chaſteau, & de la ville d'Auxonne, par le moyen des habitans (a) d'icelle : leſquels marris d'avoir eſté portez par luy au party du Duc de Mayenne, contre leur volonté, ſe ſaiſirent de ſa perſonne (6), comme il eſtoit à la Meſſe en leur Egliſe Parroiſſiale, & luy firent rendre par force ledit chaſteau, après avoir à leur devotion attiré un ſoldat qui eſtoit dedans, ils y mirent pour quelque temps aucuns de leurs principaux habitans, & après le ſieur de Pleu-

que l'avoit inſtitué en 1579. Louis d'Anjou en 1353 en fut le premier fondateur; & Henri, à qui la République de Veniſe donna les ſtatuts de cet ordre, le régénéra.

(a) Les habitans d'Auxonne (lit-on dans les Lettres du Baron de Buſbec, tome III, p. 329) ont demandé au Roi un nouveau Gouverneur, parce que le leur lès preſſoit vivement pour faire entrer des troupes Eſpagnoles dans la citadelle : le Roi leur en a accordé un ; & pour prévenir pareille trahiſon, on a démoli cette citadelle.

vant Rochefort, qui avoit esté de leur me- 1586. née, & en avoit conferé au Baron de Lux, qui sçavoit bien que le sieur Vicomte de Tavanes estoit mal avec le sieur de Tavanes son frere; lequel desiroit que la ville d'Auxonne fust mise en autres mains qu'en celles dudit sieur Vicomte, qui dependoit du Duc de Mayenne. C'est ce qui leur donna la hardiesse de faire leur entreprise. Le malheur advint lors pour la Bourgongne, que le Gouvernement de Provence ayant esté mis ès mains du sieur d'Espernon par le Roy, pour appaiser Messieurs de Guise qui en crioient assez haut; sa Majesté leur octroya celuy de la ville & chasteau d'Auxonne, que ledit de Pleuvant, qui estoit d'accord avec eux, leur livra, le Duc de Guise estant ès portes avec quelques forces; & par cest accord l'Abbaye de Vezelay, fut baillée audit Pleuvant (a)

(a) L'Abbaye de Vezelay ne fut point donnée au sieur Pleuvant de Rochefort. Son fils en étoit Abbé; & il y fut reçu sous prétexte d'y trouver la tranquilité qu'il affectoit de chercher. Mais il ne tarda pas à dévoiler ses intentions. Il se déclara pour la Ligue. Ce *Pleuvant* descendoit de Guy de Rochefort, Sieur de Pleuvant, Chancelier de France en 1497. Il eut beaucoup de part aux guerres de la Ligue. Il commandoit la compagnie de Gendarmes du Comte de *Beine*, son beau-pere. (Mémoires pour servir à l'Histoire du Nivernois & du Donziois, p. 104.)

1586. Rochefort, par le Président *Jannin* (a) qui la posfedoit, lequel en eut recompense du pays. Le Duc de Guise mit le Baron de Senecey, Gouverneur en la ville & chasteau d'Auxonne, de laquelle le Vicomte de Tavannes estoit sorty & mis hors de la prison, où il avoit esté detenu par les habitans quatre mois avant. Le recit de sa liberté est tel. Le sieur de Tavanes son frere aisné, ayant receu lettres de luy, par lesquelles il le prioit d'aller à la Cour, & s'employer pour sa délivrance: ledit sieur de Tavannes y alla, & obtint lettres du Roy, par l'ayde de Madame la Mareschalle de Tavannes leur mere, qu'apporta un Exempt des gardes, pour changer à sondit frere la prison de la ville d'Auxonne, & le

---

(a) Pierre Jeannin, Premier Président au Parlement de Dijon, & Ministre d'Etat, est un de ces hommes dont les talens & la capacité méritent un examen particulier. Nous y reviendrons dans les Mémoires de Sully: on l'y verra pendant long-temps soutenir l'édifice de la Ligue, diriger le conseil du Duc de Mayenne, & ensuite servir Henri IV avec la même fidélité. Veut-on connoître la mesure de son esprit, il faut lire ses Mémoires & Négociations depuis 1607 jusqu'en 1610, & on l'y appréciera mieux que dans ces divers éloges où l'Abbé de Castille son petit-fils, le Conseiller Claude Thiroux, & Charles Perrault l'ont loué à outrance. (Voyez aussi son éloge dans le Choix des Mercures, tome XXII, p. 11.

mener

mener au chasteau de Pagny, sous la garde du 1586. sieur Comte de Charny. Ledit Exempt, afin de le sortir plus librement de ladite ville, ayant dit aux habitans qu'il *auroit la teste coupée à Paris*, ledit sieur Vicomte fut mené Paigny, où ledit sieur Comte ne le vouloit recevoir ; mais le renvoyer à Auxonne, où lesdits habitans l'avoient voulu tuer deux ou trois fois, sans les prieres dudit sieur de Tavannes, lequel incontinent après alla trouver Sa Majesté, pour obtenir la delivrance dudit sieur Vicomte. Le Roy avoit fait partir le sieur de Richelieu Grand-Prevost avec cent chevaux, pour le mener à la Bastille à Paris. Dequoy estant adverty par ledit sieur de Tavannes son frere, auquel il avoit mandé qu'il avoit moyen de sortir de prison, s'il avoit advis de ce dessein, se fit descendre par son homme de chambre avec des cordes, depuis le dessus du logis de Paigny, dans le fossé, pendant que ses gardes desjeunoient ; & ayant passé la muraille du parc, trouva un cheval d'Espagne que son cousin le Comte de Morevel luy avoit envoyé, & quelques Gentilshommes de ses amis ensemble, avec lesquels il se retira au Comté de Bourgongne : & cependant ledit sieur de Tavannes & Madame la Mareschalle de Tavannes obtindrent des

Tome XLIX.　　　　　　　　R

1586. lettres d'abolition pour luy, plus aisement que s'il eust esté prisonnier.

« L'an mil cinq cens quatre-vingts-six le Vicomte de Tavannes estant soupçonné d'avoir faict avec aucuns de la ville de Dijon, dessein sur la personne du Duc de Mayenne (a), fut par le commandement d'iceluy, pris au village de Tanlay, lors qu'il s'en alloit à Paris, par le Capitaine Antonnet qui conduisoit une compagnie de gens de pied. Un des gens du Vicomte nommé Argenton, en advertit au mesme jour le sieur de Tavannes son frere, qui estoit en l'une de ses maisons à Corcelles, près de la ville de Semur en Auxois, à dix lieues dudit Tanlay : & luy dit que ce Capitaine Antonnet conduisoit sondit frere, avec vingt chevaux pour le mettre prisonnier au Chasteau de Dijon, & qu'il estoit monté sur le cheval d'Espagne, qu'il luy avoit osté avec son équipage. Le sieur de Tavannes partit incontinent avec dix hommes de cheval bien armez, & alla toute la nuict en resolution de charger à l'impro-

(a) Il nous semble que la clef de cet événement se trouve dans l'observation N° 6. Le Vicomte de Tavannes étoit mécontent de ce qu'on ne lui avoit pas rendu le gouvernement d'Auxonne ; & peut-être attribuoit-il au Duc de Mayenne cet acte d'injustice.

viste cet *Antonnet* ; certain que celuy qui en use ainsi, a un grand advantage sur son ennemy ; afin de delivrer son frere, & de s'addresser au chef pour plus facilement deffaire sa troupe. Il fit alte pour cet effet en un petit village proche le val de Suson, à trois lieuës de Dijon, environ une heure de jour. Tandis qu'il estoit là, il vit passer deux hommes de cheval qui portoient leurs espées à la main ; & se doubtant que ce fust aucuns de ceux qu'il cherchoit, il part à toute bride, si viste qu'aucun des siens ne le peut suivre que de loin : & ayant galoppé à la vallée du val de Suson, il atteignit ces deux hommes de cheval, comme ils commençoient à monter la montagne, & porta son pistolet à la teste de l'un d'eux, qui tenoit le sien en main, & le menaça de le tuer, s'il ne le luy delivroit, & ne se rendoit à luy, & dist *son nom*. Ce que l'autre fit aussi-tost. Alors il apprit que c'estoit *Antonnet* qui avoit pris son frere. Celuy-là l'asseura qu'il l'avoit mis en liberté, & qu'il rendoit son équipage, & cheval d'Espagne ; & pour y satisfaire, envoya celuy qui estoit avec luy à Sainct Cene pour les rendre : & quant à luy, il alla prisonnier avec ledit sieur de Tavannes, en son Chasteau de Corcelles, où il demeura jusques à ce que la vé-

1586. rité fuft fceue de ce qui s'eftoit paffé en la liberté de fon frere, & que le Duc de Mayenne luy euft efcrit pour le luy envoyer. *Antonnet* fut pris en prenant: nonobftant que M. de Mayenne euft envoyé trente hommes de fa compagnie de genfdarmes, après le fieur de Tavannes, avec charge de mener les mains baffes, & luy ramener le prifonnier. Le bon naturel eft toujours louable. Un Gentilhomme de qualité, qui tire fon frere hors de peine, quelque mauvaife intelligence qui foit entre eux, en a tousjours de la gloire.

1587. En l'année mil (7) cinq cens quatre-vingts & fept, l'armée des Reitres, compofée de fix ou fept mille chevaux, & commandée par le Baron d'Aune (a), fous la charge du Duc de Bouillon, vint paffer en Bourgongne près la ville de Chaftillon fur Seine, où il y eut quelques efcarmouches, avec ceux que le Duc de Mayenne avoit mis en ladite ville; y ayant voulu envoyer le fieur de Tavannes

(a) Il y a ici plufieurs inéxactitudes à réformer. Le Duc de Bouillon n'étoit point Général de cette armée: il s'y joignit le 20 Août 1587, à la tête de deux mille hommes d'Infanterie Françoife & de trois cent chevaux. Le Généraliffime en chef étoit Fabien Baron de Dhona, Pruffien d'origine. Le Prince Palatin (Jean Cafimir) lui avoit conféré ce commandement; Dhona s'en acquitta affez mal.

pour y commander avec quatre cornettes de 1587. cavalerie, & douze cens hommes de pied. Ce qu'il refusa pour la résolution prise par luy, de ne plus obeyr au Duc de Mayenne, après le mauvais office qu'il en avoit receu à la surprise du Chasteau de Dijon; & duquel il se souvint si bien qu'il fit depuis perdre audit Duc de Mayenne, avec l'ayde de la Noblesse & des forces du Roy, qui vindrent sur la fin de la guerre, la Bourgongne, & les places qu'il y avoit, comme l'on verra à la suitte de ce traité. Ledit sieur de Tavannes alla trouver le Roy à Gien, avec quatre-vingts dix hommes de sa compagnie bien armez, & d'ordonnance montez : ce que Sa Majesté eut agréable, & luy fit expedier des lettres de commandement, pour servir en son armée, comme il fit, s'estant mis du Regiment du sieur Mareschal de Biron le pere, avec lequel il se trouva en plusieurs occasions qui se presenterent ; où il demeura jusqu'à ce que l'armée des Reitres fut entierement deffaicte par Sa Majesté, laquelle suivit la victoire depuis Baugency, jusques à Moulins, son armée estant lors de quatre ou cinq mille chevaux, & quantité d'infanterie. Le Roy (a) eut seul

(a) La haine de Guillaume de Saulx pour le Duc de Guise est trop visible. En attribuant à Henri III la des-

1587. l'honneur de cette victoire, que M. le Duc de Guife fe voulut attribuer en partie, à caufe d'une charge qu'il fit faire la nuict au (a) Baron d'Aufne, en un bourg fermé, nommé *Auneau*, où il fit entrer des forces par le Chafteau, où furent tuez quelques Reitres & du bagage pris. Le mefme Duc de Guife s'ayda depuis de cet artifice pour gaigner les Parifiens, afin de les avoir à fa devotion, & fe faire recognoiftre luy-mefme chef de leur ville. Son deffein reuffit : mais avec telle indignation de Sa Majefté qui en fortit alors, que ledit Duc de Guife en perdit depuis la vie. Les confeils mal-mefurez ruinent les Grands, & accablent les petits qui font fous

truction de l'armée Allemande, il montre fa partialité. Ce fut le Duc de Guife qui battit les Allemands à Anneau, & à Vimory. Le Monarque François à la tête de la divifion qu'il commandoit, ne fit que côtoyer l'ennemi; & s'il rentra en triomphe à Paris, cet appareil n'en impofa à perfonne.

(a) Comme les Mémoires de Jacques Pape Sieur de Saint-Auban nous rameneront fur cette expédition des Allemands, & fur les fuites qu'elle eut, nous réfervons pour cet ouvrage les développemens néceffaires. Ils appartiennent d'autant plus aux Mémoires de Saint-Auban que c'eft là où fe trouve la fameufe marche de Châtillon (fils de l'Amiral) lorfqu'il alla joindre le Baron de Dhona & le Duc de Bouillon.

leur authorité. C'est un fléau de Dieu qui chas- 1588. tie par tels moyens les pecheurs, pour nous enseigner que la pieté doit marcher la premiere en tous nos desseins : & ne faut chercher, & suivre ès choses humaines à se maintenir & aggrandir que par la raison. Ce coup de Paris (a) estant depuis advenu en l'année mil cinq cens quatre-vingt & huict, au mois de May, le Roy se retira à Rouen, où les offres de plusieurs Seigneurs, & Gentilshommes de France, & d'ailleurs, luy furent faictes pour

(a) Les développemens sur les progrès de la ligue, le tableau de la marche que suivit le Duc de Guise, & le jugement qu'on en doit porter, sont autant d'objets dont la discussion approfondie est réservée pour les Mémoires suivans : ceux de Cheverny contiendront la première esquisse de ce travail. On suivra attentivement la narration du Magistrat, & on suppléera aux nombreuses omissions qu'il a jugé à propos de faire. Quand nous arriverons aux Mémoires de Sully, on aura soin de completter ce qui n'auroit été qu'ébauché. Pour le moment il suffit de dire que Henri III, en sortant de Paris ne se retira pas d'abord à Rouen. Le 12 Mai 1588 la journée des barricades obligea le Monarque de quitter la capitale. Il se retira à Chartres. Le 11 Juin il alla à Rouen : & dans le mois suivant Catherine de Médicis par ses négociations, fit éclore l'édit de Juillet qui confirmoit les conventions de la paix de Nemours. Bientôt se tinrent les seconds Etats-Généraux de Blois. Par ordre du Monarque, le Duc de Guise y fut assassiné le 23 Décembre.

1588. son service, contre MM. de Guise & leurs adherants, & entr'autres de la part du sieur de Tavannes, qui les exécuta vivement sur la fin de la mesme année, après avoir eu advis que le Duc de Guise continuant ses desseins, avoit esté mis à mort, par commandement de Sa Majesté à Blois, où les Estats-Généraux estoient assemblez. Et parce que dès-lors, ledit sieur de Tavannes commença de faire la guerre en Bourgongne comme Gouverneur de ceste Province pour le Roy, laquelle y fut valeureusement continuée plus de sept années, & jusques à ce que Sa Majesté (a) y fut entierement mise en son authorité, & les émotions Civiles de la France du tout appaisées, j'en diray le commencement, la continuation & la fin, attribuant l'heureux succez qui en reussit, à Dieu seul, à qui en estoit la conduicte, & non aux forces, & vertus humaines : car plusieurs difficultez & obstacles y furent surmontez par des forces petites & foibles en leurs principes, lesquelles s'accreurent depuis, & devindrent grandes par sa diligence, & bons déportements de ceux qui y travaillerent.

(a) Guillaume de Saulx parle ici de Henri IV.

Fin du second Livre.

MÉMOIRES
DE
GUILLAUME DE SAULX,
SEIGNEUR
DE TAVANNES.
LIVRE TROISIÈME.

Le sieur de Tavannes en son chasteau de Corcelles, près la ville de Semur, au Baillage d'Auxois en Bourgongne, eut advis certain le premier Janvier mil cinq cens quatre-vings-neuf, de l'éxécution faicte aux Estats (1) generaux à Blois, sur la personne du Duc de Guise, le vingt-troisiesme du mois de Décembre precedent : & après avoir eu response des sieurs de *Vaugrenan* President aux Requestes à Dijon, *Otbert*, & autres de cette ville-là, vers lesquels il envoya un Gentilhomme des siens nommé *Ferry*, pour disposer secretement ceux de la ville affectionnez au Roy, à recevoir ledit sieur de Tavannes, & les Gentils-hommes qu'il y pourroit mener avec luy promptement, pour bloquer le Chasteau de ladite ville, de tous costez, où il n'y avoit pas vingt-hommes dedans, & s'efforcer de le

1589.

1589. prendre. Il monta à cheval avec quarante hommes bien armez, sur l'entrée de la nuict, du cinquiesme Janvier, an susdit, au chasteau de Corcelles, & arriva luy & le Baron de Couches, & autres Gentilshommes au village d'Eu à une lieuë de Dijon, sur le matin du lendemain : où il eut advis par ledit de *Ferry*, que les factieux, pour M. le Duc de Mayenne (a), s'estoient rendus les plus forts en ladite ville de Dijon, & tenoient les portes de la ville en leur pouvoir, résolus de n'y laisser entrer le sieur de Tavannes, ny autres Gentils-hommes que ceux de leur party, & que le sieur de Vaugeant qui avoit promis se saisir d'une porte, ne le pouvoit point faire. Ledit sieur de Tavannes qui avoit faict ceste premiere pointe, sans commandement de Sa Majesté, s'asseurant s'en faire advoüer, veu l'estat auquel estoient les affaires, & la charge

(a) Le Duc de Mayenne étoit à Lyon, lorsqu'il apprit la mort du Duc Guise son frère. Il se rendit aussi-tôt à Macon, & de-là à Châlons : ses partisans l'introduisirent dans la Citadelle de Dijon. « Il n'y » avoit (dit Mathieu, Histoire du règne de Henri III, » Liv. VIII, p. 682) que la Cour de Parlement qui, » voyant bien qu'elle ne pouvoit luire sans la lumière » de l'autorité royale, ne vouloit consentir à cette » rebellion ; & pour ce, les principaux d'icelle furent » chassés, les autres prisonniers »...

qu'il avoit de Lieutenant en Bourgongne pour 1589. Sa Majesté, fut contrainct pour lors de se retirer au chasteau de Corcelles, attendant une occasion meilleure, pour le service du Roy, & bien du pays; laquelle il trouva par après, comme on verra par ce qui s'ensuit. S'en retournant de cette cavalcade, il eut quelque conférence sur ce sujet, avec le President *Fremiot*, qu'il trouva avoir une mesme inclination que luy, au village de Pasques, trois lieuës près de Dijon, & promirent se voir à Corcelles; ce qu'ils firent incontinent après : où le sieur de Tavannes proposa qu'il estoit résolu, avec l'authorité du Roy & l'assistance de ses amis, de faire la guerre pour ce sujet; & pour avoir raison du Duc de Mayenne qui luy avoit osté la charge du Chasteau de Dijon, dès l'année quatre-vingt & cinq, fut d'advis qu'il falloit aller en Cour à Blois, pour rapporter ample pouvoir de Sa Majesté. Le sieur President Fremiot dit qu'il avoit résolu ce voyage, & que son intention estoit conforme à ce discours. Incontinent après ils partirent ensemble, & estans arrivez à Blois, où la tenuë des Estats generaux se continuoit ; le Roy ayant en son cabinet entendu le sieur de Tavannes, la volonté qu'il avoit de s'employer pour son service, l'eut très-agréable, & luy

1589. bailla un pouvoir très-ample pour commander en Bourgongne, nonobstant qu'il en eust desjà un, pour sa charge de Lieutenant en ce pays là: luy fit distribuer plusieurs commissions pour lever des gens de guerre & fit mettre en ses mains des patentes; révoquant le pouvoir de Gouverneur du Duc de Mayenne audit païs, & le declarant & ses adherants criminels de leze-Majesté. Le Roy ne fit point distribuer aucuns deniers au sieur de Tavanes, qui ne laissa pour cela de suivre son entreprise. Bien luy fit cet honneur S. M., de luy discourir que le Duc de Guise avoit resolu se saisir de sa personne, s'il n'eust esté prevenu par mort: qu'il en avoit eu advis certain des parens dudit sieur de Guise qu'il nomma. Le sieur de Tavanes ayant eu ses despesches & entendu les dernieres (a) haran-

(a) Peut-être sera-t-on surpris du silence que nous gardons par rapport aux Etats-généraux de 1588 : on y suppléera dans les Mémoires de *Cheverny* qui seront publiés incessamment. Les détails auxquels l'Auteur s'est livré, en rendant compte de cette assemblée nationale, nécessiteront des développemens. Nous nous bornerons donc à rappeller ici au lecteur que les harangues, dont parle Guillaume de Saulx, furent prononcées le 16 Janvier 1589. Ce fut là la clôture des Etats. L'Archevêque de Bourges porta la parole pour le Clergé. Le Comte de Brissac parla au nom de la Noblesse; & l'Orateur du Tiers-Etat étoit Etienne Bernard de Dijon.

gues des Estats s'en retourna en Bourgongne, 1589. ensemble le sieur President Fremiot. En ce temps, la citadelle de la ville d'Orleans estoit tenuë par les serviteurs du Roy, & assaillie de ceux de la ville. Le Mareschal d'Aumont avec trois ou quatre mille hommes aydoit à la conserver; & neantmoins sur l'advis qu'il eut de la venuë du Duc de Mayenne qui n'avoit pas deux cens chevaux, sans avoir fait recognoistre ses forces, abandonna cette citadelle (2), & perdit quatre canons qui estoient en la place. Cet acte préjudiciable & celuy de la bataille d'Ivry, où il se comporta valeureusement, nous font remarquer la varieté des succez humains, & que les armes sont journalieres. Le Duc de Mayenne ayant passé audit temps en Bourgongne, s'estoit par intelligence, pour la somme de six mille escus, selon le bruit qui en couroit alors, ou autrement, saisi de la citadelle de Chalon sur la riviere de Saone, l'ayant surprise à ceux qui y commandoient, pour le Baron de Lux, qui en estoit lors Gouverneur de son consentement ainsi qu'on disoit, & qu'il n'avoit

On y confirma de nouveau par un serment solemnel l'Edit d'*Union*, C'est-à-dire que l'on fournit à la Ligue les moyens les plus propres à allumer l'incendie. (De Thou, Liv. XCIV.)

1589. distribué au Parlement de Dijon, les lettres du Roy, dont il estoit chargé. Aucuns des plus advisez pourroient s'enquerir par quelle industrie le sieur de Tavanes sans deniers Royaux, sans forces Royalles, n'ayant de sa Majesté qu'un pouvoir en parchemin, pensoit faire la guerre en Bourgongne au Duc de Mayenne qui y tenoit toutes les villes en son obeïssance, principalement celles de Dijon, Beaune, & Chalon, Auxone, Chastillon, Mascon, Authun ; par le moyen des garnisons qu'il y avoit à sa devotion ès citadelles & chasteaux ; & que pour toute place n'y avoit à la devotion de sa Majesté, que le chasteau de Corcelles, près Semur en l'Auxois, appartenant audit sieur de Tavanes : certainement cette entreprise estoit non seulement temeraire, mais très-perilleuse audit sieur de Tavanes qui avec icelle se mettoit en hazard de la perte de tout son bien assis en ladite Province, & de la ruine de sa famille. Ce qu'il discouroit assez en soy mesme ; mais ayant consideré *qu'où le peril est grand, là gloire en est plus grande ; la justice de la cause d'assister son Roy contre les rebelles* ; l'authorité de Sa Majesté recogneuë avec la bienveillance des Gentils-hommes & habitans de cette province-là, tant en la personne du feu Mareschal de Tavannes son pere, qu'en 1589 la sienne; l'intelligence qu'il avoit en la ville de Flavigny en Auxois, forte d'assiette pour y faire une bonne retraicte, afin d'assembler des forces, & y jetter un fondement & principe du progrez de ses desseins; une partie des deniers d'une de ses terres qu'il avoit vendue, estant entre ses mains: tout ce que dessus, avec l'affection qu'il avoit à la patrie, luy fit, postposant (a) toutes difficultez, passer par-dessus ces obstacles, & se jetter en tel labyrinthe, dans les destours duquel estant divinement conduit, il en sortit heureusement. *La loüange en soit à Dieu.*

Au commencement de Fevrier, en la mesme année mil cinq cens quatre-vingt-neuf, le sieur de Tavannes ayant distribué quelque quantité de deniers au sieur de Blanchefort l'aisné, & à des Capitaines, avec quatre commissions du Roy qu'il leur donna pour lever un regiment de cinq ou six cens harquebuziers hors de la Bourgongne, afin de ne descouvrir son intention, qu'après s'estre saisi de la ville de Flavigny; & ayant adverty tant par lettres de Sa Majesté qu'il envoya, que par les siennes, plusieurs Gentils-hommes de la province, de se préparer à s'employer à

(a) C'est-à-dire laissant de côté.

1589. la deffence d'une si juste cause, il s'acheminra secrettement en Champagne, afin de faire une conjonction de forces de cette province-là avec celle de Bourgongne, se saisit du bourg fermé d'Issurtille, quatre lieuës près de la ville de Dijon, & huict lieuës près la ville de Langres, il pretendoit tirer quatre canons, afin que si les serviteurs du Roy de la ville de Dijon, se pouvoient rendre les maistres dans la ville, il peut battre le chasteau, après l'avoir bloqué dehors pour empescher tout secours. Ainsi estant arrivé en la ville de Chalons en Champagne, il fit entendre ce dessein au sieur de Tinteville (a), Lieutenant audit pays requerant son ayde en une si juste occasion; mais il n'en rapporta que des esperances, & qu'il falloit depescher en Cour, pour avoir sur ce, commandement du Roy. Le sieur de Sautour (b) qui avoit assemblé cent ou six-vingt chevaux, & quelques gens de pied

(a) Joachim de Jaucourt, sieur de Dinteville, Lieutenant de Roi en Champagne, mourut en 1607. (Voyez les mélanges historiques de Camusat, fol. 21 verso.)

(b) Nicolas des Essarts de Saultour, d'une famille distinguée en Champagne (dit M. de Thou, Livre XCIX) mourut en 1590. Les partisans de la Ligue à Troyes l'assassinèrent.

en

en sa maison, dans le pays, & avoir com- 1589.
mencé à prendre les armes pour Sa Majesté,
que le sieur de Tavannes alla aussi trouver,
fit la mesme responce. Nonobstant ce, &
l'empeschement que luy pouvoit faire le
Baron (a) de Viteaux, rodant pour le party
rebelle en Bourgongne, avec huict cens arquebuziers, le sieur de Tavannes resolu de
commencer la guerre en ce pays-là, & ayant
mis ensemble à la fin du mois de Fevrier,
les six cens arquebuziers que luy amena le
sieur de *Blanchefort*, & assemblé cinquante
Gentils-hommes de ses amis, les principaux
desquels estoient les sieurs *de l'Erbigny*,
d'Espeulle, Baron de *Chantal*, de *Pizy*,
qui fut après Marquis de *Nesle*, Baron de
Conforgien, *Chamilly*. Il partit de sa maison
de Corcelles, avec douze chevaux seulement,
& s'en alla à Flavigny, où les serviteurs de
Sa Majesté qu'il avoit pratiquez l'attendoient,
& luy firent ouverture des portes, après qu'il
eut usé de son authorité de Lieutenant de
Roy, pour lever l'empeschement qu'aucuns
vouloient faire à l'ouverture d'une barriere.
Le lendemain ses troupes qui estoient à six

(a) Antoine du Prat, Baron de Viteaux, étoit à
cette époque un des chefs de la Ligue en Bourgogne
(Voyez M. de Thou, Liv. XCV.)

Tome XLIX.   S

lieues de ladite ville de Flavigny, vindrent loger à demie lieue près, à un village nommé *Allife*, ancienne ville que *Cefar* affiegea, & y donna une grande bataille, où il obtint la victoire contre *Vercingentorix*, comme fe void par fes Commentaires. En ce lieu le fieur de Tavannes deux jours après fit la reveue de fes troupes, comme auparavant l'eftabliffement des affaires du Roy, au mefme Flavigny. Ayant fait affembler tous les habitans, leur difcourut les pernicieux deffeins des rebelles, defquels il nomma les Chefs qui ne tendoient qu'à divifer l'Eftat, pour ériger des petites Principautez, à la façon d'*Italie*, & après charger les fujets d'infupportables impofts, & s'attribuer les biens des principaux, par des moyens illicites : que le Roy eftoit puiffant pour refifter à telles violences, & qu'ils verroient en bref la ruine de ces entrepreneurs : qu'il mettroit avec l'ayde de Dieu, l'authorité de Sa Majefté, le fecours de la Nobleffe & des bons fujets du Roy, en bref à neant dans la Bourgongne, la puiffance des rebelles. Les fomme de faire entre fes mains le ferment de la fidelité qu'ils devoient au Roy, felon la teneur des patentes de Sa Majefté, qui luy donnoient tout pouvoir en Bourgongne, & anéantissoient celuy du Duc de Mayenne. Elles estoient du vingt-quatriesme Janvier mil cinq cens quatre-vingt & neuf. Ces habitans y obéyrent après les avoir publiquement leues. Elles furent aussi publiées en Parlement à Flavigny, ès Baillages de Bourgongne, & par les carrefours des villes de la Province.

Peu de temps avant, par l'advis des serviteurs du Roy en Bourgongne, & entr'autres du President Fremiot, fut transferé le Parlement (a) de Dijon, en la ville de Flavigny, par Lettres-Patentes de Sa Majesté du mois de Mars, l'an mil cinq cens quatre-vingt-neuf, données à Tours, & publiées en Bourgongne,

1589.

––––––––––

(a) Dans l'inventaire-sommaire des manuscrits & pièces détachées de la Bibliotheque de M. Fevret de Fontette, on trouve l'indication de deux pièces qui viennent à l'appui du récit de Guillaume de Saulx. La première, qui a pour titre : *Translation des sieges de justice...* Est un Arrêt du Parlement résidant à Flavigny pour transporter les Jurisdictions de Beaune, de Dijon, Nuits, Châlons, & Avalon, à Issurtille, St. Jean de Lône, Louchans, Aysey-le-Duc, & Montreal... L'autre est un Arrêt du Parlement de Dijon, contre Henri de Bourbon Roi de Navarre... L'énoncé de ces monuments atteste suffisamment la scission, qui alors produisit en Bourgogne deux Cours Souveraines, cassant respectivement les Arrêts que chacune d'elles rendoit.

tost après, afin que les deux authoritez principales de Lieutenant de Roy portées par le sieur de Tavannes, & du Parlement, estant jointes ensemble, les sujets de Sa Majesté, fussent plus facilement attirez à luy rendre l'obéissance qu'ils devoient, & assister le sieur de Tavannes, pour la reduction de la province. Et à cet exemple (a) le Parlement de Paris fut depuis transferé par le Roy à Tours.

Le sieur de Tavannes s'estant pourveu de cette ville de Flavigny, située en pays propre pour y faire des magazins de vivres nécessaires à l'entretenement des troupes qu'il assembloit, & forte d'assiette, commode pour loger quantité de gens de guerre, tant de pied que de cheval, après y avoir mis garnison, pour ne demeurer inutile, attendant que ses forces s'accreussent par ceux de la Noblesse de Bourgongne, ausquels il avoit fait tenir des lettres du Roy, & les siennes, & des compagnies de gens de cheval & de pied, qu'aucuns Capitaines levoient, il s'achemina au bourg fermé d'Issurtille situé entre Langres & Dijon, pour s'en saisir par

(a) Ce conflit de Jurisdictions devint général à cette époque. Les Tribunaux combattoient avec des Arrêts, tandis que le reste des citoyens s'égorgeoit.

le moyen de quelque intelligence, & y faire une conjonction des forces de Champagne & Bourgongne, tirer artillerie, munitions de guerre de la ville de Langres ; & après faire quelque deſſein ſur la ville de Dijon, avec les ſerviteurs du Roy qui eſtoient dedans icelle, ou ſur autres places : il mena avec luy ce qu'il avoit de cavallerie, qui n'eſtoit pour lors que cinquante hommes de cheval cuiraſſez, deſquels eſtoient le ſieurs de Lurbigny, Baron de Chantal le pere, le Baron de Conforgien, le ſieur de Pizy, depuis Marquis de Neſle, & autres Gentils-hommes, & cent arquebuziers à pied, choiſis dans ſes troupes, ſous la conduite du ſieur de Blanchefort Maiſtre de camp, des Capitaines Longueval, Argolet, Ville-franche, & des Fourneaux : mais lorſqu'il eſtoit au chemin du bourg d'Iſſurtille, avec les gens de cheval & de pied, que je viens de nommer, il eut advis que le ſieur de Buſſy, frere du Marquis d'Urfé, avoit avec un regiment de quatre cens arquebuziers aſſiegé le ſieur de Creſſey ſerviteur de Sa Majeſté, en ſon chaſteau de Creſſey. Ses troupes eſtoient logées ès environs du chaſteau, dans le village où ils avoient fait des barricades ſur les advenues. Incontinent le ſieur de Tavannes ſe réſolut

1589.

de deffaire ce regiment : à quoy il parvint comme s'enfuit. En defcendant d'une montagne proche du village, il vit que paffant la prairie, ce peu de forces qu'il avoit, feroit recogneue des ennemis, qui leur donneroit plus de courage, pour s'oppofer à luy, & s'emparer du pont, qui eftoit au bout du village fur la riviere, où il falloit paffer à trente pas de l'une des barricades. Pour y obvier, il fit marcher fes cinquante chevaux deux à deux, & en mefme ordre, quelques valets à cheval, & à cofté du dernier rang, les premiers des cent hommes de pied, marchant auffi deux à deux; en forte que les ennemis pouvoient juger que le nombre en eftoit beaucoup plus grand qu'il n'eftoit; & à mefme temps il s'avança & paffa le pont avec fes troupes, où quelques arquebuzades leur furent tirées de la barricade : & après avoir mis fes gens de cheval en bataille, il fit attaquer le village de Creffey fur les deux advenues, où eftoient les barricades, par deux troupes de gens de pied, chacune de cinquante hommes, & de deux des Capitaines qu'il affiftoit, eftant luy-mefme auprès d'eux. Ce combat dura trois heures. A l'une des barricades les ennemis furent forcez de la quitter & fe retirer dans des

maisons de pierres couvertes de lave : & 1589. comme ils estoient vivement attaquez, lors qu'ils ne les pouvoient plus tenir, ils y mirent le feu, & se logerent dans d'autres. L'autre barricade fut longuement debattuë : enfin dix hommes de cheval y firent une charge à coups de pistolets & d'espées, où le sieur de Charnasson fut blessé de deux arquebuzades en se retirant. Après ils commencerent à demander capitulation; laquelle fut telle : « qu'il seroit permis aux Capitaines &
» soldats du Regiment du sieur de Bussy,
» prendre party pour le service du Roy, avec
» le sieur de Tavannes; & d'entr'eux de Marnay Capitaine, avec cinquante arquebuziers print ce party, & s'y comporta mal,
» comme nous dirons cy-après. Que le sieur
» de Bussy & les soldats qui demeureroient
» avec luy, ne porteroient les armes de six
» mois, & qu'il viendroit offrir au sieur de
» Tavannes les armes ». Ce qu'ayant faict, il leur en fut rendu une bonne partie, après que le sieur de Bussy se fust presenté au sieur de Tavannes. Tous les soldats estoient bien vestus & armez de plusieurs pertuisanes dorées, mousquets & arquebuzes, ayant tenu la campagne plus de deux mois, sans aucun empeschement. Ce mesme jour le sieur de

1589. Tavannes ayant executé cet effet, après avoir fait fommer le Capitaine Fontette qui eftoit avec cent arquebuziers à un village demy quart de lieuë de Creſſey, de capituler & rendre la place: il fit refponfe qu'il le brufleroit pluftoft, & foy mefme dedans, eftimant qu'en une heure de jour qui reftoit, il ne pourroit eftre forcé. Le fieur de Tavannes ne voulant manquer à fon deſſein d'Iſſurtille, alla coucher aux fauxbourgs. Ceux du lieu ne voulurent point ouvrir leurs portes de nuict: ce qu'ils promirent faire le lendemain matin. Les gardes pofées, le fieur de Creſſey dégagé des ennemis qui l'avoient affiegé, ayant cinq ou fix chevaux repofez, fut ordonné pour partir une heure avant jour, afin d'aller jufques auprès de Dijon, qui n'eftoit qu'à quatre lieuës de là, recognoiftre fi les ennemis avec le fieur de Fervaques, qui avoit quelque cavalerie à Dijon, eftant Lieutenant pour les ennemis en la Province, fur les advis qu'ils pouvoient avoir eu de ce qui s'eftoit paſſé, fe mettoient en chemin, & avec quelles forces, pour après le rapport du fieur de Creſſey, advifer ce qui feroit à faire. Cependant dès le point du jour ceux d'Iſſurtille font follicitez d'ouvrir leurs portes, autrement qu'ils feroient affaillis. Ils promettoient d'obéïr dans quelques heures, 1589. dans lesquelles ils attendoient la venuë du fieur de Fervaques, qu'ils avoient adverty fecretement. Sur les huict heures du matin le fieur de Creffey qui n'avoit efté à une lieuë loin, revint, & fit entendre qu'il n'y avoit aucunes troupes en la campagne.

Demye heure après comme l'on eftoit à difner, afin de monter incontinent à cheval, & aller loger au bourg fermé d'Iffurtille, ou s'employer à le forcer, les deux troupes de cavalerie du fieur de Fervaques (a) furent veuës, avec un Regiment du Baron de Viteaux, de mille arquebuziers, qui avoient paffé la Saone, depuis le Vicomté d'Auxonne, & eftoient arrivez à Dijon, le jour avant la nuit, fans que le fieur de Tavannes en euft eu aucuns advis. Incontinent il envoye le Baron de Conforgien, avec quatre ou cinq chevaux les reconnoiftre, & luy avec quarante chevaux s'achemine en la place de bataille qu'il avoit choifie du cofté de la prairie. En paffant, les ennemis le voulurent charger par le flanc en un chemin étroit, où il y avoit des foffez des deux coftez. Ils s'avançoient à cet effet : neantmoins il eut temps, avant qu'ils fuffent à luy, de s'ache-

(a) Guillaume de Hautemer fieur de Fervaques.

miner au pas jufques à ladite place, où eftans il alla à eux. Ainfi qu'il y alloit le Baron de *Conforgien* (a) fe joignit à luy. A mefme temps le fieur de Fervaques, avec l'une de fes troupes de cavalerie, de foixante chevaux, ayans lances & cafaques bleues de la compagnie du fieur de *Chaufourcaut*, s'achemine auffi à la charge, en laquelle y eut plufieurs bleffez, de part & d'autre, & aucuns portez par terre, defquels fut le fieur de Creffay qui fut prifonnier, & le Capitaine Leftang, qui s'eftoit faifi de la cornette des ennemis, & y eut peu de morts. Le champ du combat demeura au fieur de Tavannes, pour un demy quart d'heure. S'eftant le refte de la cavalerie des ennemis retirée à leur feconde troupe de cavalerie, & à leurs arquebuziers & moufquetaires qui avoient commencé à tirer, s'avançant du long des murailles des vignes, eftant fuivy du gros de leur Regiment: cela fut caufe que ledit fieur de Tavannes fe retira, avec la moitié de fa troupe de cavalerie à un pont fur la riviere qui eft à

(a) Guillaume de Clugny, Baron de Conforgien, *Officier experimenté* (dit M. de Thou, Liv. XCIX) il fe diftinguâ l'année fuivante en combattant pour les Genevois contre le Duc de Savoye. (Voyez M. de Thou, ibid.)

un bout de la prairie : l'autre moitié de sa 1589. cavalerie avoit desjà passé la riviere, auquel lieu le Baron de Conforgien eut un bras rompu d'une arquebuzade. Le cheval du sieur de Tavannes avoit eu un coup de lance dedans le flanc; qui fut cause qu'il en prit un autre audit pont. Cependant ces cent hommes de pied, & les cinquante qui avoient avec le Capitaine Marnay, pris party le jour devant, demeuroient engagez au fauxbourg d'Issurtille. Il proposa s'il y auroit moyen de les tirer de là. Ce qu'estant trouvé impossible, attendu le grand nombre d'Infanterie des ennemis qui avoient desja investy le fauxbourg; il leur manda qu'ils advisassent de composer au mieux qu'ils pourroient, & s'en alla coucher à Poiseux les Granges à quatre lieuës d'Issurtille, pour s'en retourner à Flavigny : en ce lieu de Poiseux, il fit penser les blessez : il y avoit entr'autres six Gentilshommes qui avoient des coups de lances dans les cuisses, qu'il fit panser.

Le lendemain il s'achemina à la ville de Flavigny, où il eut advis, que les sieurs de Blanchefort (a), Longueval, les Capitaines

(a) Pierre de Branchefort, Seigneur d'*Asnois-le-Bourg*, se signala non seulement par son courage, mais par l'énergie avec laquelle il s'exprima dans les

1589. Argolet, Ville-Franche, & des Fourneaux, qui commandoient les gens de pied demeurez au faux-bourg d'Irſſurtille, après avoir tenu tout le jour & la nuict à leurs baricades, fait pluſieurs ſorties, & pris des priſonniers, & le ſuſdit Capitaine Marnay contre ſon ſerment, & une partie des ſiens s'eſtant allé meſchamment rendre aux ennemis, ils avoient eſté receus à compoſition du ſieur de Fervaques (3), leurs equipages ſauvez, & promeſſe de ne porter les armes de trois mois. Ils y ſatisfirent. Servit que le ſieur de Tavannes faiſoit levé de deux Régiments de gens de pied, les Barons de Chantal, & de Chigy, & aſſembler ſa compagnie de genſdarmes. Tel fut

premiers Etats de Blois. Il y aſſiſtoit en qualité de Député de la Nobleſſe du Nivernois & du Donziois. Blanchefort dévoila hautement les projets miſtérieux de la Ligue: Il refuſa de ſouſcrire le formulaire de l'union, déclarant qu'il ne vouloit, ni ne devoit comme bon François entrer dans une aſſociation préjudiciable au Roi, aux Princes du ſang, & à toute la Nobleſſe. Le 10 Février 1577 on lui donna acte de ſa proteſtation. Il avoit (dit le Duc de Nevers dans ſes Mémoires, p. 436) rédigé un Journal de cette aſſemblée nationale. On ne peut que regretter la perte d'un pareil monument. Blanchefort mourut le 15 Juin 1591. Son fils Adrien de Blanchefort marcha ſur les mêmes traces. La Nobleſſe de ſa province le députa aux Etats-Généraux de 1614.

le premier combat qu'eurent les chefs des 1589. deux partis en Bourgongne, celuy de la Ligue ayant toutes les villes de cette Province à sa devotion, & celuy du Roy la campagne & la seule ville de Flavigny, pour premiere conqueste, en laquelle fut envoyée une lettre de celle de Dijon, trois jours après, à *Brigandet* Capitaine des habitans de la ville de Flavigny, contenant qu'il n'y avoit en icelle cent hommes de pied en garnison; *qu'il eust à la rendre entre leurs mains, autrement qu'ils feroient couper la teste à son fils qu'ils retenoient.* Sa réponse du tout genereuse, *fut qu'il auroit plus en recommandation son honneur, & devoir envers son Roy & sa patrie, que la vie de son fils, & qu'ils n'attendissent cette trahison & perfidie d'un si homme de bien que luy.* Incontinent après arriva le Baron de Chigy, avec deux cens cinquante arquebuziers, qui furent logez aux fauxbourgs de Flavigny commodement. Le Duc de Nemours arrivant à sept lieues près à la ville d'Avalon, qui alloit à Lyon, y sejourna huict jours, attendant le sieur de Fervaques avec ses forces, pour favoriser son passage, estant en alarme, de ce que le sieur de Tavannes avoit esté reconnoistre les siennes, avec quelque cavalerie. Ces troupes

1589. ennemies se logerent en la ville de Semur à trois lieues de Flavigny, assistées de mille arquebuziers du Baron de Viteaux, & allerent du costé de Dijon. Le sieur de Tavannes ayant laissé garnison d'infanterie audit Flavigny, & après y avoir estably Gouverneur le sieur de Cherizy, sage & valeureux Gentilhomme, considerant n'estre raisonnable qu'il s'y enfermast, sa presence estant necessaire à la campagne, pour assembler les troupes qui se levoient, & aller secourir Flavigny, si les ennemis y avoient dessein, ou en faire contr'eux, n'ayant lors trente hommes de cheval, compris le sieur de Lurbigny & Chamilli, voulut en passant reconnoistre ces troupes ennemies, & logea une nuict demye lieue près d'eux; prit son chemin par les bois de Morvan Palmarou, & près Moulin en Gilbert, & de là en Charolois, ne voulant que les ennemis reconneussent le petit nombre d'hommes qui estoient près de luy. En ce pays les sieurs de la Boutiere, enseigne de sa compagnie d'ordonnance, & Cirot Mareschal des logis d'icelle, luy amenoient soixante hommes d'armes, le Capitaine la Beluze, cent hommes de pied, de l'assembée de ses forces qu'on estimoit plus grandes. La ville de Bourbonnancy, ensemble le Chasteau, importants par leur situation proche la rivière de Loyre, & propres à joindre les forces de Bourbonnois & Bourgongne, se remirent en l'obeïssance du Roy, sur la semonce qu'en fit de la part du sieur de Tavannes, le sieur de la Nocle aux habitans, lesquels firent, & signerent le serment de fidelité à Sa Majesté. De là ledit sieur de Tavannes s'estant logé cinq lieues près la ville de Mascon, pour une entreprise, en fut empesché par l'arrivée de M. de Nemours; & de là pour ne demeurer inutile, il se résolut d'aller attaquer la ville de Semur, capitale du Baillage d'Auxois, lors qu'il y estoit moins attendu, à cause de son esloignement, reconnoissant ses forces croistre de jour à autre, mesmement le Baron de Chantal luy amenant une bonne troupe de soldats en son Regiment d'infanterie. En passant à Conche, il sceut que le (4) Vicomte de Tavannes son frere levoit une troupe de cavalerie, pour aller vers le Duc de Mayenne, estant logé trois lieues près de luy. Il s'achemine pour le charger; mais luy se retirant ne perdit que son bagage, parmy lequel se trouverent cinquante lances, armes qu'on ne pouvoit lors tirer des villes. Ledit sieur de Tavannes desfit près Beaune la compagnie du Capitaine

1589.

1589. Moreau, fantassins : & afin que de la ville de Semur, n'eussent advis pour empescher la deliberation qu'il avoit de faire planter un petard à la porte du Chasteau, d'icelle, qu'il avoit faict reconnoistre, pour s'en saisir, ayant donné rendezvous, à trois lieuës près, aux gens de pieds qui estoient à Flavigny, il s'y trouva avec eux avant jour, ayant fait une grande traicte, & en passant près Toisi, maison du sieur de Cipierre, le mena avec luy, lequel n'avoit que douze chevaux, & estant Gouverneur de Semur, en avoit esté chassé, ensemble des fauxbourgs, par les habitans. A ce rendez-vous la reveuë des forces faite, où il se trouva cent hommes de cheval & sept cens arquebuziers des Regiments des Barons de Chantal & Chigy, & l'advis demandé par ledit sieur de Tavannes aux sieurs de Cipierre & autres Capitaines, de ce qui estoit à faire, tous ayant dit *que puis que le jour estoit venu que l'on ne pourroit petarder les portes du chasteau de Semur, comme l'on eu peu faire la nuict ; que les ennemis en auroient advis, & qu'il se falloit retirer.* Sur ce, le sieur de Tavannes leur dit, *qu'il ne falloit point rompre ceste entreprise, qu'il y avoit des moyens de l'executer, n'y ayans que les habitans dans la ville & chasteau de Semur ;*

Semur; que le donjon eſtant au milieu des deux, où y avoit peu de ſoldats, l'un ou l'autre pris, ils viendroient à compoſition; que les habitans y pourroient venir de crainte qu'on ne bruſlaſt leurs grands fauxbourgs, où il eſtoit aiſé ſe loger, & que l'on devoit s'acheminer diligemment. A quoy chacun ſe diſpoſa, & furent veus par les habitans le matin en deux gros, deux troupes de cavalerie & deux de gens de pied du ſieur de Tavannes, qui à meſme temps les envoya ſommer par un Gentilhomme, de ſe rendre ſous ſon authorité de Lieutenant de Roy, & de luy obeïr en le recevant en leur ville; ce faiſant qu'ils ne recevroient aucune incommodité, y manquant les troupes iroient incontinent les aſſaillir; que ſi leurs fauxbourgs eſtoient bruſlez, ils en ſeroient cauſe : que s'ils vouloient envoyer quelques-uns de leur ville vers luy, il leur donneroit aſſeurance de ſon dire, & pourroient venir & retourner ſeurement. Ils y envoyerent; mais ſans nulle réſolution, diſant qu'on leur donnaſt deux jours, pour avertir le frere du Préſident Jannin à Ragny, & leur Bailly le ſieur de Ragny, qui n'eſtoient eſloignez d'eux, que de cinq ou ſix lieues. Le ſieur de Tavannes ayant

1589. pris ceste responſe pour refus, & deſobéïſ-ſance, & faiſant faire alte à la cavalerie, envoye l'un des Regimens de gens de pied, ſous la charge du Baron de Chantal en l'un des fauxbourgs; & à meſme temps il deſcendit de cheval, ſe mit avec le Regiment du Baron de Chigy, qu'il mena au travers des vignes dedans le grand fauxbourg, juſques à la porte du chaſteau de Semur, duquel furent tirées quelques arquebuzades : & là comme l'on vouloit planter le petard à la porte, un Ca-pitaine de gens de pied, nommé la Baume, avec quelque eſchelle, & à l'ayde de ſes compagnons, monta au deſſus de la porte ; ce qu'appercevant *Blanot* Maire de Semur, qui commandoit au chaſteau, jugeant comme il ſe voyoit vivement aſſailly, ſoit par le petard, ou autrement, qu'il pourroit eſtre pris en peu d'heures, il demanda les biens, & la vie ſauve, & qu'il feroit ouvrir la porte : ce qu'il luy fut accordé. Le ſieur de Cipiere revenant de l'autre fauxbourg, trou-vant que le ſieur de Tavannes entroit desjà au chaſteau, l'y accompagna, & à meſme temps par le commandement dudit ſieur de Tavannes, le Capitaine la Plume comman-dant au donjon, luy en ouvrit la porte. Lors le ſieur de Tavannes y laiſſa le ſieur de Cipierre (a) Gouverneur, avec establissement de garnison, & luy dit que les gens de pied ayant travaillé séjourneroient un jour aux fauxbourgs; qu'il fist faire le lendemain aux habitans le serment deu au Roy. Et s'en alla ce jour mesme, le sieur de Tavannes loger à une lieuë de là, en son chasteau de Corcelles, & fit loger la cavalerie au village de Corcelles. Il m'a semblé devoir rediger assez au long ce discours, tant pour le bon effect qu'apporta ceste deuxiesme reduction de Semur, aux serviteurs du Roy en Bourgongne, en laquelle ville furent depuis tenus les Estats-generaux du païs, & logé le Parlement pendant la guerre : qu'aussi en l'histoire generale des guerres de la Ligue (b), on n'a point fait mention de ce qui s'est passé en Bourgongne pendant icelles, que de ce qui est avenu à la fin desdites guerres; nonobstant qu'il s'y soit exécuté plusieurs bons effects,

1589.

(a) Imbert de Marsilly sieur de Cypierre.

(b) Ces réflexions de Guillaume de Saulx sont vraies ; & nous ne connoissons que ces Mémoires où l'on trouve des renseignements sur ce qui se passoit alors dans la province de Bourgogne. On s'en convaincra en interrogeant nos historiens généraux ; & nous ignorons pourquoi ils n'ont fait aucun usage de ces Mémoires.

1589. & stratagêmes dignes d'éternelle mémoire, avec les forces seules de la province de Bourgongne, sans autre ayde (que bien peu) n'y d'autres deniers que de ceux que les mesmes forces levoient avec les armes, après que l'imposition par les esleus du païs de Bourgongne en avoit esté faite : lesquels deniers estoient distribuez suivant les ordonnances du sieur de Tavannes, Gouverneur audit païs. Et neantmoins lesdites forces se rendirent si puissantes, par la conduite du sieur de Tavannes, qu'elles tenoient le plus souvent la campagne. La juste querelle doit estre soustenuë par les gens de bien : le travail, la despense, les perils supportez par ledit sieur de Tavannes, les Gentilshommes & Capitaines de ladite province, & par Messieurs du Parlement refugiez à Flavigny & Semur, meritent s'ils n'ont esté reconnus, au moins qu'on en aye souvenance.

Les garnisons des gens de pied establies, logées au chasteau de Saumur, & la compagnie d'hommes d'armes du sieur de Cipierre en la ville, parce qu'il en estoit Gouverneur, comme avoient esté celles de la ville de Flavigny auparavant : le sieur de Tavanes ne voulant perdre aucune occasion qu'il avoit recherchée pour le service du Roy, & bien

du païs, s'achemina avec sa cavalerie de trois 1589.
ou quatre compagnies de gensdarmes, & deux
Regiments de gens de pied, à l'exécution
qu'il avoit pratiquée, par le moyen de deux
habitans de la ville de Sainct Jean de Laone,
nommez Lescoret & Martene, pour se saisir
de ladite ville, afin d'avoir un passage sur
la riviere de Saone, tant pour la commodité
du passage des estrangers, que sa Majesté seroit venir en France, que pour estre à quatre
lieuës de Dijon, avoir moyen de fatiguer
ceste grande ville, où les conseils des ennemis qu'ils appelloient *d'Union*, se tenoient,
& s'accroistre quelques autres places. Ces
troupes estants arrivées sur la fin de Juin de
l'année mil cinq cens quatre vingts-neuf, au
village de Brazey proche ceste ville de Sainct
Jean de Laone; ledit sieur de Tavanes envoya dans ladite ville quelques-uns de ceux
qui estoient sous sa charge, vers les habitans,
qu'ils eussent à envoyer deux ou trois de
leurs Eschevins vers luy, pour leur faire entendre, (comme Lieutenant du Roy,) ce
qui estoit nécessaire pour le service de sa
Majesté. Quand ils furent venus vers luy, ils
leur dit *qu'ils eussent à le recevoir en leur ville*
pour leur service, & bien du païs. Il estoit lors
avec ses troupes à demy quart de lieuë d'icelle.

1589. « Ils luy dirent qu'ils recognoissoient sa qua-
» lité, & le laisseroient entrer en leur ville
» pour luy obéïr : à condition qu'il n'y me-
» nast que quinze hommes de cheval avec
» luy, & qu'il leur promist de ne leur bailler
» point de garnison ; qu'ils se garderoient
» bien eux-mesmes : que c'estoit la charge
» qu'ils avoient de leurs concitoyens, le sup-
» pliant de l'avoir agréable ». A quoy fut
respondu par le sieur de Tavanes, *que puis*
qu'ils vouloient obéïr, il leur promettoit de
ne leur bailler point de garnison, s'ils ne la
demandoient eux-mesmes ; & qu'il iroit vers
eux avec le nombre de gens de cheval qu'ils
desiroient. Incontinent après s'estant acheminé
dans la ville à cet equipage, il trouva les
ruës bordées d'arquebuziers, mousquetaires,
& albardiers : & estant descendu dans son
logis, s'en alla à la halle, où les Officiers
du Baillage, Eschevins, & habitans estoient,
attendant ce qu'il avoit à leur dire là. Ayant
fait lire les patentes du Roy exautorant (a)
le pouvoir de M. le Duc de Mayenne, &
le donnant au sieur de Tavanes en la province, il les exhorta à l'obéïssance ; leur pro-
posant divers discours du bon succez qui leur
en viendroit ; & qu'en bref sa Majesté & luy

(a) C'est-à-dire annullant.

par son commandement, reduiroient à leur 1589. devoir, avec l'ayde de la Noblesse, ses ennemis en ceste province. Et à mesme temps leur fit faire serment au Roy: & après ledit sieur se retira en son logis, où il pratiqua que quelques-uns des principaux de ses troupes, se presenteroient avec leurs trains pour venir à la ville, afin de se fortifier: à ce que si les habitans venoient à changer d'advis, ils ne le fissent sortir: ce qu'ils eussent peu faire, n'ayant que quinze hommes de cheval armez près de luy. Ceux qui commandoient à la porte, vindrent donc demander au sieur de Tavanes, s'ils laisseroient entrer le sieur de Pizi, depuis Marquis de (a) Nesle, qui avoit douze ou quinze chevaux: il leur dit que c'estoit un Seigneur de qualité, qu'ils le laissassent entrer. Le sieur de Chantal se presentant après, en fut fait autant, ensemble du sieur de Vaugrenan, amenants pareilles troupes. Pendant le soir les deux habitans cy-devant nommez, avec lesquels il avoit in-

(a) Probablement c'étoit l'époux de cette Marquise de Nesle, qui mourut en 1607 pour avoir été trop saignée dans ses couches. Elle fut fort regrettée *à cause de la beauté de son esprit & grandes graces que Dieu y avoit mises* (lit-on dans le Journal de Henri IV par l'Etoile, tome III de l'édition de 1744, p. 419.)

1589. telligence, furent par luy mandez : il leur recommanda que le lendemain matin, il ne faillissent, avec ceux qu'ils pourroient attirer à leur party, de demander garnison, pour mettre à la ville, & ce en presence des Eschevins, & principaux habitans qui devoient venir parler à luy. A quoy estant satisfait, remonstré par ledit sieur de Tavanes, que s'ils ne recevoient garnison, la Ligue leur en donneroit, & les traicteroit mal ; qu'il leur avoit promis de ne leur en bailler, s'ils ne la demandoient ; mais qu'il leur en bailleroit une, puis qu'ils l'avoient agréable : ils permirent l'entrée de cent arquebuziers, avec le Capitaine *des Fourneaux,* qui fut logé en une maison de l'Abbé de Citeaux assez forte sur la riviere : l'establissement de leur solde dressé (s'aydant des deniers du Roy, sans aucun frais à la ville) & des gardes. Ledit sieur de Tavanes ayant finy un dessein en avoit tousjours un autre à exécuter. Il voulut tenter à surprendre la ville de Seure sur la riviere de Saone, ayant advis qu'il y avoit une grande Courtine de terre mal-escarpée, où on pouvoit monter, les eaux estans lors basses ; & à cet effet fit loger son Infanterie au faux-bourg d'icelle, nommé St. George, & sa cavalerie en un village proche. Ayant fait reconnoiftre le foffé, il y auroit moyen 1589. de faire réüffir ce deffein, attendant que le fieur de *Fervaques* Lieutenant lors en province, pour la Ligue, menant des forces en ladite ville, de l'autre cofté de ladite riviere n'y avoit efté receu; le fieur de Tavanes y fut fans doute entré fans l'accident d'une grande pluye, qui remplit ledit foffé, lequel fut trouvé non guéable par celuy qui y fut envoyé le reconnoiftre.

De forte qu'il fe réfolut de s'en retourner du cofté de Semur en Auxois, & en paffant fommer la ville de Nuys, & à cet effet il paffa la riviere de Saone par batteaux, avec fes troupes, proche le chafteau de Bon-encontre, qui eftoit à luy. Le parlement qu'il fit faire à la ville de Nuys, féjournant à trois ou quatre lieuës auprès, ne fervit que pour donner advis aux ennemis de fon acheminement, & logement, qui leur fut mandé par le Capitaine Bailly, commandant au chafteau de Vergy, pour la Ligue, qu'il fut contraint prendre, à caufe de la nuict. Les villages proches ledit logement, eftoient couverts de deux compagnies d'arquebuziers à cheval, avancées en deux villages, l'un du cofté de Dijon, l'autre de Nuys; fa cavalerie proche de luy de quatre vingts Maiſtres, au village de Chevanes; le Régiment du Baron de Chigy, à une demye lieuë près. Celuy du Baron *de Chantal* à Mezange un quart de lieue près de Chavanes, auquel Chantal avoit eſté ordonné de ſe rendre *à la Grange d'Eſtain* deux lieuës de là, le lendemain à Soleil levant: mais au lieu d'obéïr, il prit quartier ſans département, pour la pluſpart de ſon Régiment, le logeant en autre village; & ſe tint à celuy de Mezange, où il eſtoit encore le lendemain, avec ſix vingts arquebuziers ſeulement, que le Soleil eſtoit levé, & la pluſpart de ſon Regiment eſtoit desjà au rendez-vous *à la Grange d'Eſtain*. Ce qui donna moyen aux ennemis, le trouvant des derniers au logis, de le charger. Pour réciter plus particulièrement, ce qui s'y paſſa; je diray que le ſieur de Tavanes avoit envoyé la nuict à quatre lieuës de là, proche Dijon, huit hommes de cheval battre l'eſtrade, pour ſçavoir les déportemens des ennemis, qui à cet effet devoient repaſſer proche le faux-bourg de Nuys, leſquels n'en apporterent aucunes certaines nouvelles. Cependant le ſieur de *Fervaques*, avec une compagnie de gens de cheval, & les deux

des sieurs de Guionvelle (a) & Montigny (b), 1589. ensemble le Régiment du Baron de Viteaux, où il y avoit mille hommes, s'estant acheminé à Nuys, y estant arrivé trois heures devant jour. Le matin à Soleil-levant, lorsque la cavalerie dudit sieur de Tavanes vouloit commencer à marcher, vint un arquebuzier à cheval, de ceux du costé de Nuys, advertir qu'ils avoient esté deffaits par les ennemis au village de Villars. A mesme temps le sieur de Tavanes envoya le sieur Despeuille du costé du village, avec dix chevaux les reconnoistre, & cependant fit joindre avec luy le Regiment de gens de pied du Baron de Chigy, & s'avança à my chemin dudit village, où ledit sieur Despeuille luy fit rapport que les ennemis ne venoient point

(a) Philippe d'Anglure sieur de Gionville.

(b) Le nom de Montigny se rencontre fréquemment dans les Mémoires du tems; & parmi ceux qui le portoient, on compte des hommes attachés aux différents partis. On le verra en lisant le Journal de Henri IV par l'Etoile. Nous présumons que le Montigny, dont il s'agit ici, étoit celui qui, de la part de la Ligue, assista à la conférence de Surene en 1593. Si on admet notre conjecture, il appartenoit à la maison de Boulanger Seigneur de Jacqueville en Gâtinois, & de Montigny en Brie. (Lisez le tome I, du Journal de Henri IV par l'Etoile, p. 312.)

à luy, mais tournoyoient la montagne, allant, à Mezange, au quartier du sieur de Chantal. Au mesme temps le sieur de Tavanes luy monstra une plaine de bleds, sur un petit haut proche le bois, assez près du quartier du sieur de Chantal, & luy dit qu'il vouloit s'aller mettre avec ses troupes en ce lieu là, où ils reconnoistroient les ennemis, & sçauroient ce qui seroit à faire : qu'il falloit repasser par Chevanes, où il avoit logé : ce qui fut fait. En marchant ils oyoient les tambours des ennemis, & quelques arquebuzades, qui se tiroient au quartier du sieur de Chantal. Comme il fut au lieu susdit, il il envoya plus près de ennemis, le sieur Despeuille les reconnoistre, qui à son retour luy demanda quelle estoit son intention. Il luy dit, d'aller charger les ennemis. Lors il luy representa qu'il n'y avoit nulle apparence, & qu'il luy feroit voir s'il s'avançoit, trois gros de cavalerie; que le moindre estoit aussi fort que le sien & environ mille arquebuziers. Ce qu'ayant de plus près reconnu ledit sieur de Tavannes, après le séjour de quelque temps, pour faire paroistre aux ennemis ses troupes, il le fit marcher au pas, les gens de pied devant, du long du bois, droit à son rendez-vous de la Grange d'Estain, où il trouva la plus grande partie du Regiment du fieur de Chantal, commandée par le Capitaine la Beluze, qui s'y eftoient trouvez, comme on leur avoit ordonné : & eftoient ceux que ledit fieur de Chantal n'avoit voulu loger près luy, les ayant envoyez en un autre village, fans département. Cependant les ennemis le prindrent fort bleffé à une barricade, où il s'eftoit bien deffendu & deffirent cent ou fix vingt arquebuziers près de luy. Là fut tué de *Fontete* (a) un de leurs Capitaines. Leur cavalerie fuivoit le fieur de Tavannes, jufques près d'un vallon delà le village de Torrey, où ayant advis d'eux, il les attendit de l'autre cofté du vallon fur le haut, & fit loger fon infanterie deçà, & delà de luy, du long des hayes & brouiffailles. Lors les ennemis firent fonner la charge à leurs trompettes : ledit fieur de Tavannes tenant ferme, & les attendant fit auffi fonner fes trompettes environ demye heure : mais

1589.

(a) Il eft vraifemblable que ce Capitaine Fontette étoit Philibert de Fontette, un des ancêtres des deux branches de *Fontette Saumery*, & *Fontette Vaumain* qui exiftent encore en Bourgogne. Le teftament de Philibert de Fontette, en 1588, porte qu'alors il alla joindre l'armée du Duc de Mayenne où il avoit charge de Capitaine.

1589. ils ne passerent point le vallon. L'on n'en sçait pas la cause, sinon qu'ils n'avoient point avec eux leurs gens de pied. A cause de ce temporisement, ledit sieur de Tavannes fit avancer ses gens de pied en la plaine, & après le suivit ayant laissé sur le haut de ce vallon quelque temps douze chevaux, & arriva de jour à Sainct Tibaut en Auxois, & le lendemain à la ville de Semur.

Or le moyen d'agrandir le party du Roy en Bourgongne estoit que les forces y employées pour son service fussent souvent à la campagne, tant pour y faire joindre partie des Gentilshommes demeurans en leurs maisons aux champs, mettre ensemble de l'infanterie pour d'autant affoiblir celle des ennemis, qu'aussi pour exécuter des entreprises sur des villes & places, afin d'eslargir les logements des garnisons, & avoir plus de créance parmy ceux de cette province-là. Ce consideré par le sieur de Tavannes, il assembla ce qui luy fut possible de cavalerie, & gens de pied, & se résolut d'aller assieger la ville de Saulieu, en laquelle n'y avoit que les habitans. Ce qui estoit assez difficile ; car elle estoit fossoyée, flanquée de tours ès environs, & ravelins en deux portes, & luy n'avoit point d'artillerie : en sorte qu'estant bien deffendu l'on ne la pouvoit prendre, 1589. que par la mine ou la sape. Ainsi s'en estant approché, il se logea, & sa cavalerie avec un Regiment de gens de pied, en un grand fauxbourg, qui s'estend depuis l'une des portes bien avant le long du fossé, n'y ayant que la largeur de trois ou quatre charrieres entre deux. Il fit faire des mantelets, pour approcher la muraille dans les fossez, ses corps de gardes bien dressez à l'advenuë des portes, & à celle qui estoit de l'autre costé de la ville, fit loger le Capitaine de Beluze, avec bon nombre d'hommes pour en attaquer le ravelin, & mit des gens au lieu, où le fossé se deschargeoit, pour rompre le terrain, afin d'en faire vuider l'eau. Et avant que ledit Beluze commençast, ayant fait treve de demye heure, avec les habitans de la ville, le sieur de Tavannes faisant marcher deux soldats devant luy, alloit luy seul après, sous prétexte d'aller de l'un des cartiers à l'autre, & ainsi il la reconnut. Cela fait, & n'ayant rien obtenu de la sommation faite aux habitans, commença à faire descendre les mantelets dans le fossé, pour venir à la sape, ou à la mine : & à mesme temps la Beluze ayant gaigné moitié du ravelin qu'il attaquoit, les ennemis de dedans estoient contraints se departir en plusieurs lieux, craignans d'avoir une escalade, & n'osoient que fort peu paroistre aux fenestres des murailles, parce que les arquebuziers, & mousquetaires logez dans les couverts des maisons du grand fauxbourg, les tiroient incontinent qu'ils paroissoient : de sorte qu'un nommé Savot, & deux autres des principaux y furent tuez : ce qui esbranla fort les ennemis. Ainsi se voyant vivement attaquez en plusieurs lieux, dans cinq jours après celuy de l'arrivée des troupes, ils receurent le sieur de Tavannes; lequel leur bailla le sieur des Barres pour Gouverneur, & le sieur de Grand Capitaine de gens de pied, avec deux cens hommes payez des deniers du Roy, sans que les habitans fournissent aucune chose pour eux: & ne leur fut enjoint autre chose que de faire le serment au Roy, & rendre l'obéïssance deuë au sieur de Tavannes, comme à son Lieutenant general en la province. Lequel dès lors ordonna qu'un homme par jour de chacune maison des habitans pour quelque temps eust à travailler, à porter des terres aux remparts derriere les murailles de la ville, où il n'y en avoit point. Ce mesme ordre avoit esté mis aux autres villes, incertain des desseins, qu'on disoit que vouloit faire le

Duc

Duc de Nemours, pour les ennemis. Ce doux traitement que les habitans desdites villes receurent du sieur de Tavannes, estoit pour attirer ceux de celles qui n'estoient point reduites à leur devoir; en quoy il n'employoit pas seulement ses travaux pour en faire la reduction à l'obéissance de sa Majesté: mais aussi son bien, plusieurs sommes de deniers qu'il prenoit à constitution de rente, pour le payement des garnisons qu'il y mettroit; que pour satisfaire à l'entretenement des troupes, qui l'accompagnoient à la campagne, pour la guerre qu'il faisoit aux ennemis. Ses terres qui estoient en la province luy facilitoient cet emprunt: à quoy il estoit assisté des sieurs Présidents *Fremiot*, & *Vaugrenan*, desquels deniers il a esté depuis en partie degagé par le Roy.

Les propositions des entreprises ne viennent pas souvent à la fin qu'on a projetté: pourtant il n'est pas séant de n'en faire point, & de demeurer les bras croisez, quelques unes en reussissant tousjours: que si elles viennent à manquer, c'est plutot par le déffaut de ceux qui commandent, comme se peut juger par ce qui s'ensuit. Le sieur de Tavannes avoit fait investir de loin la ville de Dijon, capitale de Bourgongne sans que l'on s'en ap-

1589. perceut, afin de s'en faifir à l'improvifte, ayant fait loger le Regiment du Baron de Chigy, au bourg de Pontailler, de quatre cens arquebuziers, quatre lieues près celuy d'Epinart au bourg fermé d'Iffurtille, auffi quatre lieues près, & avancer fa cavalerie à Sonbernon, cinq lieues de la ville de Dijon, où laiffant le Baron de Lux, pour y commander en fon abfence, s'achemina en diligence, avec vingt chevaux feulement, à la ville de Saint-Jean-de-Laone, où ayant joint avec foy deux cens hommes de pied, & le fieur Defpeilles qu'il y avoit étably Gouverneur, & quelque cavalerie y eftant, & fait porter des efchelles, & halebardes fur des chariots, fe trouva une heure & demye avant jour au village de Lonvi, demye lieue de Dijon. A mefme heure le rendez-vous de ceux qui eftoient logez éfdits lieux eftoit donné; la cavalerie s'y rendit à mefme temps. Le Regiment du fieur d'Efpinart, jeune homme peu vigilant, s'eftant mis en chemin ne s'y trouva point : celuy du Baron de Chigy non plus, qui s'eftoit auffi mis en chemin trop tard, pour s'eftre amufé à fe faire donner quatre cens efcus, par les habitans de Pontailler. Le fieur de Tavannes l'ayant depuis fait mettre prifonnier, les luy fit rendre. Ainfi fans la faute de ses Maistres de Camp, le boule-1589. vard de ceux de ladite ville de Dijon, bas de courtine, & non parachevé, se pouvoit facilement escalader, & estant dessus avec quelques petites eschelles gaigner la muraille: l'ordre qu'on devoit tenir, estant dedans si bien ordonné, que l'éxecution de l'entreprise estoit infaillible. De là ses troupes s'acheminerent à Issurtille, où une escalade tentée à la ville de Talan, fut inutile. L'on prit du sel au dessous du Chasteau de *Saut-le-Duc*, que tenoient les ennemis, dans le bourg, qui accommoda aucunement les troupes. Depuis le Duc de Nemours s'estant saisi de de la ville d'Autun, le sieur de Tavannes y ayant dessein, s'en estoit approché à deux lieues, vint à Dijon. Ledit sieur de Tavannes s'estant presenté avec ses troupes à la campagne à demy quart de lieue de là, pour y attirer ledit sieur de Nemours, qui ne voulut point sortir; s'en retourna en Auxois du costé de Flavigny & Semur. Depuis estant revenu à la ville de Sainct Jean-de-Laone, où il avoit establi Gouverneur le sieur *Despeuille*, & n'y ayant mené que sa compagnie d'hommes d'armes, avec la garnison qui estoit dedans, il deffit le Regiment de gens de pied du sieur de *Cham-Fourcaut*, & depuis à la veue de

1589. ceux de la ville d'Auxonne, la compagnie de gens de cheval du sieur de *Mon-moyen* (a) Gouverneur de la ville de Beaune, logée en un village proche d'Auxonne, où son Lieutenant le Chevalier Simeon, & plusieurs autres furent pris prisonniers, avec bon nombre de chevaux & butin gaigné. Le mesme sieur de Tavannes en ce temps empescha trois cens arquebuziers sous la charge du Capitaine *Conflant*, qui vouloient aller en garnison à Seure: ainsi qu'ils commençoient à passer la riviere du Doux, proche le village de Longepierre, sur l'advis qu'il eut du sieur Comte de Charny, que s'il les empeschoit d'y entrer, ceux de la ville de Sure se reduiroient sous l'obeïssance du Roy, recevroient ledit sieur Comte, comme ils luy avoient fait entendre: mais après ils luy manquerent de parole car ceux qui ont desja faussé la foy à leur Roy, ne la tiennent pas volontiers aux autres. Le reste de l'automne de l'année mil cinq cens quatre-vingt-neuf, fut employé par ledit sieur de Tavannes à fatiguer les ennemis qui estoient en la ville de Dijon, où leur conseil d'union se tenoit, &

(a.) Le sieur de *Montmoyen* étoit maître d'hotel du Duc de Mayenne. (Lisez les notes du Journal de Henri IV par l'Etoile, tome II de la derniere édition, page 192.)

à prendre quelques chasteaux, comme ceux de Blaisi, Gilli, Saint-Seine & Argili, tous situez à quatre ou cinq lieuës de ladite ville, & y mettre garnison : lesquels après avoir esté ainsi munis d'hommes ne se pouvoient prendre qu'avec trois ou quatre canons, encores y employant du temps, pendant lequel il les pouvoit secourir. En son absence les garnisons qu'il avoit laissé à la ville de Flavigny, la plus part des gens de pied des compagnies, des Capitaines Longueval, Argelot, Ville-franche, & les arquebuziers à cheval du Capitaine Sainct-Mathieu, deffirent au village de Coion à quatre lieuës de Dijon, la compagnie de soixante Maitres du sieur de Montigny, prirent sa cornette, qui fut envoyée au Roy à Estampes.

La mesme garnison de Flavigny se saisit du Chasteau de Sommese, où furent mises, par commandement du sieur de Tavannes, quelques garnisons, lequel ayant failly à charger des troupes qui estoient sorties de la ville d'Auxerre, avec deux pieces d'artillerie, pour prendre une petite ville, il assiegea la ville de Chastillon sur Seine, où s'estant mis à pied avec partie de son infanterie, des Regiments de Blanchefort, & Coublan, ayant laissé sa cavalerie près de là, en bon ordre,

1589. se saisit de l'Abbaye proche de ladite ville, nonobstant la resistance des soldats, & gens de cheval qui estoient dedans; & à mesme temps de l'Eglise, sur le bord du fossé proche le Chasteau que le sieur de *Roche-Baron*, avec le Regiment de gens de pied du Baron de Chantal, prit, & en chassa les soldats qui estoient dedans. Il prit aussi l'Eglise des Cordeliers proche les fossez de la ville, où le Capitaine la Baume se logea. Ledit sieur de Tavannes avoit advisé avec ceux qui sçavoient les lieux de la ville de la forcer entre icelle & la basse ville fermée, qu'on appelle Chaumont, en forçant par la prairie un pont, & la porte qui estoit foible au bout d'iceluy; mais les longueurs qu'amenerent aucuns Maistres-de-Camp de gens de pied, d'éxecuter le commandement qu'il leur en avoit fait, rompirent ce dessein : donnant loisir au sieur de Guionuelle, de mener en la ville un secours de quatre-vings hommes de cheval bien armez. Ce qui fut cause de lever le siege, n'ayant point d'artillerie, & s'aller loger au village des Risseys, où les sieurs de Pralain & Saint-Falle vindrent inviter le sieur de Tavannes d'aller aux fauxbourgs de la ville de Troye, se loger avec ses troupes, pour se prévaloir de quelque mutinerie qui y pourroit reüssir (disoient-ils) : mais n'y ayant aucune apparence, il n'y voulut point aller, estant bien plus important d'aller recevoir sur la frontiere au Comté de Bourgongne, au village du Fay, quatre lieües près de Langres, six mille Suisses, qu'amenoient les sieurs de Sancy, Beauvois la Nocle & Guitry : lesquels Suisses ne vouloient point entrer en France, que ledit sieur de Tavannes ne leur menast sa cavalerie, & autres forces de son Gouvernement de Bourgongne, qui estoient près de luy : comme il fit (a) suivant le commandement qu'il en avoit du Roy, & avec les mesmes forces les conduisit jusques près de la ville de Troyes, où M. le Duc de Longueville les receut, & les mena avec des autres forces à Sa Majesté, proche la ville de Paris, qui estoit lors assiegée. Et depuis ledit sieur de Tavannes accompagna de mesme le sieur (b) Tichechomberg, qui alloit trouver le Roy, avec

(a) Davila (Hist. des guerres civiles, Liv. X, p. 467, tome II) confirme ce fait. Il nous apprend que Sancy avoit d'abord rencontré le Comte de Tavannes avec cinq cens chevaux sur les frontières de la Bourgogne.

(b) Gaspard, Comte de Schomberg avoit été envoyé par Henri III pour lever des troupes en Allemagne. Est-ce lui dont il s'agit ici ? si on admet le fait,

cinq ou six cornettes de Reitres, & bon nombre de Lansquenets, que le sieur de Sancy avoit fait lever en Allemagne, & ayant esté près la ville de Chaumont, pour attirer le sieur de Guionvelle, qui y avoit nombre de cavallerie, où il n'y eut qu'une escarmouche, surprit la ville de Chasteau-Vilain, prit le chasteau de Mara, & mena avec luy à Flavigny une couleyrine, qu'il avoit eu de ceux de la ville de Langres. On peut dire veritablement & sans vanterie, que ce n'etoient pas petits services, mais utiles à Sa Majesté, faits par ledit sieur de Tavannes à la Noblesse de Bourgogne, de tendre la main à ces estrangers, qui venoient à son secours, & en mesme temps faire la guerre dans le pays, sans autres deniers, pour payer, & entretenir les troupes, que ceux qui se levoient dans les mesmes pays l'espée à la main, & sans estre assistez d'aucunes autres troupes envoyées par Sa Majesté : estans souvent ledit sieur de Tavannes, & quelques particuliers avec luy, contraints d'emprunter de l'argent pour subvenir aux urgentes necessitez. Aussi n'y a-t-il point un plus poignant aiguillon pour exciter les hommes, à employer leurs biens

son retour en France fut posterieur à l'époque que l'Auteur des Mémoires parcourt en ce moment.

& leurs fortunes, & *coucher* (comme l'on dit) *de leur reste*, que l'affection qu'ils ont au bien de leur Prince souverain, de leur patrie, & de leur honneur, pour faire paroistre leur fidelité, & fournyr ce loüable exemple aux autres, lesquels à leur imitation se portent à leur devoir : & bien qu'ils n'en soyent recognus par la depravation du siecle, ou l'ingratitude des Princes, du moins la loüange leur en demeure éternelle.

Fin du troisième Livre.

MÉMOIRES
DE
GUILLAUME DE SAULX,
SEIGNEUR
DE TAVANNES.
LIVRE QUATRIÈME.

1589. Le cours de cinq mois, pendant lesquels ledit sieur de Tavannes, & les gens de guerre pour le Roy Henry troisiesme en Bourgongne, avoient tenu la campagne, s'estans escoulez au premier d'Aoust, mil cinq cens quatre-vingts-neuf; jour qu'on peut nommer malheureux, auquel au milieu de trente ou quarante mille hommes de guerre, qui assiegeoient la ville de Paris, Sa Majesté fut traiteusement meurtrie à Sainct-Cloud, d'un coup de cousteau poussé de la main d'un (a) Jacobin, par

(b) On sait que ce monstre est *le frère Jacques Clément*. La plupart des Mémoires, qui vont suivre, nous retraceront cette horrible catastrophe. Mais aucun d'eux n'offrira à cet égard un tableau plus vrai & plus attendrissant que les Mémoires du Duc d'Angoulême. L'illustre Auteur de cet ouvrage en le composant, a fait l'éloge de son cœur.

l'artifice des chefs, & Prescheurs rebelles de 1589 la Ligue, poussé des fureurs infernalles; nos pechez contre Dieu, ayant excité son courroux à permettre ce désastre. Henry quatriesme de la lignée de Bourbon, descendu de Sainct-Louys, comme le plus proche parent du defunct, fut recognu Roy de France & de Navarre, & la prise de la ville de Paris, qui estoit infaillible sans cet accident survenu, fut sursise. Incontinent après le Duc de Mayenne, & le President Jannin, l'un de ses principaux Conseilliers, envoyerent le sieur de Toire de la maison de Chamesson, avec plusieurs lettres, lors que les troupes de Bourgongne estoient ensemble à Mulison, quatre lieuës de la ville de Flavigny, aux sieurs de Tavannes, de Ragny, Marquis de Nesle, Cipierre, Barons de Lux, de Soucey, de Chantal, & autres chefs, pour les inciter à prendre le party dudit Duc, qu'ils estimoient estre de l'*Union*, & de l'Eglise Catholique; mais tant s'en faut qu'ils y voulussent entendre, qu'au contraire ledit sieur de Tavannes les ayant tous assemblez, leur fit prester le serment de fidelité au Roy Henry IV, & les fit jurer tous de s'employer à venger la mort du Roy décedé: & fut si bien pourveu par luy qu'aucuns qui s'en vouloient esloigner se rendirent après des plus fermes à y satisfaire. Le Parlement qui estoit à la ville de Flavigny, fit le mesme serment à l'instance du President Fremiot, qui estoit present à celuy de la Noblesse. Dès lors lesdites troupes s'acheminent avec ledit Sr de Tavannes, du costé de la riviere de Saone ; refusent la treve demandée par le Baron *du Brouillars* de la part des ennemis, & faillent de bien peu à prendre la ville de Nuys, passent la riviere, & celle du Doux, prennent les villes de Verdun, Louan, repassent la riviere de Saone entre les villes de Chalon, & Tornus, rebelles, se saisissent des villes de Charolles & Paret, les unes par assaut, les autres par intelligence ; esquelles fut mis garnison. Les ennemis qui vindrent en leurs mains, furent passez au fil de l'espée sans remission : tant la vengeance de la mort de leur Prince, les avoit justement animez. Ces choses ainsi vaillamment éxécutées, les gens de guerre qui s'y estoient employez retournerent ès garnisons des villes, & places reduites aux Bailliages d'Auxois. Le conseil des rebelles establi à la ville de Dijon, fit acheminer le sieur de Guionvelle, avec quelque cavalerie, & pieces de campagne qui allerent avec ce qu'ils peurent mettre ensemble, attaquer la susdite ville de Verdun, où le Baron de Viteaux, après avoir pris le party du Roy, avoit esté 1589. laissé Gouverneur, avec deux cens arquebuziers, & sa compagnie de gens de cheval. Ils s'en saisirent en trois jours, à cause de l'abscence dudit Baron, qui estoit allé en sa maison, & l'esloignement des gens de guerre susdits : les ennemis y laisserent bonne garnison. Ils y furent si promptement qu'ils ne donnerent pas le temps de la fortifier : mais ce Gouverneur s'oublia grandement, l'abandonnant si tost, au lieu de s'y tenir, & y faire travailler aux fortifications : aussi il en fut blasmé. Le Comte de Crusille qui n'avoit pas voulut se joindre avec le sieur de Tavannes, fut deffaict avec son Regiment de gens de pied, par le sieur de Guionvelle au bourg de Conche ; loyer à la verité digne de sa présomption.

En ce temps-là, Messieurs du Parlement de Bourgongne s'acheminerent de Flavigny à la ville de Semur, capitale du Bailliage d'Auxois, qui estoit plus commode pour leur logement. Le sieur de Tavannes comme Gouverneur de la Province, suivant les patentes du Roy, y tint les Etats des trois ordres d'icelle : où se trouverent quantité de Noblesse, plusieurs de l'Eglise, & du Tiers-Estat, & y fut proposé, & résolu ce qui estoit nécessai-

1589. faire pour le service de Sa Majesté, & bien de la Province; & pourveu à l'entretenement des garnisons, & forces de la campagnes. Il y excita un chacun à l'animosité, qu'ils devoient avoir contre les ennemis de Sa Majesté, & de la patrie. Or une partie des forces du pays, s'en allerent depuis à l'armée du Roy. Le sieur de Tavannes prit avec celles qui restoient, les Chasteaux de l'Edauré & Julli, lesquels incommodoient, la ville de Semur, assistez qu'ils estoient des garnisons des ennemis qui estoient au chasteau & bourg fermé de Viteaux. Il mit garnison au chasteau de Grignon, pour s'opposer à celles de la ville de Montbart, & empescher les courses qui se faisoient du costé de Flavigny & au chasteau de Blesi, à quatre lieues de Dijon.

1590. Après, l'hyver commença, & les compagnies se retirerent aux garnisons pour y avoir quelque repos. Au commencement de Janvier de l'année mil cinq cens quatre-vingt-dix, le sieur de Tavannes s'achemina avec son train seulement, pour aller trouver le Roy à Laval (a) en Bretagne, recevoir ses

(a) Au lieu de Laval en Bretagne, il faut lire Laval dans le Maine. En rapprochant nos Historiens de l'itinéraire de France, on voit que sur la fin de l'année 1589, Henri IV prit Alençon, Laval, Sablé &c.

commandemens, & luy faire entendre le pro- 1590.
grès au bien de son service, que son travail
& la diligence de ses serviteurs avoient pro-
duits en Bourgongne en huict ou neuf mois,
ayant pris sept ou huict villes & plusieurs
chasteaux, défaict à diverses fois des troupes
ennemies : & outre il luy proposa les moyens
qu'il sembloit devoir estre tenus pour réduire
entierement cette Province à son obeïssance ;
soit en fatiguant les grandes villes, logeant
des garnisons és places voisines d'icelles, &
en attaquant quelques-unes ; aussi se fortifier
avec les forces du pays de quelques estrangers, pour tenir la campagne, ou troupes
que le Roy envoyeroit avec artillerie sous un
Prince, ou Mareschal de France. Pendant son
absence du pays, le Legat Caietan envoyé du
Pape, s'achemina à Dijon, & l'armée de
Lorraine s'approcha de luy pour favoriser son
passage allant à Paris. Qui fut cause que le
Roy renvoya, pour y apporter empeschement,
ledit sieur de Tavannes, après luy avoir fait
bon accueil, & promis assistance en ce qu'il
désiroit, au pluftost que la commodité s'offri-

Il séjourna particulièrement à Laval le 16 Décembre;
& il est constant que le Monarque n'alla point en
Bretagne cette année, ni la suivante.

1550. roit, & l'avoir ouy particulierement en son conseil. A son retour il passa entre Orléans & Bourges, où les garnisons de cavalerie qui estoient dans ces places couroient ordinairement la campagne. En allant il avoit passé à la suitte des victoires du Roy, ès villes de Vendosme & au Mans, qui avoient esté naguerès prises; bien marry à son retour d'entendre, que ce Legat (a) estoit jà bien avancé en Champagne.

Le printemps venu de ladicte année mil cinq cens quatre vingt dix, les garnisons de party & d'autre alloient à la guerre sans grand fruict, une entreprise sur la ville de Mont-

---

(a) « Les Lanskenets (raconte M. de Thou, Liv.
» XCVIII) qui estoient au service du Duc de Lor-
» raine, passerent ensuite en Champagne sous la con-
» duite du Capitaine Saint-Paul, & delà en Bourgo-
» gne; ils joignirent le Cardinal de Cajetan à Dijon,
» & l'escorterent jusqu'à Paris. On ne peut exprimer
» les excès qu'ils commirent sur toute cette route.
» Les Eglises mesme ne furent pas à l'abri de leurs
» insultes. Quoique l'on fût en carême, ils ne faisoient
» point difficulté de manger de la viande. Ils en
» badinoient publiquement, disant qu'ils le pouvoient
» faire en conscience, parce qu'ils menoient avec eux
» le Légat du Pape. Ce Cardinal, chemin faisant,
» leur donnoit tous les jours l'absolution, & leur ou-
» vroit les trésors du Ciel ».

bart, par ceux du party du Roy faillie, 1590.
fut assemblé le conseil à Semur, en nombre
de vingt hommes & plus, tant de Messieurs
du Parlement que des chefs des gens de
guerre, pour resoudre ce qui seroit à faire:
où fut advisé que suivant l'advis que l'on en
avoit eu, qu'en une forte & grosse tour
proche la ville de Marsigny, nommée *Milamperle*, qui estoit pleine de sel, y avoit
garnison des rebelles de la ville de Lyon,
qui le devoient en bref conduire à ladicte
ville de Lyon : que les troupes du Roy y
allant, le pourroient enlever pour les payer,
& employer les deniers aux urgentes necessitez, & de plus oster cette commodité aux
rebelles : à quoi les chefs se disposerent, excepté les Barons de Lux, & de Viteaux,
qui n'aguère avoient pris le party du Roy;
ausquels le sieur de Tavannes dit que *depuis
qu'ils ne vouloient s'acheminer à cette entreprise, que leurs compagnies estoient au Roy,
& qu'avec l'authorité qu'il avoit, il les meneroit avec luy*, comme il fit; & ces Barons
demeurerent en leurs maisons. Ainsi avec
deux cens Maistres de gens de cheval, &
mille hommes de pied, il passa proche Nuys,
où le Marquis de Mirebeau (a) le vint joindre,

(a) Jacques Chabot, Marquis de Mirebeau, se fi-

avec vingt-cinq Maiſtres de ſa troupe; lequel vouloit aller faire guerre à part du coſté de Langres; mais s'eſtant rapporté à ſes compagnons, s'il devoit eſtre de la partie, ledit ſieur de Tavannes les perſuada d'aller avec luy, & le Marquis meſme s'y accorda. Il euſt auſſi-toſt la charge de mener les coureurs, où il s'avança tellement ſans attendre les troupes, qui ne vouloient point laiſſer leurs bagages derriere, que le ſieur de Biſſy qui eſtoit avec cinquante chevaux dans la ville de Beaune, l'en voyant approcher le chargea, & luy tua deux Gentilshommes de coups de lances : que ſi ledit ſieur de Tavannes ne fuſt arrivé avec ce qui le ſuivoit, pour le ſouſtenir, la troupe dudit Marquis euſt eſté deffaicte. Ledit de Biſſy ſe retira à Beaune, & les troupes arrivées proche la ville de Marcigny, la tour du Sel nommée Milamperle flanquée de gueritces, & bien foſſoyée, fut

gnala particulièrement au combat de Fontaine-Françoiſe en 1595. On en a la preuve dans une lettre de Henri IV à la Princeſſe Catherine ſa ſœur. *Beaucoup de mes jeunes Gentilshommes* (lui mandoit-il) *me voyant par-tout avec eux, ont fait feu en cette rencontre... Entre leſquels j'ai remarqué Grammont, Termes, Boiſi, la Curée & le Marquis de Mirebeau, &c...* (Journal de Henri IV, par l'Etoile, Tome II de la dernière édition, p. 211.)

attaquée par le commandement du sieur de Tavannes, qui fit approcher quelques mousquetaires, à la faveur de certains chariots de foin, avec dessein de venir de là à la sape. Après quelques arquebuzades tirées, trente soldats qui estoient dedans, douteux si l'artillerie venoit après, ignorans en avoir, voyant faire ces approches, se rendirent. Le mesme en fit la ville, laquelle avoit fait difficulté d'ouvrir les portes. Aussi-tost il establit au sel, pour en faire distribution selon ses ordonnances, des Receveurs & Controlleurs, afin d'en tenir bon compte. Les compagnies de cavalerie & Regiment de gens de pied en furent payez, lesquels avoient esté longtemps sans faire montre : plusieurs Gentilshommes volontaires en eurent aussi leur part. Or comme il y alloit une grande longueur à cette distribution, & que leur logement estoit escarté, à cause qu'en ce païs-là les paroisses sont de plusieurs villages, & en chacun quatre ou cinq maisons seulement : ledit sieur de Tavannes faisoit ordinairement battre l'estrade en deux troupes, & sollicitoit les Gentilshommes voisins, de luy donner advis des ennemis, afin qu'il ne fut surpris à l'improviste. Ayant eu nouvelles qu'ils venoient à luy au nombre de trois cens chevaux, sous

1590.

la charge du sieur de la Varenne Gouverneur de la ville de Mascon, il donna rendez-vous proche Marcigny, à toutes les troupes; & après en avoir fait la reveuë, à laquelle le sieur de Cipierre qui avoit desjà sa compagnie d'ordonnance sur le lieu, arriva avec vingt Maistres, venant du Baillage d'Auxois, qui luy dit que sur le bruit que les ennemis venoient à luy il l'estoit venu trouver : ledit sieur de Tavannes leur ordonna de se trouver une heure avant le jour, au lieu de cette reveuë, ayant sceu que les ennemis n'estoient plus qu'à six lieues de là. A quoy fut satisfait, iceux ennemis n'estant plus qu'à quatre lieues, comme avoit esté rapporté le matin. Ledit sieur de Tavannes s'achemina au devant d'eux, ayant laissé ses gens de pied à Marcigny, avec l'ordre suivant. Le Marquis de Mirebeau avec sa troupe de cavalerie, menoit les coureurs, une compagnie d'arquebuziers à cheval à sa droite : après pour le soûtenir, le sieur de Cipierre avec sa compagnie de cavalerie, & une d'arquebuziers à cheval : le sieur de Tavannes suivant menoit le gros des troupes. Comme ils eurent fait deux lieues, les paysans les advertirent, que les ennemis se retiroient devant eux à demye lieue : ce qui les fit avancer partie au

pas, partie au trop, sans rompre leurs ordres. 1590.
Enfin sur l'entrée de la nuit, ayant fait six
lieues, ils arriverent à Lespinace, où les
ennemis pour la pluspart estoient logez, &
n'avoient encore posé aucune sentinelle. Lors
le sieur de Tavannes ordonna au sieur Marquis de Mirebeau, de charger dans le village, & fit mettre les arquebuziers à cheval,
pied à terre, & le feu dans une maison pour
donner clarté, & qu'il demeureroit avec le
reste de la cavalerie aux advenues du village
attendant les ennemis qui monteroient à cheval. Ledit sieur Marquis s'en acquitta bien.
Là furent pris plusieurs prisonniers, & butin,
& quelques-uns demeurerent sur la place,
mesmement de ceux qui sortirent à cheval
du village, & trouverent la cavalerie en teste.
Ledit sieur de Tavannes vouloit encore aller
charger la compagnie de cavalerie du sieur
de Bissy logée à une petite lieue de là; mais
les Capitaines qui estoient avec luy n'en furent pas d'advis, se contenant de cet effet,
après lequel il se retira la nuit avec eux audit
Marcigny, ayant fait quatorze lieues, où ils
employerent le reste du temps, necessaire
pour la distribution du sel. De là ils s'acheminerent du costé du Bailliage d'Auxois, où
tost après fut résolu, que les forces de Cham-

1590. pagne conduites par le sieur de Tinteville, qui en estoit Gouverneur pour le Roy, & celles de Bourgongne par le sieur de Tavannes, Gouverneur audit païs, pour sa Majesté se joindroient ensemble accompagnez de quatre cornettes de Reitres du sieur Dammartin, & quelques Lansquenets qu'ils avoient esté recevoir sur la frontiere, afin d'assaillir quelques places au Bailliage d'Auxois, qui incommodoient le party de sa Majesté. Et ce avec deux canons & une coulevrine, qu'ils avoient tiré de la ville de Langres : & furent pris les chasteaux de Duesme, & Tisi, proche celuy de Monreal, après quelques canonades tirées. Ce Monreal avoit esté peu auparavant surpris sur les ennemis par l'intelligence de Madame de Ragny (a). La ville, & chasteau

(a) Madame de Ragny, avant d'épouser François-Louis de la *Madelaine* Seigneur de Ragny, s'appelloit Catherine de Marcilly : elle étoit fille de Philibert Seigneur de Cypierre. Elle avoit été fille d'honneur de Catherine de Médicis ; c'est peut-être ce titre qui lui a valu place dans un pamphlet du tems, connu sous la dénomination de *Bibliothèque de Madame de Montpensier mise en lumière par l'avis de Cornac*... Le Livre, qu'on lui attribue, est intitulé : *Almanach des assignations d'amour par Madame de Ragny*... (Journal de Henri III par l'Etoile, dernière édition, tome II, page 63.)

de Montbart furent aussi attaquez, les faux- 1590.
bourgs fermez de murailles & de tours furent
pris : la ville battue, & un faux assaut donné
pour reconnoistre la breche, & travail qu'on
avoit fait au dedans d'une tour rompue de
l'artillerie. Les Lansquenets devoient pendant
iceluy faire breche, avec des pionniers
à la sape, à une muraille, où il n'y avoit
aucun terrain où ledit sieur de Tavannes les
avoit menez. A quoy ils manquerent, s'excusant
que les Capitaines de gens de pied
du Regiment de Champagne, qu'il leur avoit
donné pour marcher à leur teste, les avoient
abandonnez. Dans ladite tour fut tué le Capitaine
Bandeville, Gentilhomme de Champagne,
qui combattoit avec les ennemis,
& sans estre suivy de ses soldats. Le sieur
de *Beaujeu* valoureux Gentilhomme, qui
avoit esté Enseigne de la compagnie de
l'Admiral de Chatillon, fut aussi porté mort
d'une arquebuzade aux approches du pont de
la ville, lors que l'on dressoit sur iceluy des
barricades en biaysant, pour approcher la
porte. On fut contraint d'attendre des poudres,
que le sieur de la Ferté Imbaut, faisoit
venir du chasteau de Grancey. Cet effort
commencé, & les gardes posées la nuict, tant
de cavalerie que d'infanterie, pour éviter les

1590. surprises des ennemis, pendant ce temps le sieur de Tinteville ayant eu commandement du Roy, de laisser là toutes occasions, & mener les Reitres & Lansquenets avec les forces de Champagne, pour estre à la bataille d'Ivry; il s'y voulut acheminer, & neantmoins y arriva trop tard, & ramena les canons à Langres : cela fit lever ce (a) siege. Le sieur de Tavannes ramena la coulevrine à Flavigny, & les compagnies aux garnisons; partie desquelles, de celles de gens de cheval, allerent à l'armée du Roy. Ce qui donna sujet au sieur de Senessey, chef des rebelles, de battre & prendre le chasteau d'Argilli, à trois lieues de Dijon, en trois jours. Ce temps si bref empescha le

(a) M. de Thou (Liv. XCVIII) place à la tête de l'armée, qui fit le siège de Montbart, le Maréchal d'Aumont. L'Auteur des Mémoires, au contraire, n'en parle point, & dit qu'il se réunit pour cette opération avec Joachim de *Dinteville*, qu'il appelle *Tinteville*. D'ailleurs M. de Thou, nomme parmi ceux qui assistoient le Maréchal d'Aumont d'Inteville, de Tavannes, de Cypierre & de Beaujeu. Il fait également mention de la mort du dernier qui étoit (observe-t-il) un vieil Officier distingué par son expérience & son habileté dans l'art de la guerre. M. de Thou dit encore que le siège dura depuis le huit Février 1590 jusqu'au premier de Mars.

fieur de Tavannes de le pouvoir fecourir, 1590, quoy qu'il fe fut mis en chemin à cet effet avec fa compagnie de cavalerie, & celle du Marquis de Mirebeau. De là le mefme fieur de Seneffey alla du cofté de Lyon, avec quelques forces vers le fieur de (a) Sainct Serlin, frere du Duc de Nemours, où à une efcarmouche fut pris le Colonel Alfonfe, depuis Marefchal d'Ornano, que ledit fieur de Seneffey emmena à la ville d'Auxonne, où il eftoit Gouverneur, au defceu du fieur de Sainct Serlin. La rançon de ce prifonnier fut de vingt-mille efcus, payée des deniers dont les fieurs de Tavannes, Chevigny, & Préfident Fremiot s'obligerent pour luy. Il fut ainfi mis en liberté.

En la fuitte de ce fafcheux evenement en vint un autre. D'un mauvais accident le recit en eft trifte & douloureux. Dans ce travail, les hommes généreux fe laiffent fouvent porter à des deffeins téméraires. L'ambition les aveuglant, leur ofte la bonne conduite, qui fe doit obferver aux entreprifes hazardeufes; la promptitude par laquelle ils s'y précipitent, affoiblit leur jugement; com-

(a) Le Journal de Henri IV par l'Etoile, (T. II de la derniere édition, page 227) l'appelle Saint-Sornin.

1590. me il advint au sieur Despeville, Gouverneur de la ville de Sainct Jean de Laosne, lequel ayant fait des intelligences avec quelques soldats de la ville de Seurre qui estoit rébelle, ne considéra pas beaucoup, combien telles entreprises doubles sont subjectes à faillir : aussi comme il s'y estoient porté, il tomba mort d'une arquebusade sur le pont de ladite ville de Seurre, assez proche de la porte, où estoient les soldats de dedans qui faisoient semblant de se battre, & tirer l'un contre l'autre, pour le faire avancer. Il fut après remporté par les siens qui se retirerent, voyant ce malheur. Certes cette promptitude ne doit point empescher, que la valeur de ce Gentil-homme en plusieurs lieux ne soit à jamais recommandable. Le sieur de Tavanes en ayant eu advis à Flavigny, distant de Sainct Jean de Laone de dix-sept lieues s'y achemina en un jour, pour y mettre l'ordre nécessaire. Il y arriva si à propos que les ennemis assembloient desja des forces pour l'aller attaquer, lesquels par ce moyen en furent divertis. Son arrivée y servit à deux mois de là, à réduire la ville de Verdun sur la Saone, ensemble le sieur de Bissi qui en estoit Gouverneur, en l'obeyssance du Roy, par les négociations qu'il fit avec luy, comme aussi les Chasteaux de Chauffin, la Perriere 1590. & les Maillis. Il deffit partie de la garnison de la cavalerie, infanterie de Dijon conduite par le sieur de Pradine, qui vouloient faire escorte à quelques marchandises qu'on menoit dans la ville. Il fit aussi une entreprise sur le Chasteau d'Auxonne, par le moyen d'un homme d'armes de sa compagnie d'ordonnance, nommé le sieur de *Rougemont*, & en autre qui en estoit, lesquels avoient intelligence avec un Caporal de la garnison dudit chasteau, auquel on bailla quelque argent, & des promesses d'en avoir d'avantage, s'il y servoit bien le Roy. Il avoit promis de faire descendre sa femme par une eschelle de corde, au bas d'une tour dudit Chasteau, pour servir d'ostage : mais un de ceux qui estoit employé à ce dessein par le sieur de Tavanes, voulut incontinent monter à l'eschelle. Comme il fut au dessus, le sieur de Senessey, qui les attendoit avec sa garnison, craignant, s'il y entroit, que d'autres le pourroient suivre, dit *qu'il ne hazardoit pas ainsi son Estat*, & fit couper l'eschelle de corde, dont celuy qui estoit monté, nommé le Capitaine *Valot*, tombat tout armé du haut en bas, & en fut malade six mois. Les flancs des autres tours tiroient cependant dans

1590. les foffez, neantmoins il y en eut de bleffez des noftres. Environ ce temps les ennemis rebelles s'eftant mis en campagne, & pris quelques chafteaux; ce confeil affemblé à Semur d'aucuns de Meffieurs du Parlement, des Capitaines, & principaux Gentilshommes de la province; à fçavoir des fieurs de Ragny, Cipierre, les Marquis de Mirebeau, de Nefle, Baron de Soucey, & autres qui eftoient lors près le fieur de Tavannes; les Barons de Lux, & de Viteaux, s'eftans remis au party contraire à fa Majefté : ce confeil (dis-je) advifa de s'affembler pour changer ces troupes ennemies, & reprendre les places qu'ils tenoient entre la ville de Flavigny, & celles de Langres; qui empefchoient les intelligences, qui eftoient pour le fervice de fa Majefté, entre les provinces de Champagne & de Bourgongne; & à cet effet pendant que les troupes fe rendoient à un rendez-vous donné, le fieur de Tavannes envoya des efpions reconnoiftre les ennemis. Ils rapporterent qu'ils affiegeoient le chafteau de Trichafteau, où incontinent il s'achemina avec fes troupes, après avoir pris en chemin leurs efpions. Il trouva le fieur de Franceche (a)

(a) Cayet, dans fa Chronologie novennaire (patt. 3, p. 496) l'appelle *Francefco*; fon véritable nom étoit

Capitaine du chasteau de Dijon, avec quel- 1590. ques gens de cheval, qui investissoient le chasteau du Fossé, ayant laissé audit Trichasteau, le sieur de Senessey, avec les troupes ennemies qui avoient pris le chasteau, lequel se retira dudit Fossé, & se voyant pressé des coureurs, s'en alla à Trichasteau, où leur infanterie ayant fait de bonnes barricades, les conserva. Celles dudit sieur de Tavannes, n'estoient pas encores armées : aussi c'estoit sur l'entrée de la nuict ; ce qui fut cause que ledit sieur de Tavannes avec ceux qui l'assistoient, s'alla loger demye lieue de là au bourg d'Issurtille. Le sieur de Senessey, & les siens ayant pris l'espouvante, se retirerent toute la nuict à Dijon, avec un canon qu'ils avoient, laissant la campagne libre audit sieur de Tavannes, lequel incontinent alla assieger le chasteau de Trichasteau. Il le fit sommer par une trompette, auquel celuy qui commandoit dedans, nommé le Capitaine *la Verdure*, pour response fit tirer deux arquebuzades. Aussi-tost le sieur de Tavannes fit mettre en batterie deux pieces portans boulet de la grosseur du poing, qui avoient esté empruntées du chasteau de Grancey, pour abbatre

François de Boyot de *Francesque*. (De Thou, Livre CXII.)

1590. des garites qui flanquoient la courtine : ce qu'estant fait fut envoyé à icelle un Capitaine de gens de pied, avec ses soldats & quelques paysans à la sape. Nous avions logé des mousquetaires sur la contrescarpe, pour tirer ceux qui paroissoient au dessus de la courtine, laquelle se trouvant espoisse de six ou sept pieds, il fallut du temps pour y faire breche ; neantmoins l'ouverture estant de cinq ou six pieds de largeur, comme l'on estoit prest à y entrer ; ce *la Verdure* se rendit avec la place, à discretion, lequel *méritant la corde* (a), *fut aussi-tost pendu*. Le sieur Baron d'Aix, depuis Comte d'Escars, fut mis dans ladite place ; de laquelle il estoit Seigneur. Deux rebelles qui commandoient au chasteau de Saline qui n'estoit point tenable ; ayant laissé tirer les pieces, furent aussi pendus. Ils avoient esté ravis au Prevost par les soldats d'un Regiment de gens de pied, qui commençoit à marcher hors du logis : mais le

___

(a) Nous ne voyons pas pourquoi *la Verdure* méritoit d'être pendu. Etoit-ce à cause de sa résistance ? alors les ligueurs pouvoient invoquer le même motif, & pendre sans remission ceux qui ne se soumettoient pas à leur volonté. Avec ce code de sang on ne doit pas s'étonner des actes respectifs de férocité auxquels les deux partis se portoient.

fieur de Tavannes l'ayant fait mettre en or- 1590.
dre, les criminels furent reconneus dans les
rangs, ayant chacun une picque, & incontinent furent exécutez. Après cela les chafteaux de Meix, de Mignot, & Gratedos
furent pris. Ce dernier est situé à quatre lieues
de Langres, où il y avoit trente arquebuziers
à cheval sous la charge d'un Gentilhomme
nommé *du Mets*, qui couroit tout le païs,
& tenoit prisonnier le Seigneur, & la Dame
du lieu, lesquels furent delivrez sans payer
rançon. Deux compagnies d'Albanois en eftans proches, lors que l'on vouloit charger,
se retirerent de bonne heure. Ces expédi- 1591.
tions achevées, l'hyver estoit desjà fort rude
& les gardes qu'il falloit faire la nuict, où
d'ordinaire y avoit deux ou trois compagnies
de cavalerie, ayant fatigué les troupes, elles
se retirerent aux garnisons, jusques au mois
de May, que le sieur de Guitry qui estoit
à Langres, se voulant achever avec quelques
quelques gens de guerre qu'il conduisoit à
Geneve, contre le Duc de Savoye (a), où

(a) Dès l'année 1589, Jean de Chaumont sieur de
Guitry, s'étoit signalé en portant la guerre dans les
états du Duc de Savoye. M. de Thou (Liv. XCVI)
nous a transmis le détail de ces exploits. Guitry en
1591, alla encore recueillir de nouveaux lauriers. Ses

1591. il deffit les troupes de Senas, fut prié par le fieur de Tavannes, en y allant, de luy accorder un féjour de trois jours, proche la ville de Sainct Jean de Laofne; pendant lefquels avec la garnifon qu'il y avoit, il pourroit prendre les chafteaux de Rouvre & Bonencontre fur les advenues de Dijon, Beaune & Seurre. Ce qu'il luy accorda. Ces lieux furent affiegez avec deux pieces moyennes, & un canon que mena le fieur de Tavannes, où ayant pris les baffes cours defdits chafteaux, & place, ceux qui eftoient dedans fe rendirent. Il mit bonne garnifon dans celuy de Bonencontre, qui eftoit d'importance pour eftre bafty tout de brique, avec quatre grand pavillons à marchecoulis, les murailles de mefme, efpaiffes de fept ou huit pieds, avec de grands pilliers de pierre du haut en bas,

progrès rapides déterminèrent les Généraux Savoyards à rifquer l'événement d'une bataille. Elle fe livra au deffus de *Monthou* le 12 Mars 1591. *Sonnas* y périt avec la plus grande partie de la nobleffe Savoyarde. Guitry rappellé par le Maréchal d'Aumont qui affiégeoit Autun, revint le joindre devant cette ville; & c'eft dans l'Hiftoire de M. de Thou (Liv. CII) qu'il faut lire le récit des obftacles que ce brave Officier eut à furmonter. L'année fuivante il mourut d'épuifement à Gournay dans le Vexin. Guitry ne comptoit pas encore 60 ans.

&

& situé sur la riviere de Saone, qui fut depuis 1591. fortifiée par ledit sieur de Tavannes, de quatre boulevars, & doubles fossez, estant proche les villes de Seurre & Nuys, que les ennemis tenoient : aussi cette place luy appartenoit. Les troupes retirées à leurs garnisons, les rebelles de la Ligue, qui estoient sous la charge du Baron de Senessey, Lieutenant du Duc de Mayenne en Bourgongne, attaquerent sous la conduitte du sieur de Guionvelle, qui avoit amené des troupes de Champagne, avec deux coulevrines sorties de Dijon, le chasteau de Mirebeau, qu'ils prindrent en deux jours sans faire batterie, par ce que le sieur de Brion qui en estoit Seigneur, voulant secrettement en sortir, fut pris par le Capitaine de Gauche, & mené prisonnier par le sieur de Guionvelle en la ville de Chaumont en Bassigny, dont il estoit Gouverneur, où il paya rançon. Le sieur de Tavannes n'eut pas le loisir en si peu de temps, d'assembler les troupes, pour le secourir. Peu avant le Marquis de Mirebeau son fils, & le Baron d'Aix, allans avec leurs compagnies du costé de Bassigny & Langres, sans commandement, furent pris & menez prisonniers en Lorraine, par les troupes de Lorraine, conduictes par le sieur de Messley. Le chasteau de Gilli, à trois lieues de la

1591. ville de Dijon, sur le chemin de celle de Beaune, ayant esté pris par ledit sieur de Tavannes, fut depuis repris par le Duc de Nemours allant à Lyon, qui l'assiegea lors que ledit sieur de Tavannes estoit allé avec les forces de Bourgongne, vers le Mareschal d'Aumont, du costé de Chasteau-Chinon, proche le Nivernois, pour s'employer avec icelles près de luy à faire la guerre au Duché de Bourgongne, suivant le commandement qu'il en avoit du Roy.

Alors cette ville de Chasteau-Chinon fut reduite : c'est toute la conqueste (a) que ledit Mareschal fit audit pays, avec le Chasteau de la Motte, qu'il fit battre de quatre pieces d'artillerie, quoy que le sieur du lieu le luy vouloit rendre; il y vouloit entrer par une breche, & l'avoir à discrétion : ce qui luy fut aisé, car ceux de dedans ne faisoient aucune

(a) L'Auteur des Mémoires pour servir à l'histoire du Nivernois & du Donziois p. 213, donne plus d'extension aux conquêtes que le Maréchal d'Aumont & le Duc de Nevers firent dans cette province. Il cite spécialement la prise du Château de Mets où commandoit le Capitaine *la Tour*. *Pleuvant* de *Rochefort*, dont on a déja parlé, fut si indigné de la foible résistance de ce Gouverneur, qu'il le fit tuer à *Vezelay* où il s'étoit retiré après sa capitulation.

deffence, & nonobstant cela il fit pendre 1591. une partie des soldats qui estoient dedans. Ledit Duc de Nemours fit aussi pendre le Capitaine *Joannes*, qui commandoit pour les rebelles à la ville de Nuys, pour avoir conféré avec le sieur Tavannes, au milieu d'une campagne seul à seul, entre la ville de Sainct Jean de Laosne & le Chasteau de Solon. Le Mareschal d'Aumont s'estant acheminé plus avant dans le Duché de Bourgogne, proche des villes de Flavigny, Semur & Saulieu, reduites avant son arrivée à l'obeïssance du Roy, & où il y avoit de bonnes garnisons establies, il mit en déliberation quel dessein il devoit premierement tenter, avec deux ou trois canons qu'il avoit eu du Duc de Nevers; deux que le sieur de Tavannes avoit fait faire à Sainct Jean de Laosne, & une couleyrine qui estoit à Flavigny, que ceux de Langres avoient prestée audit sieur de Tavannes. Lesquelles pieces il luy amena; car il n'avoit aux exploits qui se presentoient, autres forces que celles de la Province; une compagnie de cavalerie du sieur de Chanlivaut (a), celle du Vidame de Chartres, qu'il

(a) René Viau, sieur de Chanlivaut fut un des vingt-huit Chevaliers de l'Ordre que Henri IV nomma en 1594.

1591. avoit amené, & celle du sieur de Guitry, Gentilhomme de valeur & de conduite, le Regiment de gens de pied du sieur de Milleron Briquemaut, & trois ou quatre compagnies de Suisses qui, peu de tems après, arriverent. L'advis du sieur de Tavannes & des principaux de ladite Province & du sieur de Guitry estoit, que la ville d'Autun, grande & peu forte, n'étant point la plufpart des murailles remparées de terrain, & flanquées seulement de tours, devoit estre attaquée & prise avant que battre le Chasteau nommé Renaut, lequel après pourroit venir plus facilement à composition. Il mesprisa tous ces advis, & suivant le sien seul, avec celuy d'un homme de robbe longue nommé *Lubert* (a), nullement usité au fait des armes, il se résolut de faire une mine sous un terrain de ladite ville, nommé la *Jambe de Bois*, laquelle ne réussit point. Après il fit battre le Chasteau, dont il en arriva de mesme, ainsi que l'on

(a) Le Journal de Henri IV par l'Etoile (tome II, p. 523.) fait mention d'un Pierre Lubert maître des Requêtes, qui en 1600 fut du nombre des Magistrats Commis pour remplacer à Grenoble les membres du Parlement à qui on permit de s'expatrier. Ce Pierre Lubert ne seroit il point le même que celui en qui le Maréchal d'Aumont déposa sa confiance?

pourra voir par le discours suivant. Le sieur de Guitry disoit aussi souvent du Mareschal d'Aumont, *qu'il se conseilloit en Latin, & seroit battu en François*. Les raisons proposées par les susdits, pour lesquelles l'on devoit assieger ceste grande ville, estoient la foiblesse du lieu, le peu d'hommes employez à la garde d'icelle, n'estant en tout que deux Regimens de gens de pied commandez par le sieur de Ratilly de Charolois & de la Castilliere (a), avec les habitans; la commodité des deniers, à cause des grandes decimes qui s'y levent, comme y estant establi une Evesché, qu'on en tireroit l'utilité pour sa situation, & la conjonction des forces de Bourbonnois & Nivernois, avec celles de Bourgongne : & fortifiant le bourg de René le Duc, toutes lesdites villes d'Auxois seront jointes avec celles d'Autun, ensemble le Chasteau de Moncenis, forte place, & celuy de Bourbon avec la ville ; cette estenduë estant depuis l'Auxerrois, jusques à la riviere de Loyre, du costé de Moulins. Au mois de

1591.

(a) Le discours véritable de la victoire obtenue par le Roi en la bataille près d'Yvri, imprimé à Tours chez Mettayer en 1590, (p. 17.) place un sieur de la *Castelliere* parmi les principaux Officiers de la Ligue qui furent pris.

1591. Juin doncques de l'année mil cinq cens quatre-vingts unze, l'on commença à faire les approches de celle d'Autun, où une partie du faux-bourg, du costé du Chasteau, fut bruslée; en l'autre le Régiment de Milleron Briquemaut s'y logea, & là auprès depuis logerent les Suisses, & és deux portes de ladite ville quelques gens de pied. Aussi fut mis deux compagnies d'Infanterie en garde du long d'une grande muraille, qui faisoit autrefois le circuit de la ville, où l'on estoit à couvert jusques sur le bord du fossé, qui n'estoit en cet endroit large qu'environ vingt-cinq pieds, dans lequel y avoit un terrain qui faisoit courtine, & flanc à la ville, nommé la Jambe de Bois. Auquel, par le moyen d'une galerie de bois dans le fossé, l'on faisoit une mine. Outre cela on avoit dressé en un lieu haut derriere la muraille une gabionnade, où estoient logez quelques mousquetaires, pour incommoder ceux qui paroistroient sur ce terrain principalement, lors que la mine auroit joué, & que l'assaut se donneroit en cette part là; auquel temps le sieur de Guitry devoit faire tirer quelques pieces moyennes près d'une Pyramide, placées de là le valon commandant audit terrain. Ces premieres attaques commencées, le sieur de Tavannes, suivant l'advis du conseil, s'achemina à Aleray, 1591. proche la ville de Verdun sur la Saone, avec sa compagnie de gensdarmes, & partie de celle du sieur de Saussay, jusques au nombre de six vingts Maistres, pour amener quatre compagnies de Suisses, & des poudres qui estoient à Verdun, trois lieuës de la ville de Chalon; où estoit la cavalerie ennemie, commandée par les Barons de Lux & de Tiange. Il ne fut plutot à Aleray & mis pied à terre, qu'il sceut par ceux qu'il avoit envoyé battre l'estrade, que les ennemis venoient à luy. Ce qui le fit incontinent remonter à cheval, pour les aller recevoir. Les premiers qu'il trouva furent quarante chevaux coureurs des ennemis, qui furent si vivement chargez de vingt des siens, soustenus de sa troupe, qu'après un leger combat ils furent deffaits, & vingt Gentils hommes des leurs faits prisonniers. Les troupes des ennemis estoient demeurées à un quart de lieuë de là. Ce qui leur donna loisir de se retirer à Chalon, après avoir esté suivis en ordre partie au trot, partie au galop près de deux lieuës. Le sieur de Bissi, Gouverneur de Verdun, qui avoit passé l'eau seul, s'y trouva, auquel le sieur de Tavannes presta un coursier : Les sieurs de Rubigny & Conforgien, qui estoient venus de Verdun,

1591. y furent aussi. Pendant cet exploit, les Suisses passèrent la riviere, & arrivez qu'ils furent à Aleray, en sortitent un quart de lieuë hors au devant du sieur de Tavannes, pour le favoriser: il les trouva bien ordonnez, & en bonne volonté de bien faire. Le lendemain il les mena à Autun, où il ne fut pas sitost arrivé qu'il retourna à la ville de S. Jean de Laosne, pour mener les deux canons qu'il y avoit fait fondre au mesme Autun. Il les y conduit seurement, les ayant fait charger sur des chariots & leurs affuts & balles pour aller plus diligemment. Aussi-tost qu'il fut arrivé, le Mareschal d'Aumont s'achemina à Moulinot, une de ses maisons, pour conférer avec le sieur de Seneffey, Lieutenant au païs pour le Duc de Mayenne, & quelques autres Chefs rebelles de la Ligue, pour les attirer au party du Roy, & en son absence luy (a) donna charge de faire joüer la mine, & y aller à l'assaut. Ce qui fut fait. Le Regiment d'Infan-

(a) M. de Thou (Liv. CII) prétend que le Maréchal d'Aumont pendant cette absence laissa la conduite du siege à Guillaume de Saulx, & à Cypierre, que ne pouvant s'accorder entre eux ils se pressèrent trop de donner l'assaut, que l'événement se passa le 2 Juin 1591, & que le lendemain dans une sortie les assiégés tuèrent beaucoup de monde aux assiégeants.

terie d'Escarousel y alla le premier, avec peu 1591.
d'effort : en estant retourné, un autre fut
commandé d'y aller, dont partie estoient
arrivez sur le haut du terrain. Ceux qui le
deffendoient, commençoient à fuyr dans la
ville sans le désordre qu'apportoient parmy
les gens de pied, aucuns Gentils-hommes de
qualité volontaires, qui se retirerent incontinent, & lesquels ledit sieur de Tavannes ne
peut dissuader d'y aller. Le Mareschal de retour, ne voulut point faire batterie contre la
ville, de cinq canons & deux coulevrines
qu'il avoit, suivant les meilleurs advis des
Chefs : ce qui eust apporté un grand advantage à son dessein. Il les employa à battre le
Chasteau, & les logea en un lieu si bas, que
la plus grande partie des coups donnoient à
la contrescarpe. Les deux coulevrines furent
mises sur un haut, où le sieur de Tavannes
eut charge de les placer, pour donner à un
flanc, qui deffendoit la breche ; mais sans
attendre qu'il fut levé, le mesme jour le
sieur d'Aumont voulut qu'on allast à l'assaut.
Ce que voyant le sieur de Tavannes, fit mettre pied à terre à trente de sa compagnie de
gensdarmes : le sieur de Soussey estoit près de
luy, & avec iceux alla trouver le Mareschal
pour recevoir ordre de luy, en quel rang il

1591. devoit aller à l'assaut ; mais luy voyant que le Regiment de Milleron Briquemaut n'y avoit peu subsister ; que le mesme Milleron y estoit demeuré mort ; ne voulut point que le sieur de Bissi, & ses deux fils, qu'il avoit ordonné, avec quelques gens de pied pour soustenir le susdit Regiment, ny le sieur de Tavannes y allassent. Il s'y tira sept ou huict cens canonades. Deux jours après le sieur Mareschal d'Aumont leva le siege, pendant lequel furent faites quelques sorties ; & une Enseigne de gens de pied emportée en la ville. Le sieur *du Val*, nonobstant les gardes de gens de cheval & de pied, y entra la nuict, & y mena six vingts hommes : un si grand circuit estoit bien difficile à garder. (a)

Mais le partement dudit sieur Mareschal de devant cette place, fut, à ce qu'il disoit, pour aller charger trois cens chevaux conduits par le Marquis de la Chambre, qui estoient passez près la ville de Beaune sept lieuës de là, pour aller trouver l'armée du Duc de Mayenne : & neantmoins il s'achemina

(a) Selon M. de Thou (ibid.) ce second assaut se livra le 18 Juin après l'explosion d'une mine. L'Historien motive la cause de la levée du siège d'Autun sur l'approche du Duc de Nemours avec des forces supérieures.

avec les troupes à la ville de Semur en 1591. l'Auxois; qui estoit un chemin bien esloingné de son dire: duquel lieu ledit sieur de Tavannes, avec sa permission, s'en retourna à la ville de Sainct Jean de Laosne, où, par intelligence, il pratiqua, moyennant la somme de six mille escus qu'il emprunta, pour bailler au Capitaine Bailly, Gouverneur du Chasteau de Vergy, la reddition de cette place, une des plus fortes de tout le païs, assise sur un rocher. Il fut auparavant conférer de nuict avec luy, avec deux hommes de cheval seulement proche d'icelle. En estant après le Maistre, il y mit bonne garnison, laquelle incommoda grandement les ennemis du Roy: car cette place estoit située sur l'advenuë de Dijon à Beaune, & autres villes au chemin de Lyon. En icelle furent menez depuis prisonniers les sieurs de Claveson, & Barbisi (a), Président au Parlement de Dijon, pris avec les instructions du Duc de Mayenne, pour le Duc de Nemours, concernant la ville de Seurre, & autres affaires importantes. Ils

(a) L'Auteur de la prise des ville & château de Beaune (tome VI des Mémoires de la Ligue, p. 292) l'appelle le Conseiller *Barbizy*. Il le place dans le nombre de ces *Ligo-Conseillers du Pseudo Parlement*, contre le Roi, séant à Dijon.

1591. payerent trois mille escus de rançon. Douze gensdarmes de la compagnie du sieur de Tavannes les osterent au Capitaine Nicolas, Gouverneur de la ville de Nuys, qui avoit vingt-cinq chevaux avec luy, & desià estoit arrivé près des portes de ladite ville, où il les conduisoit. Le Mareschal d'Aumont, pendant le siege d'Autun, contre l'advis des sieurs de Tavannes & de Guitry, fit une entreprise sur la Citadelle de Chalon (a), que le sieur de *Lartusie* qui en estoit Gouverneur, luy avoit promis de mettre en main, moyennant dix mille escus que luy devoit donner le Conseiller *Millet*, qui à cet effet s'y rendit prisonnier. On envoya après luy vingt hommes d'armes de la compagnie du sieur de Cipierre, & le Mareschal des logis *Berge*, pour y entrer par une poterne, descendant dans le

(b) M. de Thou (Liv. CII) varie sur les circonstances de cet événement. Il dit que le marché fait avec l'*Artusie* consistoit en trente deux mille écus d'or que les habitans de Châlons s'obligèrent de fournir. On employa ce stratagême (remarque-t-il) pour connoître ceux qui n'étoient pas affectionnés au parti de la Ligue. On eut soin de leur faire payer la somme convenue; & ce stratagême avoit eu l'approbation du Duc de Mayenne. D'ailleurs M. de Thou s'accorde avec l'Auteur des Mémoires par rapport à la ruse perfide dont usa le sieur de l'*Artusie*.

foffé. Ce *Lartufie* les y fit entrer à la verité ; 1591.
mais au lieu de leur livrer la place, il les
prit prifonniers, les mit à rançon, & fit
tirer quantité de moufquetades & coups de
pieces aux gens de pied qui les fuivoient,
n'oubliant pas pour tout cela de fe faire payer
de la fomme de dix mil efcus audit *Millet*. Ce
mefme *Lartufie* avoit voulu auparavant la
venuë du Marefchal en Bourgongne, ufer du
mefme ftratageme envers le fieur de Tavannes, qui s'en fçeut bien guarantir ; & pour
cet effet le confeil ayant efté affemblé à Saint
Jean de Laofne, fut envoyé avec paffe-port
de *Lartufie*, le fieur de Longueval en ladite
Citadelle, auquel ledit *Lartufie* dit que fi les
Prefidents Fremiot & de Crefpy vouloient,
avec fes lettres de fauf-conduit, entrer par la
mefme poterne, defguifez en habits de payfans,
qu'il traicteroit, & après mettroit la Citadelle,
& la ville au pouvoir du fieur de Tavannes,
l'y recevant avec fes forces : qu'il avoit toujours confervé l'affection au fervice du Roy,
comme fon fujet en Béarn. La legation du
fieur de Longueval entendue à fon retour, le
fieur Prefident Fremiot dit, *que tant s'en faut
qu'il voulut entrer en habit de Payfant par
la poterne, à la Citadelle de Chalon, qu'il
n'y voudroit pas entrer en habit d'Evefque.*

1591. estoit le sieur de Vesure, Lieutenant dudit sieur de Tavannes, en ladite place. Celuy là le trouva du tout esloigné de cette persuasion. L'ambition des Chefs qui commandent dans une Province, doit estre bornée au bien du Souverain & non à celuy du particulier, qui ne peut estre appellé bien, lors qu'ils manquent à leur devoir, & par l'authorité de leurs charges, font des changemens qui ne tendent qu'à leur profit. Car il a semblé à plusieurs qu'alors l'Estat de France se diviseroit, & qu'ils en auroient une piece. La vanité de leurs pensées ne consideroit pas que Dieu qui l'avoit maintenu entier plus d'onze cens ans contre les divisions, guerres civiles & autres troubles faits par les estrangers, le pourroit conserver encore long-temps, & que des mauvais desseins n'en vient que de la honte à ceux qui les font, & ravissent injustement à autruy ce qui luy appartient.

Ledit sieur de Tavannes sur ces occurrences escrivit depuis au Roy, dont le sujet sera cy-aprés mentionné. Les trois compagnies de gens de pied de la garnison de Saint-Jean de Laosne, s'estant allé rendre audit Vergy, il les y mit en garnison avec celle qui y estoit desja, & aussi sa compagnie de gensdarmes. Ledit sieur Mareschal l'ayant l'ayant depuis envoyé prier d'aller avec luy, pour le service du Roy en Bresse, après qu'il eut pris la petit ville de Louan, que le sieur de Chamsourcaut qui y commandoit luy rendit sous son asseurance, alla parler à luy. Ce qui fut sa perte : car le Mareschal luy fit trancher la teste. Ledit sieur de Tavannes y alla doncques avec sa compagnie de gensdarmes, & les trois de gens de pied, tant pour le service du Roy, que pour tascher à raccommoder ce qu'indiscretement ledit sieur Mareschal avoit fait à Saint-Jean de Laosne : & ayant esté avec luy jusques auprès de Bourg en Bresse, où le Marquis de Treffort avoit des forces, & de là par son commandement à la guerre du costé des villes de Mascon, & Pont de Vaux, avec une compagnie de Reitres qu'il luy ordonna, & la sienne susnommée, où il prit quelques prisonniers. Alors ledit sieur Mareschal s'en retourna du costé de la Bourgongne, & en passant proche la ville de Chalon, ordonna dix hommes d'armes de chacune compagnie de cavalerie sous sa cornette blanche portée par le sieur de la Serrée, pour se presenter auprès, afin d'attirer la compagnie de gensd'armes du Duc de Mayenne qui estoit dedans pour venir à un combat : & en donna la conduite audit sieur de Tavannes; car pour luy il ne se voulut point trouver en cette occasion. Le sieur de Tavannes donna la premiere troupe à mener au sieur de Cipierre, & mena luy-mesme la seconde pour le soustenir, ayant fait marcher quelques coureurs devant : lesquels s'estans meslez avec ceux de ladite compagnie du Duc de Mayenne qui estoit sortie sur eux, le sieur du Val qui en estoit Mareschal des logis, fut blessé d'un coup de pistolet au bras, & quelques prisonniers pris. Sans le temporisement dudit sieur de Cipierre, avec ladite premiere troupe, que ledit sieur de Tavannes eut peine de faire avancer cette compagnie du Duc de Mayenne, que conduisoit le sieur de Thiange eust esté deffaite s'estant trop avancée sans avoir mené des gens de pied pour le favoriser. Le lendemain le sieur de Tavannes, qui avoit fait parler par le Comte de Chombert, & le Vidame de Chartres, au Mareschal d'Aumont, pour raccomoder ce qu'il avoit fait à Saint-Jean de Laosne, voyant qu'il n'y estoit point disposé, s'en alla à Vergy sans luy dire adieu avec sa compagnie de gensdarmes, & les trois de gens de pied, qu'il avoit emmené de là. Le Mareschal d'Aumont alla à Flavigny, faire avec un conseil qu'il tint, quelques ordonnances qui 1592. ne durerent, qu'autant qu'il fut dans le pays, son pouvoir ne s'estendant pas davantage. Ce fait, il se mit en chemin vers la ville de Saint-Pourfain en Bourbonnois, qu'il attaqua & ne la prit point (1), laissant des divisions dans la Bourgongne (a), sans y avoir apporté rien d'utile au service du Roy, après avoir pris les deniers empruntez en Suisse, pour estre employez pour le service de Sa Majesté en Bourgongne, & les avoir employez à dresser sa compagnie de gens-d'armes. Aussi quand il fut trouver le Roy, Sa Majesté luy dit, qu'il feroit mieux près de luy, qu'en Bourgongne : mais que le sieur de Tavannes escrivit au Roy, des deportemens du Mareschal d'Aumont en Bourgongne, est de telle teneur.

« Sire, il m'a semblé, pour le deu de ma
» charge estre nécessaire vous donner advis
» de ce qui se passe par deçà, afin qu'il vous
» plaise y pouvoir. L'armée du Marquis du

(a) Le Maréchal d'Aumont (lit-on dans l'Histoire de M. de Thou, Liv. CII) faisoit la guerre à cette époque, avec plus de courage que de bonheur dans la Bourgogne, le Bourbonnois, & les autres provinces voisines.

1592. » Pont a séjourné un mois depuis la prise de
» Coiffy & Montigny en Champagne, sans
» pouvoir attenter à aucun dessein sur la ville
» de Langres, où à l'instance de M. de Tinte
» ville & des habitans d'icelle, j'ay envoyé
» quatre-vingts chevaux, & à Chasteau-vilain
» bon nombre de gens de pied; ces places
» s'estant trouvées munies de forces pour s'y
» opposer. J'ay aussi par plusieurs depesches
» mandé à M. le Duc de Nevers, que si les
» forces de Champagne, & de ce pays estoient
» jointes près de luy, nous pourrions executer
» quelque effet sur ladite armée; j'en attens
» sa résolution. Si mon frere le Vicomte de
» Tavannes (2) y vient à la guerre, comme
» il en est le bruit, je la luy feray si ferme
» que mes mal-veillans n'auront point sujet de
» me blasmer. Les partialitez forgées en ce
» dit pays au profit particulier d'aucuns, font
» tellement demeurer en arriere, ce qui est
» au service de Vostre Majesté, que cessant
» la guerre aux ennemis, elle se fait à ses
» fidelles serviteurs, au mespris de son Au-
» thorité, par moyens obliques qui viendront
» en fin à jeu découvert. C'est y amener la
» ruine de vos affaires, commencée par le
» mauvais ordre qu'y a laissé M. le Mareschal
» d'Aumont, par le conseil de *Lubert*. Pour

» à quoy obvier, il seroit utile d'envoyer par 1592.
» deçà un Prince, Mareschal de France, ou
» autre Seigneur de qualité, & non pas ledit
» sieur Mareschal d'Aumont: lequel au lieu
» de retenir sur tous la puissance absoluë qui
» luy avoit esté donnée, s'est rangé avec
» quelques-uns qu'il fait dépendre de luy
» seul : & les autres qui ne dependoient que
» de vous, *Sire*, il leur a fait tant d'indi-
» gnitez, qu'il leur a esté enfin impossible
» luy rendre obeïssance. Tellement que s'en
» allant du pays, il a laissé le party de Vostre
» Majesté, qui estoit bien uny avant qu'il
» fust venu, sur le point d'estre partagé en
» deux, pour se faire la guerre, & se dimi-
» nuer, à l'augmentation de celuy des en-
» nemis. L'on sçait assez que ceux qui se li-
» centient de leur devoir, le font à dessein,
» & semble qu'ils veulent avoir leur appen-
» nage, comme des petis Roys, désesperant
» desjà du salut public. Je proteste que ce que
» j'en dis, n'est point pour aucun interest par-
» ticulier. Car le service de Vostre dite Majesté
» se faisant bien en cette Province, soit par moy
» ou par autre, je suis très-content. Cette mesme
» Province se plaint que ses priviléges (a), con-

(a). Cette police reglementaire sur le commerce des
grains, datant de si loin, est un de ces faits qui doit

1592. » tenans qu'il ne fera donné par la riviere de
» Saone, aucunes traictes de grains, fi elle
» n'eft premierement fournie de ce qui luy
» eft neceffaire, font violez contre vos Or-
» donnances, & Arrefts de Meffieurs du Par-
» lement, qui doivent eftre d'autant plus
» confervez, qu'eftans rompus les ennemis
» en tirent du profit; & les fieurs de Vaugre-
» nant, & Lubert, clercs d'armes feulement,
» en ont le gain pour leur particulier à Saint-
» Jean de Laofne, où ils commandent, & rien
» n'en vient au general. C'eft pour ce fujet,
» que j'ay fait fortifier mon Chafteau de Bon-
» encontre, fitué fur ladite riviere, afin que
» la volonté de deux ou trois hommes fut
» poftpofée à la voftre, à celle de Meffieurs
» du Parlement, & à l'utilité du pays, & non
» pour en tirer aucun péage, comme ils ont
» voulu publier. Ayant pis fait: car Guillerme
» Gouverneur pour le fieur de Mayenne, en
» la ville de Seurre, a efté fufcité (a) par ledit

être recueilli dans l'Hiftoire de l'Economie politique.

(a) Cette imputation articulée contre *Vaugrenan* & *Lubert* par l'Auteur des Memoires, étoit d'autant plus grave que *Guillermino* (c'eft là fon vrai nom) jouiffoit d'une affez mauvaife réputation. C'étoit (dit l'Auteur de la prife de la ville & château de Beaune, tome VI des Mémoires de la Ligue, p. 297) *un Milanois né-*

» de Vaugrenant, d'employer ſes munitions
« & gens de guerre pour attaquer ledit chaſ-
» teau, qui bloque ladite ville d'un coſté,
» & celle de Nuys de l'autre, eſtant entre-
» deux ; & qu'il ſeroit ſous main aſſiſté de luy,
» ainſi qu'il m'a eſté rapporté : & de plus
» qu'ils ont tenu deux conſeils enſemble à
» la campagne. J'ay tant de fidelité en ce
» qui eſt de voſtre ſervice, qu'outre que je
» ſuis diſpoſé d'achever d'y employer mon
» bien, & ma vie qui que ce ſoit ne me peut
» fermer la bouche, que je ne publie ce qui
» viendra à ma connoiſſance, important à
» voſtre ſervice. Et en ce faiſant, j'attends
» auſſi que Voſtre Majeſté me fera cet hon-
» neur, de me maintenir contre toutes les
» calomnies, qui me pourroient eſtre op-
» poſées. En cette verité, je ſupplie le Créa-
» teur vous donner,
» SIRE, en parfaite ſanté, tres-heureuſe
» & longue vie. A Vergy, ce dix-huitieſme
» May mil cinq cens quatre-vingt-douze.
» De VOTRE MAJESTÉ,

Très-humble, très-obeïſſant, fidele,
ſujet & ſerviteur, TAVANNES.

1592.

chant & ſcélérat. L'Abbé Goujet dans ſes notes (ibid.)
déſigne ce *Guillermino* comme un fameux aſſaſſin. Des
partiſans de cette eſpèce ne faiſoient pas honneur à la
Ligue.

1592. En ce temps-là, une subtilité d'esprit donna commodité au sieur de Titray, de faire reussir un dessein difficile & perilleux. Il est vray qu'il succeda à l'utilité d'autruy, & non pas à la sienne, comme il avoit premedité; mais plutot à sa ruine, d'autant que depuis il perdit la vie, voulant recouvrer sa perte, & se venger par une seconde entreprise pratiquée avec mesme moyen que la precedente. En telles occurences l'on ne sçauroit trop considérer les circonstances de l'utilité, ou dommage, qui en peut succéder, pour arriver à l'un, & éviter l'autre. Ledit Sr de Vitray doncques ayant attiré un soldat qu'il connoissoit dès long-temps, qui estoit de la garnison du chasteau de Saulx-le-Duc, bonne place à quatre lieues de Dijon, sur le chemin de Langres, possedée par les rebelles au Roy, ce soldat luy promit de tendre une ficelle par quelque planche levée en une guerite, lors qu'il seroit en sentinelle, afin de tirer une eschelle de corde, par laquelle le sieur de Vitray & les siens monteroient la nuict : & ce après que la ronde auroit passé, & que la cloche auroit sonné ; ce qui ne se faisoit que d'heure en heure. La ronde ne pouvoit pas regarder dans le fossé, à cause des barreaux de fer, qui estoient à la fenestre de cette guerite. Cela fut heureusement éxécuté, & le Capitaine de la place, & 1592. quelques soldats furent tuez : ainsi le sieur de Vitray en est le maistre sans contredict. Mais le mal fut pour luy, que s'estant assisté du sieur de la Marche, qui avoit une compagnie de cavallerie en garnison au Chasteau de Grancey, appartenant au sieur de Fervaques où commandoit la Dame sa femme ledit la Marche assisté de plusieurs des siens qui estoient près de luy, fit venir des plaintes du bourg audit sieur de Vitray, & le supplia d'y aller mettre ordre : ce qu'il fit, & à peine fut-il sorty du Chasteau que la porte luy fut fermée par ledit la Marche, lequel y eut depuis sa garnison de gens de cheval, & de pied, entretenue par le sieur de Tavannes, Gouverneur pour Sa Majesté au pays, & servit à la campagne près de luy, lors qu'il le demanda. La vengeance est douce ; celuy qui la peut faire à main-salve sans précipitation, est estimé judicieux, & non téméraire : cette derniere qualité est perilleuse, & vituperable. Le sieur de Vitray, piqué contre ladite Dame, & son Capitaine, voulut adoucir son déplaisir vindicatif en prenant le Chasteau de Grancey, par l'intellignce d'un soldat de la garnison, avec lequel il alla conférer la nuict sur la contrescarpe du lieu, en intention de prendre heure

1592. pour faire monter ses gens avec luy audit chasteau, comme il avoit faict à Saulx-le-Duc; mais le sieur de la Rante, qui en estoit Gouverneur, l'attendant avec aucuns des siens à cent pas de là, derriere des buissons, où ledit soldat le conduisoit, luy fit une salve d'arquebuzades, dont il fut tué; il fit après mettre son corps sur une charrette couverte de feuilles, & le fit mener par un chartier à Grancey, auquel il faisoit croire que c'estoit une beste sauve qu'il avoit tuée. Ce pauvre homme le croyoit ainsi, mais estant à Grancey au jour, & voyant ce que c'estoit, s'enfuit, & laissa là sa charette. Certes la perte de ce Gentilhomme estoit à regretter pour sa valeur, & pour l'affection qu'il avoit au service du Roy.

Quelques mois s'estans depuis escoulez, le Vicomte de Tavannes, Lieutenant en Bourgongne du Duc de Mayenne pour les rebelles (3); charge qui luy avois esté remise par le Baron de Seneffey, qui en estoit pourveu auparavant; voulant faire son profit des divisions qu'avoit laissé le Mareschal d'Aumont en ceste Province-là (où il n'avoit si bien fait qu'il fit avant à la bataille d'Ivry) commença à amasser des troupes, & faire la guerre dans le pays, où il prit le chasteau de Sommaise proche Flavigny, fit battre la ville de Noyers, & y donna 1592. un affaut, duquel ayant efté repouffé, il leva le fiege. Le fieur de Ragny qui y commandoit, affifté d'autres Gentilshommes de qualité, de quelque cavalerie, & gens de pied s'y eftant porté valeureufement, rendit ce deffein inutile : & lors le fieur de Tavannes Gouverneur pour le Roy en Bourgongne, affembla les forces du pays pour s'oppofer aux ennemis, & faire quelque deffein fur la frontiere de l'Auxois & Autunois. Pour fe faire il envoya une partie de fa compagnie de gensdarmes, conduite par le fieur de Sirot Marefchal des logis d'icelle, avec charge d'approcher les ennemis, pour fçavoir des nouvelles de leurs actions. Il rapporta qu'ils avoient invefty la ville de Verdun fur la Saone, & joint le Marquis de Trefort qui eftoit venu de la Breffe, de Savoye, & leur avoit amené quatre cens chevaux. Le confeil tenu fur occurences, & les forces du fieur de Tavannes trouvées beaucoup moindres, que celle defdits ennemis, fut réfolu qu'elles fe retireroient en leurs garnifons, & pour la plufpart en celles proches de la ville de Verdun, & de là feroient la guerre aux ennemis qui l'affiegeoient. Que la compagnie de cavalerie du fieur de Biffi, Gouverneur d'icelle ville ; y feroit renvoyée, laquelle eut

1592. peine d'y entrer, & à cet effet paſſa à un guey de la riviere de Saone. La compagnie de genſd'armes du ſieur de Tavannes, retirée en la place de Vergy, deffit partie du Regiment du ſieur de Roſſillon, qui alloit trouver les ennemis au ſiege, où furent pris deux Capitaines. Cette charge ſe fit dans un taillis, qui donna moyen au reſte dudit Regiment de ſe retirer à ſeureté. Cette cavalerie ſortant ſouvent de Vergy, incommodoit grandement ceux qui alloient au ſiege, & meſmes les convoits des vivres qui s'y menoient depuis Beaune. Ledit ſieur de Tavannes mandoit ſouvent au ſieur de Biſſi, qu'il meneroit du ſecours à la ville ; qu'il ſe gardaſt bien de parlementer, comme l'on luy avoit dit qu'il faiſoit. Ses lettres eſtoient tenuës par le moyen de Pontus de Tiart, ſieur de Biſſi, Eveſque de Chalons, qui faiſoit tenir les reſponſes, avec bonne eſperance d'attendre le ſecours. La diſpoſition de ce ſiege eſtoit qu'au fauxbourg de là la riviere de Saone, du coſté de la Breſſe du Roy, où il n'y avoit preſque point d'eau au foſſé de la ville, eſtoit logée l'infanterie avec le ſieur de Lartuſie qui la commandoit, & l'artillerie avec laquelle la batterie ſe faiſoit, à une courtine de terre paliſſadée par le bas, & à des terrains jettez quelque peu au dehors de la courtine. La cavalerie eſtoit logée ès villages de Bragny, Alerey, & autres deça ladite riviere, faiſant ordininairement garde à cheval. Ces logemens bien recognus, le ſieur de Tavannes envoya à la ville de Saint-Jean de Laoſne, propoſer au ſieur de Cipierre & Vaugrenant, qui y avoient leurs compagnies de genſdarmes, & au ſieur de Conforgien & autres qui eſtoient dedans, que s'ils l'avoient agréable, il meneroit ſa compagnie de genſdarmes au nombre de quatre-vingt dix Maiſtres & trois cens hommes de pied en trois compagnies; paſſeroit à Saint-Jean de Laoſne la riviere ſur le pont; & joignant à luy l'infanterie & cavalerie qui eſtoit audit Saint-Jean de Laoſne, infailliblement ils defferoient l'infanterie des ennemis qui eſtoit aux fauxbourgs de Verdun delà l'eau, gaigneroit leur artillerie, la cavalerie des ennemis qui eſtoit de l'autre coſté de la riviere, ne les pouvant ſecourir. L'honneur qu'euſt eu le ſieur de Tavannes, comme chef & autheur de cette entrepriſe, empeſcha ſes envieux de s'y porter; ce qui fut cauſe qu'il en fit une autre plus hazardeuſe, laquelle réuſſit heureuſement, dont luy ſeul chef en eut auſſi ſeul l'honneur. Il fit lever le ſiege aux ennemis, leur ayant laiſſé un ſtratageme

1592. qu'ils ne prévirent point, en rendant par ce moyen l'exécution plus facile.

Ce fut en cette sorte : il fit partir un homme d'armes de sa compagnie, & avec luy un arquebuzier à cheval, de Vergy pour recognoistre le passage de la riviere de Saone, tant du milieu d'icelle où il falloit passer à nage, que l'entrée & issue qui estoit proche des portes de la ville de Verdun ; les gardes que faisoient les ennemis sur cette advenue, & leur logement : ce qu'il falloit executer la nuict, à cause desdites gardes, & recognoistre le chemin le plus couvert, pour y mener le secours sans qu'ils l'apperceussent ; & advertir le sieur de Bissi, qui commençoit à capituler, qu'il l'alloit secourir, & luy dire que quand le secours entreroit en la riviere, l'on feroit paroistre pour signal une escharpe blanche desployée. Leur ayant enjoint ces commandemens, ils rapporterent tost après que la riviere se pouvoit passer à cheval en nageant la moitié, ou le tiers de la largeur d'icelle : que l'entrée & issue en estoit facile comme il l'avoit recogneu, y ayant passé à cheval la nuict : que les gardes des ennemis estoient de quarante chevaux sur le bord de la petite riviere de Saone, & de trente chevaux d'autre costé où estoit leur cavalerie logée pour la plufpart ès villages de Bragny & Allerey, affez près defdictes-gardes qu'il y avoit deux lieues de bois proche les prez de la riviere de Saone, où l'on pouvoit aller à couvert, en paffant proche le chafteau *de la Sale*, qui appartenoit à l'Evefque de Châlon oncle dudit fieur de Biffi. Incontinent le fieur de Tavannes fit fonner les trompettes à cheval, mena cent cinquante Maiftres tant de fa compagnie d'hommes d'armes, que de celle du fieur de Soucey qn'il fit marcher en trois troupes : arriva à couvert des bois près de la prairie, ayant fait fix lieues de chemin depuis Vergi, fit partir quatre hommes de cheval feulement, avec le fieur de Longueval pour recognoiftre : ils amenerent deux arquebuziers à cheval prifonniers qui dirent ce qu'ils fçavoient. Alors le fieur de Tavannes ayant fait demeurer cent chevaux en deux troupes en un grand chemin dans le bois, partit avec la troifiefme trouppe de cinquante Maiftres qu'il conduifit jufques au milieu des prez, leur enjoignant de ne s'arrefter point à combattre les gardes des ennemis ; mais s'ils venoient à eux qu'ils fiffent un peu ferme, & paffaffent outre à l'eau en fuivant leurs guides : & après y eftre entrez, monftraffent le fignal de l'efcharpe blanche defployée. Ce qui fut si bien suivy par eux, que nonobstant qu'une des troupes desdites gardes s'esbranla pour venir à eux ils passerent la riviere de Saone partie à nage, armez de toutes pieces, sans perte d'aucuns d'eux, & furent receus dans Verdun : & n'y eut qu'un homme d'armes, nommé le sieur de Chomont, qui tomba tout armé dans la riviere, sans se perdre ; car son cheval qu'il avoit pris par la queue, nageant avec les autres se sauva. Incontinent après le sieur de Tavannes oyant dans les quartiers ennemis sonner à cheval aux trompettes, se retira au pas trois lieues durant avec les deux troupes de chacune cinquante Maistres, ayant l'armet en teste, qu'ils osterent après qu'ils ne se virent point suivis des ennemis, & ayant fait autres trois lieues se rendirent à Vergy. Ainsi ils firent douze lieues en un jour ; leur dessein ayant heureusement réussi. Ces cinquante Maistres passez à nage furent mis dans un fort de terre basty dans une isle proche ladite ville de Verdun ; où depuis ils servirent à rompre le projet qu'avoient fait les ennemis : & lors à rompre du tout les capitulations de la reddition de la place qui estoient en termes d'estre signées. Ce projet des ennemis fut un batteau si bien

couvert

couvert par le devant, qu'il y pouvoit en- 1592.
trer soixante ou quatre-vingt hommes, sans
estre offensez des mousquetades. Ils s'y mirent la plufpart armez de cuiraces, & partie
de mousquets, & arquebuzes; mais ils treuverent tant de resistance en ces nageurs du
sieur de Tavannes armez de toutes pieces
la picque à la main, & de quelques arquebuziers, que ceux qui estoient sur le devant
du batteau se retirant sur le derriere le firent
renverser, & furent tous noyez excepté quelques-uns qui par pitié furent retirez, avec
des picques dans le fort, & faits prisonniers:
parmy lesquels se treuverent le sieur d'Arti-
gnac, & trois ou quatre Gentils-hommes;
entre les morts noyez fut le Chevalier de
Rochefort, & plusieurs autres Gentils-hommes. Une heure avant cet accident tomba un
flambeau du Ciel en la riviere : *il pouvoit*
(a) *estre un advertissement de leur malheur.*

La cavalerie ennemie avec le Vicomte
de Tavannes avoit passé l'eau du costé de la
Bresse : lequel voyant cent trente chevaux
de l'autre costé de l'eau conduits par le sieur
de Tavannes, tant de sa compagnie que de

(a) Voilà bien les préjugés du tems. Malgré les
lumières du dix-huitième siècle, peut-être existe-t-il
encore bien des gens qui sont *peuple* sur cet article.

celle du sieur d'Amanzé : estimant que ce fust du secours qui allast encore à Verdun, considerant celuy qui y estoit desjà entré, & la fortune advenuë de ce batteau noyé, leva le siege & se retira en bel ordre sur le chemin de la ville de Chalons. Alors le sieur de Tavannes envoya quelques-uns des siens à Verdun. Ce fait il se retira avec sa troupe à Vergy. Les garnisons de cavalerie qui estoient à la ville de Saint-Jean de Laosne n'en sortirent point (a), & ne firent aucune assistance aux assiegez ; se contentans seulement d'ouir parler de ce qui s'y passoit, sans s'employer à aucune sorte de secours ; foulans aux pieds ce sage proverbe, *plus faire que dire*; & embrassant cestuy-cy, *beaucoup dire & ne rien faire*; ayant refusé l'offre qui leur avoit esté faite par le sieur de Tavannes, où ils eussent acquis de la reputation : lequel escrit peu après en May mil cinq cens quatre-vingt-douze, par un Gentilhomme qu'il envoya au Roy la lettre cy-dessus mentionnée, pour la justification de ses déportemens. Alors il s'en alla à la ville de

(a) Ce fait vient à l'appui des réflexions insérées dans l'Observation ci-dessus n° 3, sur cet esprit d'insubordination, qu'on peut appeler la maladie du tems.

Flavigny, avec vingt hommes de la compagnie du sieur de Soussey; où il en mit hors un Capitaine de gens de pied nommé Argolet, & y retint sa compagnie. Le Mareschal d'Aumont l'y avoit laissé *son partial* (a) : cela donna pretexte au sieur de Vaugrenant, lors Gouverneur de Saint-Jean de Laosne, de persuader le Marquis de Mirebeau de faire le dessein qu'il executa depuis audit Flavigny; auquel à cet effet il envoya sa compagnie, avec laquelle, & ce que put y mener ledit Marquis, qui s'aida d'une mauvaise intelligence, Valon, Capitaine des habitans de ladite ville, & le sieur de Cherissi, Gouverneur pour le Roy, estans entrez, il eschella la nuit ladite ville ; & y fut tué ledit Gouverneur, son logis pillé, & quelques soldats qui estoient en garde sous la halle tuez. Stratgême pour continuer les partialitez dont les plaintes sont mentionnées en la susdite lettre escrite au Roy.

1592.

Pendant que ledit sieur de Tavannes séjourna à Flavigny, suivant l'advis qu'il eut du Duc de Nevers, sur les lettres qu'il luy avoit escrites ; il assembla quatre cens chevaux des forces de Bourgongne, y compris sa compagnie d'ordonnance, qui estoit revenue de

1593.

(a) C'est-à-dire son partisan.

1593. la ville de Langres, & s'achemina avec cette troupe à la ville de Muffi vers le mesme Duc de Nevers, qui avoit mené quelque forces en petit nombre, afin que les deux jointes ensemble, ils allassent secourir Chasteau-Villain, que le Marquis du Pont fils aisné du Duc de Lorraine avoit assiegé, avec une armée & quelques canons, & pieces de batterie; n'ayant pas encore gagné la contrescarpe, laquelle estoit gardée par les Capitaines Tieullay, & Clerget. qui commandoient aux gens de pied, que le sieur de Tavannes avoit envoyez. Muffi n'estoit esloigné de Chasteau-villain que de quatre lieues. La resolution estoit de combattre cette armée en se fortifiant, en passant, près la ville de Chasteau-villain, d'une partie de la garnison qui estoit dedans. Mais comme l'on commençoit à s'acheminer, l'advis vint que le Marquis du Pont ayant esté adverty des forces qui alloient à luy, avoit levé le siege & presque laissé un canon engagé, & se retiroit vers les places qui estoient en sa devotion. Ce qui fut cause qu'ayant les troupes de Bourgongne conduit jusqu'à Vandeuvre ledit Duc de Nevers, qui s'en alloit à Chalon en Champagne, où sa présence estoit nécessaire, le sieur de Tavannes les ramena

en Bourgongne. Le mesme Duc de Nevers 1593.
fut une autre fois en Bourgongne où il eut
les mesmes troupes près de luy, qui furent
à René le (a) Duc, voulant aller secourir le
chasteau de Doudin, fort d'assiette, sur les
frontieres de Masconnois, que le sieur de
Solon avoit commencé à fortifier, estant assiegé par le Vicomte de Tavannes Lieutenant au pays pour le Duc de Mayenne: mais
il fut pris en si peu de temps qu'il n'y eut
moyen de le secourir. Ledit Vicomte s'estant
desjà retiré à la ville de Chalon sur Saosne,
de René le Duc de Nevers s'en retourna en
son Gouvernement de Champagne. Nous estions lors en l'année mil cinq cens quatre 1594.
vingt quatorze sur la fin de Février, que les
troupes ennemies s'estans assemblées à Beaune,
pour venir charger celles du Roy, levées en
la province de Bourgongne, qui estoient
proche le Duc de Nevers, lesquelles estoient
desjà separées, le sieur de Bissi Gouverneur
de la ville de Verdun, alla visiter les ennemis avec cinquante chevaux de sa garnison,
jusques près des fauxbourgs dudit Beaune;
où les ayant rencontrées au nombre de deux
cens chevaux, fit retirer sa troupe, comme
estant plus foible, & demeura près d'eux avec

(a) Arnay-le-Duc.

dix ou douze des mieux montez, difant tout haut *qu'il ne se vouloit point retirer qu'il n'euft donné quelque coups de piftollets.* Il n'avoit pour fa retraite que trois lieues à faire avec ce peu de gens. Il fe mefla dans leurs premieres troupes, où faifant une paffade, fon cheval tomba, & luy fut bleffé à terre, pris & emmené prifonnier au chafteau dudit Beaune, où il mourut, non fans foupçon que fa mort euft efté avancée, par ceux qui panfoient fes playes. Le fieur de Tavannes Gouverneur pour Sa Majefté en Bourgongne en ayant eu advis, fe rendit incontinent avec fa compagnie de genfdarmes en la ville de Verdun, & fi à propos, que fans fon arrivée les ennemis l'alloient affieger. Et après y avoir mis bon ordre, & féjourné un mois, il y laiffa Gouverneur le Comte de Verdun Seigneur du lieu, qui avoit eu fes patentes du Roy pour ce Gouvernement, avec fa compagnie de cavalerie, & la garnifon ordinaire de gens de pied.

Cette occafion paffée, il s'en prefenta une autre : ce fut la reduction de la ville de Mafcon fur la Saofne en l'obeïffance du Roy, où ledit fieur de Tavannes s'achemina avec cent chevaux, & y fut receu par les habitans qui jurerent toute fidelité à fa Majefté. A

quoy le sieur de Varenne qui estoit Gou- 1594.
verneur en icelle, pour le party contraire,
se porta aussi à leur imitation. Or ceux de
la ville de Tornus estans opiniastres en leur
rebellion, & le sieur de Tavannes s'en estant
retourné de Mascon à son chasteau de Bonencontre, prit jour avec le sieur Colonnel
Alphonse Corse, depuis Mareschal d'Ornano,
qui avoit des troupes du costé de la ville
de Lyon, laquelle estoit lors en l'obéïssance
du Roy, pour se joindre avec celles de
Bourgongne proche ladicte ville de Tornus
pour l'attaquer. Où s'estans trouvez ensemble, ledit sieur de Tavannes avec sa compagnie de cavalerie alla loger quelques compagnies de gens de pied dans un hospital
à trente pas du fossé; où les ennemis avec
quelques cuirasses & arquebuziers firent une
sortie la nuict, rompirent la barricade faite
à l'Eglise, & tuerent quelques soldats: mais
ils furent si vivement repoussez qu'il en demeura partie des leurs sur la place. Cela
fut cause que ledit sieur de Tavannes retira
les arquebuziers qui estoient en ceste Eglise,
deux heures avant le jour, & y en mit d'autres
pour les rafraischir. A trois jours de là, le
Vicomte de Tavannes qui avoit encores le
Marquis de Treffort près de luy, passa avec

1549. des bateaux la nuict la riviere de Saofne, & entra avec quatre ou cinq cens chevaux en ladicte ville. Pendant ce temps fut pris par les troupes defdits fieurs Alphonfe & de Tavannes, le bourg fermé de muraille de Brancion qui eft fur une montagne de forte affiette. Ils y entrerent par le moyen de quelques petards & efchelles : & fut pris aufli une coulevrine qui eftoit fur une plateforme au bas du chafteau, que les foldats tirerent hors de là, avec des cordes, à la mercy des arquebuzades du chafteau, moyennant quelque argent que leur fit donner ledit fieur de Tavannes. On la devala depuis à force de bras à la plaine : & n'ayant le chafteau, pour eftre en lieu mal-aifé, efté attaqué, on fe contenta de faire tirer cette piece dans la ville de Tornus, & de prefenter le combat au Vicomte de Tavannes, & au Marquis de Treffort : & pour ce faire furent en bataille, les attendant longtemps, ledit fieur de Tavannes avec cent cinquante chevaux de Bourgongne, & le fieur Alphonfe avec à peu près autant de cavalerie qu'il avoit amené de Dauphiné ; affifté des fieurs de la Beaume, & de Meures & de Gouvernet, avec la plufpart de leurs compagnies de cavalerie, enfemble celle dudit fieur Alphonfe. Mais

n'ayans peu combattre ceux qui ne vouloient 1594.
point fortir en campagne, ces troupes fe retirerent chacune en leurs pays. Alors le Comte
de Verdun Gouverneur de cette ville-là,
ayant efté attiré par la Fortune Gouverneur
pour le Duc de Mayenne à Seurre, en une
embufcade, comme il vouloit charger la cavalerie de Seurre, une falve d'arquebuziers
mit fes gens en défordre: il y fut bleffé, pris,
& le lendemain il mourut; eftant demeuré
Gouverneur de Verdun en fa place, le fieur
de Sabran fon oncle.

Ceux de la ville de Beaune commençoient
à vouloir traiter avec le fieur de Tavannes,
lors qu'il eut nouvelles, que fuivant ce qu'il
avoit mandé au Roy d'envoyer un Prince,
ou un Marefchal de France faire la guerre
en Bourgongne, & ce qu'il avoit efcrit au
Marefchal de Biron, pour le prier de s'y
acheminer avec l'armée de fa Majefté qu'il
conduifoit près de la ville de Troye, laquelle
à la faveur de cette armée s'eftoit mife à
l'obéïffance de fa Majefté. Il fceu doncques 1595.
que ledit Marefchal de Biron s'acheminoit
en Bourgongne: il alla au devant de luy avec
trois cens chevaux jufques près d'Auxerre.
Le premier effet dudit Marefchal en la province, fut la prife de la ville de Nuys, où

1595. le sieur de Tavannes & les troupes de Bourgongne l'accompagnerent. Peu de gens furent tuez aux fauxbourgs; & le Capitaine Nicolas Gouverneur de la ville, y ayant esté tué, deux jours après par quelques uns des habitans, ceux-cy la rendirent. Le Duc de Mayenne qui quelques mois avant la venue du Mareschal estoit venu à Dijon & à Beaune, s'estoit à son arrivée retiré à Chalon sur Saosne. Ainsi le Mareschal estant maistre de Nuys il fut receu en la ville de Beaune, par les habitans, qui tuerent (4), pour avoir la liberté de se rendre au Roy, le Capitaine Guillerme & quelques soldats. Il battit le chasteau d'icelle, où le sieur de Mommoyen commandoit, qui se rendit à luy. Le mesme fit depuis la ville (a) d'Autun & celle de

(a) Les habitans d'Autun appellèrent également le Maréchal de Biron à leur secours. Le 15 Mai au milieu de la nuit ayant leur Maire à leur tête, ils l'introduisirent dans la ville. Cette camisade ne s'effectua pas sans effusion de sang. Biron lui-même y courut risque de la vie, ayant été contraint de lutter corps-à-corps avec un soldat ennemi. De *Lure*, Gascon, qui commandoit la garnison, fut tué avec une partie de ses gens. (De Thou, Liv. CXII, Davila Hist. des guerres civiles, tome III, Liv. XIV, p. 548.) Voyez aussi l'Ouvrage qui a pour titre : *La prinse de la ville d'Autun par le Maréchal de Biron*. Paris, 1595 in-8.

Dijon (a) où estoit le Vicomte de Tavannes, 1595. qui se retira au chasteau, & de là à la ville de Talant: le sieur de Tavannes eut charge du Mareschal de Biron d'aller prendre deux canons du costé de Mascon, & les amener avec un regiment de Suisses qui estoit vers cet endroit-là. Il avoit avec luy sa compagnie, & quelques Carrabins. Il passa près de Chalon en allant, & en retournant, sans que les forces du Duc de Mayenne qui tenoient cette place, luy donnassent aucun divertissement. Les habitans de ces grandes villes avoient esté tant fatiguez par les garnisons des places voisines, que bien que le Mareschal de Biron ne fût venu, ils n'eussent laissé de se mettre en l'obeïssance du Roy; car elles commençoient desjà toutes à parlementer couvertement avec ledit sieur de Tavannes. Il est bien vray que les forces qu'amena le Mareschal, & son authorité avançant les affaires du Roy, firent plutost esclorre ce bon dessein. Or le sieur de Tavannes estimant que le plus grand honneur qu'il pourroit avoir, estoit d'avoir aidé à l'entiere reduction de la province de Bourgongne en l'obeïssance du Roy, pour ce faire avoit fait quelque projet (dont il avoit parlé au Roy

(a) Voyez l'Observation n°. 5.

1595. à Paris) avec le sieur de (a) Senecey de luy mettre entre les mains sa charge de Lieutenant de sa Majesté en Bourgongne, pour la reduction de la ville & chasteau d'Auxonne: ayant sceu depuis que le Mareschal de Biron avoit des lettres patentes du Roy du Gouvernement de la province, en l'absence de Monsieur d'Orleans, il continua cette négociation, qui réüssit depuis moyennant la récompence qu'il en receut. Ainsi il se deffit de sa charge par des considérations pertinentes.

En cette mesme saison, qui estoit au mois de Juin mil cinq cens quatre vingt quinze, le Roy estant venu à Dijon avec ce qui restoit de son armée, investit le chasteau, prépara l'artillerie pour le battre : mais sur l'advis qu'il eut que le Duc de Mayenne estoit à la ville de Grey au Comté de Bourgongne, le Connestable de Castille s'estant joint à ses forces, avec cinq cens chevaux, & quelque infanterie Espagnole : sa Majesté s'achemina au chasteau de Lux à quatre lieues de Dijon, & quatre de Grey, pour trouver moyen

(a) Claude de Beaufremont, Baron de Senecey, vendit la ville d'Auxonne, dont il étoit Gouverneur, moyennant la Lieutenance-générale de la province de Bourgogne (de Thou, Liv. CXII.)

d'aborder ses ennemis; quoy qu'il n'eust qu'une 1595. partie de sa cavalerie près de luy. De là s'estant encore avancé d'une bonne lieue jusques à *Fontaine-Françoise*, le Mareschal de Biron qui menoit une premiere troupe d'environ cent chevaux, fut rencontré par la cavalerie Espagnole de deux à trois cens chevaux qui le suivirent de si près, estimant qu'il n'y eut en campagne que ce qu'il menoit, qu'en se retirant du costé du Roy, il y eut à sa suitte le sieur de Rampoux, deux ou trois Gentilshommes tuez, & luy blessé d'un coup d'espée sur le derriere de la teste : mais ces poursuivans ayans apperceu une troupe de soixante chevaux que conduisoit le sieur de Tavannes, & voyant paroistre plus loing de là les forces du Roy, tindrent ferme. Ce qui donna loisir audit sieur de Tavannes de se retirer aussi avec les soixante chevaux auprès du Roy : lequel se voyant renforcé de ses troupes de cavalerie qui n'estoient encore toutes arrivées de leurs logemens, se résolut d'aller en personne charger cette cavalerie Espagnole. Ce jour-là sa Majesté avoit des armes argentées, & marchoit à la teste des siens en bon ordre, un rang de gens de cheval devant luy (a), & près de sa personne le Mareschal

(a) Cette relation du combat de *Fontaine-Françoise*

1595. de Biron, les sieurs de Tavannes, & de Ton (a), leurs compagnies, & plusieurs Seigneurs de qualité deça & delà de luy, des compagnies d'arquebuziers à cheval qui firent leur salve avec ceux des ennemis. Sa Majesté chargea vaillamment, & deffit cette cavalerie Espagnole, qui n'opiniastra pas le combat que de la longueur des lances, se retirant

ne s'accorde pas sur tous les points avec de Thou & Davila. Elle différencie aussi de la lettre du sieur Baltazar à M. de Rosny, qu'on trouvera dans les économies royales, politiques & militaires. Quand nous arriverons à ces derniers Mémoires, nous comparerons ces divers récits où il s'en faut bien que Guillaume de Saulx joue le rôle important qu'il s'attribue : on n'y trouve pas même son nom énoncé. D'ailleurs il suffit de dire ici que le combat de *Fontaine-Françoise* a été plus exalté qu'il ne le méritoit. Henri IV s'avança imprudemment. Il ne comptoit pas rencontrer l'ennemi en force : sa bravoure & celle du petit nombre des François, qui l'entouroient, le tira d'affaire. L'action fut vive & chaude; & si tous les Officiers Espagnols eussent combattu avec autant d'intrépidité que le Milanois *Jean Baptiste Samson*, qui y périt, Henri IV auroit pu perdre à la fois & le trône & la vie. Aussi écrivoit-il le 30 Juin à la Princesse Catherine sa sœur... *Peu s'en est fallu que vous n'ayez été mon héritière.*

(a) Il est probable que ce nom est corrompu : nos recherches à cet égard n'ont pu nous fournir aucun renseignement.

en courant, & en desordre. Elle fut suivye 1595. un demy quart de lieue du gros que menoit le Roy, & d'aucuns une demie lieue; qui rapporterent que le reste des forces du Duc de Mayenne, & du Connestable de Castille s'avançoient. Ce qui fit retourner le Roy du costé de Fontaine Françoise, pour joindre le reste de sa cavalerie qui y abordoit d'heure à autre. Incontinent arriverent environ trois cens chevaux des ennemis, qui n'avoient pas encores combatu. C'étoit la compagnie du Duc de Mayenne, celle du sieur de Villars-Houdan (a), & des autres, dont les Barons de Tiange, & Villars-Houdan avoient la conduite. Ils tindrent ferme sur le haut, sans s'acheminer vers le sieur de Tavannes; que le Roy avoit fait avancer avec sa compagnie. Et voyant qu'il faisoit aussi avancer d'autres compagnies de celles qui estoient venuës les dernieres, ils firent un tour en limaçon avec leurs cavalerie, & après disparurent, se retirans du costé du Duc de Mayenne, qui estoit encore près de Grey. Ce qui donna occasion à Sa Majesté (car il estoit desjà tard) de faire donner les quartiers pour aller loger; & le lendemain

(a) Louis de Houdan, Seigneur de Villars, Maréchal de Camp du Duc de Mayenne (Davila Histoire des guerres civiles, tome III, Liv. XIV, p. 554.)

1595. s'en retourna à Dijon, où l'on tira quelques coups de canon à ceux du Chasteau du coté des trenchées de la ville, & ceux du chasteau en tirerent contre la ville. Les canons qui estoient au dehors furent placez dans les fossez d'icelle, pour tirer au chasteau : mais Fransèche qui en estoit Gouverneur fit sa capitulation & le rendit à Sa Majesté. La ville de *Talant* là proche luy fut aussi renduë, après que le sieur de Tavannes eut traité par son commandement, avec son frere le Vicomte de Tavannes (5), & que celuy cy eut laissé mettre le Mareschal des logis, & vingt hommes d'armes de la compagnie dudit sieur de Tavannes dans le fort qu'on y avoit fait. Ne restant plus dans la Province hors l'obeyssance du Roy, que la ville & citadelle de Chalon & la ville de Seurre, la premiere estant sous l'authorité du Duc de Mayenne, par l'accord qu'il fit, fut réduite, avec sa personne, à l'obéyssance de Sa Majesté ; & celle de Seurre, peu de temps après fut renduë par *la Fortune* Italien, qui commandoit dedans, & fut le seul de son (a) party qui prit de l'argent pour en sortir. Après cela le Roy pour soulager son Duché de Borgon-

(a) Ceux qui ne prenoient pas de l'argent, accaparoient des places & des dignités. Il nous semble que l'un vaut bien l'autre.

gne, mena son armée par le Comté de Bour- 1595.
gongne à Lyon, aux despens des petites villes,
& du peuple de ce pays-là ; où quelque cavalerie des nostres y estant à la guerre (6),
Dom Alonce Général de la cavalerie legere
Espagnolle fut par eux pris prisonnier, & par
eux mesme traité favorablement.

C'est ce que le sieur de Tavannes a rédigé
par escrit des guerres & troubles de cet estat,
avec la verité & sincerité qu'un chacun peut
remarquer. Car il a esté présent en la plupart
par des occasions qu'il raconte, ésquelles sont
comprises les sept années de la seconde guerre
des Rebelles au Roy, appellée par eux *Ligue
d'union*, au Duché de Bourgongne, pendant
lesquelles années il a esté seul Gouverneur en
Bourgongne, de Sa Majesté : pour le service
de laquelle, le bien de sa patrie, & pour son
honneur, il s'est dignement & heureusement
employé, comme chacun sçait, jusques à ce
que cette Province a esté du tout remise à
son devoir envers Sa Majesté : laquelle approuva ses actions par les lettres de validation
qu'elle luy fit délivrer le vingt-sixiesme de Fevrier mil cinq cens quatre-vingts-quinze au
Parlement de Dijon. De toutes lesquelles choses il rapporte la louange à Dieu, duquel tous

1575. bons succès & prosperitez nous viennent comme de l'unique & veritable source de tous biens.

Fin du quatrième & dernier Livre des Mémoires de Messire de Tavannes.

OBSERVATIONS
DES ÉDITEURS
SUR LE PREMIER LIVRE
DES MEMOIRES
DE MESSIRE
GUILLAUME DE SAULX,
SEIGNEUR
DE TAVANNES.

(1) DANS une des Notes, qui accompagnent (a) les Mémoires du Maréchal de Tavannes, on a fait mention d'une lettre rédigée par le Maréchal même. Cette lettre contient un récit détaillé des opérations militaires depuis l'époque où l'on reprit les armes en 1568, jusqu'au 13 Mars 1569, c'est-à-dire jusqu'à la bataille de *Jarnac*. En supprimant ce monument précieux, on prévint le Lecteur que Guillaume de Saulx l'avoit incorporé dans ses Mémoires, & qu'on l'y retrouveroit. C'est ici que commence cette relation ; & elle

(a) Tome XXVIII de la Collection, page 153 — Note (b).

y est plus complète que dans les Mémoires du Maréchal. Les deux copies offrent une différence par rapport à la forme. Le Rédacteur des Mémoires du Maréchal la rapporte comme une lettre. Guillaume de Saulx l'a encadrée dans son texte de manière qu'elle y paroît identifiée. Nous ajouterons que cette relation est un véritable supplément aux Mémoires du Maréchal de Tavannes, de Castelnau & de la Noue, en ce qui concerne l'époque indiquée. Sous ce seul point de vue on peut juger de son importance.

(2) L'Auteur de la vie (a) du Duc de Montpensier s'exprime d'une manière bien différente. « Il fit (dit-il) une si grande
» pluye toute la matinée, qu'il fallut encore
» séjourner tout le jour audit *Lussac*, ce qui
» donna commodité à mondit Seigneur d'as-
» sembler le Conseil des principaux Capi-
» taines de l'armée, où luy-mesme proposa
» son advis estre qu'on devoit le jour sui-
» vant passer la riviere dès le lieu de *Lussac*,
» sans aller chercher un pont ny autre pas-
» sage plus loin pour ce qu'il n'y avoit homme

(a) Vie de Louis de Bourbon, Duc de Montpensier par le Président Coustureau, p. 30 & 31.

» de cheval en l'armée, qui ne prinſt bien ſa
» peine de paſſer un ſoldat en croupe, &
» retourner une ou deux fois chacun, s'il
» en eſtoit beſoin pour paſſer tous les ſol-
» dats, & de ſa part (a) ſe ſoumettoit de
» paſſer juſques à trois, pour dès le meſme
» jour le plutoſt que l'on pourroit aller atta-
» quer l'ennemy, & le combattre, ſans luy
» donner loiſir de forcer ceux d'Angouleſme;
» ce qui fut trouvé *bon* par aucuns de la
» compagnie, mais des autres *non*; diſans
» que *c'eſtoit haſarder l'Eſtat*, pour ce que
» la fleur des Princes & Seigneurs Catho-
» liques de France eſtoient en ladite armée,
» & d'ailleurs qu'il y avoit trop grande diſ-
» proportion de la cavalerie, qui n'eſtoit que
» de quatorze cent chevaux, à celle des
» ennemis qui eſtoit de plus de trois mille,
» encore qu'ils confeſſaſſent noſtre infanterie
» eſtre beaucoup plus belle que celle des
» ennemis, & que M. de *Briſſac* (b) offrit

(a) Cette propoſition du Duc de Montpenſier pa-
roîtra fort extraordinaire à ceux qui ne jugent du paſſé
que par le préſent. De nos jours un Prince du ſang portant des fantaſſins en croupe offriroit un ſpectacle auſſi
nouveau qu'étrange.

(b) Timoleon de Briſſac, fils du célèbre Maréchal
de ce nom.

» de marcher avec ſes gens de pied mille
» pas devant la cavalerie, & *de ſouſtenir la*
» *premiere charge.* Enfin fut réſolu qu'on
» envoyeroit prier M. de *Montluc*, qui eſtoit
» du coſté de *Limoges* avec douze ou quinze
» cent chevaux de ſe venir joindre, à quoy
» faire fut deputé M. de *Loſſes* : mais il
» n'y profita rien (a) *pource que chacun ſe*
plait de commander, & non pas d'obeyr ».

L'Ecrivain que nous venons de citer, nous apprend que dans l'intervalle la ville d'Angoulême fut priſe par les Proteſtans. « En
» conſéquence (ajoute-t-il) fut réſolu qu'on
» s'en iroit mettre l'armée de M. le Prince
» de Condé, & celle des Provençeaux conduite par les ſieurs *d'Acier* & *de Beau-*
» *diſner* freres, *de Mouvans*, & de *Pierre-*
» *Gourde*, pour combattre la premiere qu'on
» rencontreroit, pour les empeſcher de ſe
» joindre »...

(3) On plaça ſur ce monument les inſcriptions ſuivantes...

A la mémoire de Gaſpard de Saulx, ſieur de Tavannes, Mareſchal de France, Gouverneur de Provence, Admiral des mers du Le-

(a) On a vu dans les Mémoires de Montluc la manière dont celui-ci ſe juſtifia.

vant, qui mourut le 19 de Juin mil cinq cens
septante-trois.

D'ardiesse, d'assaut, de conseil, de vaillance,
Je défis, je prins, j'aydé, je regagné,
Charles-Quint, un Milord, Henry, le Dauphiné,
A Renty, à Calais, aux guerres à Valence.
Cinquiesme Mareschal premier je fus en France,
Admiral du levant j'ay aux mers commandé,
J'ay Lieutenant du Roy la Bourgogne gardé;
J'ay pour luy-mesme esté Gouverneur de Provence
En soixante trois ans qu'au monde j'ay vescu,
Je n'ay rien, fors la mort, trouvé qui ait vaincu
Ma puissance, mon bras, mon bonheur, ma promesse,
Dont mon corps, & mon esprit, & mon renom aussi
Vieil, heureux, immortel, gist, revit, court sans cesse
Au tombeau, dans les Cieux, partout ce monde icy.

La réduction des villes de Châlons, Macon, Tournus & Villefranche 1562, & les victoires obtenues ès batailles de Jarnac, Montcontour 1569 par le Roi Henri III, où ledit Maréchal s'est trouvé, témoignent sa valeur.

Dame Françoise de la Beaume, sa compagne, par l'étroite amitié d'entre eux, a fait construire cette sépulture : *Passant, prie,*

Dieu (beni te foit) à la mémoire de Gaspard de Saulx, qui décéda en Juin 1573.

Guillaume de Saulx de Tavannes, son fils aisné, Lieutenant-Général de Sa Majesté en Bourgogne, a fait mettre ici cet écrit par devoir de pieté.

Fin des Observations sur le premier Livre.

OBSERVATIONS
DES ÉDITEURS
SUR LE SECOND LIVRE
DES MÉMOIRES
DE MESSIRE
GUILLAUME DE SAULX,
SEIGNEUR
DE TAVANNES.

(1) Dans la Notice (a), qui précède les Mémoires du Maréchal de Tavannes, on s'est engagé de réunir à l'ouvrage de Guillaume de Saulx diverses particularités relatives à son frère, Jean de Saulx (b) Vicomte de Tavannes & de Ligny. Par-là le Lecteur aura sous les yeux un certain nombre d'anecdotes éparses, & pour ainsi dire perdues au milieu de dissertations morales, politiques & théologiques, dont la prolixité n'est pas le moin-

(a) Tome XXVI de la Collection, p. 25.
(b) C'est celui qui a rédigé les Mémoires du Maréchal.

dre défaut. Le Vicomte de Tavannes (nous apprend (a) qu'il avoit suivi le Duc d'Anjou en Pologne. J'eſtois (dit-il) avec le Roi » Henri III en l'an 1574. Le *Borroſqui* » planta une lance de défi. Un Gentil-homme » du Comte de *Tanchy* la leve. Le *Borroſ-* » *qui* ne le tenant de ſa qualité, met en » camp un des ſiens, qui eſt bleſſé d'un » coup de lance : au ſortir de la cour du » château le *Borroſqui* tue le Comte de » *Tanchy* (b) d'un coup de hache : les

(a) Mémoires de Gaſpard de Saulx Maréchal de Tavannes, p. 284. (Diſſertation intitulée : *Eſtats reglés*.)

(b) Ce Comte de *Tanchy* n'étoit donc pas le même que le Comte de *Tanchin*, Grand Chambellan du Royaume de Pologne, qui (comme on le verra ailleurs) ſuivit Henri III à la piſte, lorſqu'il quitta la Pologne pour retourner en France. L'Hiſtorien Mathieu, dont nous emprunterons ces détails, ſemble d'un autre côté confirmer le récit du Vicomte de Tavannes par le tableau qu'il fait de la légiſlation polonoiſe à cette époque. « On contraignoit Henri III (raconte-t-il) de donner » audience à la table & au lit; car cette nation, qui » croit que les Rois ne luy ſont donnés que pour luy » rendre la juſtice, eſt merveilleuſement active & ar- » dente à la demander. La veuve & les enfans d'un » homme, qui avoit eſté tué, ſe préſentoient à la » porte du Chaſteau tous les matins avec le corps mort » & la parentée crians... *juſtice!*... Le Roi ne pouvoit

» parens du deffunt amenent le corps au Pa-
» lais, & demandent justice. Le Roy s'em-
» ploye pour le *Borrosqui*, pensant gagner
» ses parens. Malgré que Sa Majesté en eust,
» il fust banni à perpetuité par le Sénat ;
» tant sont les puissances des Rois limitées
» en ce pays-là.

(2) « En l'an 1576 (a remarqué le Vicomte
» de Tavannes dans une de ces dissertations
» qui accompagnent les Mémoires de son
» pere (a) (page 302) François Duc
» d'Alençon, frere du Roi Henri III, prit
» les armes contre luy assisté des Huguenots
» & Allemands : *il mesle* (b) *le bien public,
» la liberté & appanage tout ensemble.* Pour
» dissiper ces nuées composées de grandes
» troupes de *Reistres* & de revoltés proche

» voir ces choses sans se contrister : il falloit néanmoins
» qu'il les vit, & qu'il entendit des fâcheuses paroles
» qui accompagnoient les plaintes des offensés ».
(Histoire du règne de Henri III, Liv. VI, p. 367.)

(a) Cette Dissertation a pour titre : *Ligues & Associations*.

(b) Le Paragraphe qu'on va lire, nous a paru
renfermer des vuës piquantes sur les motifs de la guerre
des Princes en 1576, & sur l'origine de la Ligue. Aussi,
malgré sa longueur, & l'originalité du style de l'Ecrivain, n'avons-nous pas hésité à en faire usage.

» Paris, Sa Majesté promet d'augmenter d'An-
» goulesme & de Bourges l'appanage de son
» frere, de donner le Gouvernement de
» Picardie & la ville de Peronne au Prince
» de Condé, de tenir les Estats-Généraux.
» Les troupes séparées, & renvoyées par
» la paix, les Gouverneurs des villes &
» provinces, les sieurs de *Ruffec* (a), de la
» *Chastre* (b), & d'*Estourmel* interressez s'asso-
» cient pour n'obeyr au Roy, lequel se
» monstrant content de cette invention, pour
» avoir moyen de s'excuser de la promesse
» qu'il ne vouloit tenir, favorise leur dessein.
» Eux en crainte d'estre enfin abandonnez du
» Roy, courus par son frere & les Princes
» du Sang, recherchez par MM. de Guise
» sur le projet du Cardinal de Lorraine fait
» au Concile de Trente à l'extirpation des
» Herétiques, s'associent tous à l'exemple
» des Huguenots qui s'estoient liguez avec

(a) Philippe de Voluire sieur de Ruffec, Gouverneur d'Angoulême, refusa l'entrée de cette ville aux Agents du Duc d'Alençon, quoiqu'on la lui eut accordée par le traité. Ruffec s'excusoit sur la haine des Protestans dont il craignoit de devenir la victime. (de Thou, Liv. LXI.)

(b) Claude de la Châtre.

» le Roy (a) d'Angleterre. Les Catholiques
» s'uniffent avec le Roy d'Espagne & le Pape,
» qui les écoutent, les aydent & favorifent
» en diverfes intentions ; le Pape pour la
» Religion, le Roy d'Espagne pour n'eftre
» davantage troublé des François en Flan-
» dres, ceux de Guife par le mefconten-
» tement contre les *Mignons, les Gouverneurs*
» *pour fe conferver.* Le Roy cognut fa faute
» par l'advis qu'il reçut des fignatures fe-
» crettes qui fe faifoient par tout fon Royau-
» me, mal confeillé d'avoir agréé que fes
» fujets répondiffent pour luy, pour empef-
» cher la reddition de fes villes promifes à
» fon frere ; & plus mal advifé, au lieu
» d'opprimer ces factions par édit, de s'en
» eftre rendu Chef, en efpérance que tout
» fe feroit fous fon nom, ou que s'en di-
» fant auteur, le peuple craignant & foup-
» çonnant ces charges nouvelles les rom-
» proit. Ce qu'ils euffent fait, n'euft efté
» qu'ils efpéroient que la ligue dépendant
» d'eux-mefmes, ils ne payeroient plus de
» tailles ny de gendarmerie que celle qu'ils
» agréeroient, puifque les enrôlemens &

(a) Pour s'exprimer exactement, le Vicomte de
Tavannes auroit dû dire la Reine d'Angleterre, puifqu'à
cette époque Elifabeth étoit fur le trône.

» levées de deniers se faisoient par eux, &
» qu'ils se mettroient en République. Sur cet
» évenement le Roy résout d'employer ses
» fideles serviteurs : mon pere m'avoit laissé
» de cette condition : Sa Majesté me déclare
» son intention, qu'il vouloit se faire Chef
» de la *Ligue*. Je luy fis voir le serment de
» la *Confrairie du St. Esprit*, fait par mon
» pere pour la conservation de la Couronne
» en la Maison de *Valois* : il le fit doubler
» (a) par le chancelier *Chiverny* (b), se
» se résolut de suivre le stile de ce serment
» (c) bien différent de celuy qui se signoit
» secrettement à *Peronne*. Il m'envoye avec
» plusieurs autres par les provinces pour y
» establir cette Ligue en son nom. Le pre-
» mier serment estoit à Dieu, & à la Reli-
» gion Catholique ; Sa Majesté me le fit jurer,
» & me sert d'excuse véritable si ayant Sadite
» Majesté contrevenu aux premiers points
» de la Religion par la paix qu'il fit après
» avec les Huguenots en 1577, je me dis-

(a) C'est-à-dire qu'on en fit deux copies.

(b) Le Chancelier de Cheverny, Auteur des Mém. qu'on publiera à leur tour.

(c) Quoiqu'en dise le Vicomte de Tavannes, le même esprit présida à la rédaction de ces différents actes d'union ; & on peut s'en convaincre par le rapproche-

» pensay (a) du second article, qui estoit
» d'obéir au Roy, puisque le premier estoit
» violé par Sa Majesté. Je me jettay avec
» MM. de Guise, d'où je sortis aussitost la
» paix de (b) *Nemours* faite en l'année 1585;
» parce que les Huguenots furent declarés
» ennemis du Roy, du service duquel le
» massacre depuis fait à Blois de MM. de
» Guise me dispensa (c), Sa Majesté contre-
» venant au serment qu'elle avoit fait *sur*
» *l'Hostie* de protéger les Catholiques. Quand
» le Pape advoua (d) le Roy Henri IV en
» 1595, je me remis au service de Sa Ma-

ment qu'offrent à cet égard les tomes XXIV de la Collection, p. 491, XXVII, p. 341, & XLV, p. 294.

(a) Le Lecteur prononcera sur la validité de cette apologie.

(b) La paix de Nemours, dont parle le Vicomte de Tavannes, fut le résultat des conférences qui se tinrent à *Epernay sur Marne*: on y arrêta que Henri III déclareroit la guerre aux Protestans, & que les Ligueurs auroient un certain nombre de villes de sureté. Ce traité fut l'ouvrage de Catherine de Médicis.

(c) Nous ne discuterons point ces moyens de justification. On les indique seulement au lecteur pour qu'il les apprécie.

(d) Henri IV fut absous par le Pape le 17 Septembre 1595.

» jetté, *estans* (a) *nos premiers sermens à*
» *Dieu, & les seconds aux Rois légitimes*
» *& justes.* Pour l'extinction de cette asso-
» ciation, qu'on nommoit la Ligue de *Pe-*
» *ronne*, & pour s'empescher d'estre bridé
» par les Estats, le Roy fait conclure la
» guerre contre les *Huguenots* à la premiere
» assemblée tenue à *Blois*, à cela porté
» pour empescher que lesdits Estats ne di-
» minuassent son pouvoir & autorité, pour
» l'exécution de quoy il employe son frere
» M. d'Alençon, qui venoit d'estre Chef
» des Huguenots, & fut soudain leur con-
» traire. Prenant, & bruslant leurs villes, il
» les offense. Sa Majesté pensant avoir tout
» dissipé, contre la résolution prise (b) aux
» Estats, fait paix: son frere d'Alençon va
» en Flandres; aussi-tost mort, que retourné.
» Le Roy suivant la moitié des advis, que
» le sieur de Tavannes luy avoit donnés
» d'abaisser les deux Maisons de Guise &
» & de Montmorency pour en ériger de
» nouvelles, ayant oublié la moitié de son

(a) Voilà bien le langage de la Ligue: avec de pareils principes on peut aller loin.

(b) Voyez l'Observation n°. 27 sur les Mémoires du Duc de Bouillon, tome XLVIII de la Collection.

rolles

» *rollet*, en lieu de Capitaines prend de
» jeunes *Mignons sujets à blasme énormes*.
» L'esloignement trop à coup de ceux de
» de Guise, la défaveur de la Reine à la
» persuasion desdits *Mignons*, qui desiroit
» plutost la Couronne au Marquis *du* (a)
» *Pont* son petit-fils qu'au Roy de Navarre
» qui ne luy estoit rien, firent reprendre
» les vielles *erres* de la Ligue sous divers
» desseins. Lesdits sieurs de Guise prindrent
» les armes en l'année 1588 : *tout est cou-*
» *vert de Religion, & de bien public : les*
» *simples s'y portent*. . . . . Chacun tire tant
» de son costé, *qu'ils rompirent la couverte,*
» & vit-on jour au travers. Il falloit oppri-
» mer ces ligues au commencement : sans
» la faveur de la Reine, & crédit de la
» Cour celles des *Huguenots* n'eussent com-
» mencé, ny duré; & pour celles des Ca-
» tholiques dès l'abordée il falloit défendre
» la Ligue de Péronne ouvertement. . . . .
» *Pour se sauver d'un peu de feu, Henri III*
» *romp la digue*, qui faut (b) *à noyer son*
» *Estat* ».

(a) Ce Prince devint depuis Duc de Lorraine. Il étoit petit fils de Catherine de Médicis.

(b) Qui manque.

(3) « M. d'*Alençon* (dit encore le Vicomte
» (a) de Tavannes) frere du Roy Henry
» troisiesme prinst les armes contre luy, pour
» augmenter son appanage, *les coulourant
» du bien public & de la liberté des Estats*,
» joint aux Huguenots, qui avoient amené
» une grande armée de Reistres : il les aban-
» donna, & fit la paix. Pour les diviser,
» & faire perdre crédit à ce qu'il se ralliast
» plus avec les Huguenots, son frere Henri III
» l'envoye en (b) 1577 assaillir *Issoire* que
» tenoient les Huguenots peu auparavant
» ses associés. Il y fait trois brêches. Je donnay
» le premier à celle que M. de Guise assail-
» loit, & me précipitai dans la ville me
» jettant du haut de la muraille au-dedans.
» A trente pas de-là je trouve un retran-
» chement, suivi de douze des miens. Les
» ennemis le quittoient si nous eussions été
» suivis. Je perdis sept Gentils-hommes,
» dont le plus brave estoit un de mes cou-
» sins nommé *Trestondan*. Je reçus unze ar-
» quebuzades dont cinq porterent. Je me
» jugeois perdu, me voyant abandonné ; ne

(a) Mémoires de Gaspard de Saulx, Maréchal de Tavannes, p. 160 (de l'Edition in-fol.)

(b) Il y a 1578 dans l'original : mais c'est une faute typographique.

» pouvant retourner, Dieu invoqué m'aide:
» le canon renverse la muraille qui estoit
» derriere moi, par où je n'eusse pu re-
» monter autrement; & par-là je me rejettai
» sur la bresche. Cette boutade les contrai-
» gnit de paroître, ce qui causa la reddition,
» le lendemain la ville bruslée, les Chefs
» pendus (a), & moy miraculeusement
» guéry des cinq arquebusades.

(4) L'ordre chronologique n'est pas toujours exact dans les Mémoires de Guillaume de Saulx; quoiqu'on ait eu soin d'y remedier par les dates énoncées à la marge du texte, il est bon de prévenir que ce paragraphe entier appartient à l'année 1580, & non pas aux années 1578 & 1579 comme l'articule l'Auteur de ces Mémoires. L'expédition du Duc du Mayenne en Dauphiné se fit au commencement de Septembre 1580. on peut s'en convaincre en lisant l'Histoire de M. de Thou

(a) Selon M. de Thou (Liv. LXIII) on n'épargna que le sieur de *Chavagnac*, qui commandoit dans la place, & les Capitaines *Rudon*, & *la Pierre*. Ensuite on livra la ville au pillage; mais un incendie, qui devint général, contint l'avidité des vainqueurs. A cet incendie succéda une pluie considérable qui acheva de dévaster cette malheureuse ville.

(Liv. LXXII) & l'Hiſtoire du Connétable de Leſdiguieres (p. 41 de d'Edition in-fol.) Quant aux détails qui regardent perſonnellement le Vicomte de Tavannes, nous croyons devoir y joindre le récit qu'il en a fait lui-même. « Tallard (dit-il (a) aſſiegé (b) de-
» puis dix-huit mois étoit prêt à ſe rendre.
» M. d'Angouleſme bâtard de France, &
» Gouverneur de Provence, eſſaye envain
» de lever le ſiege. M. du Mayne (c) m'y
» envoye avec quatre cent chevaux, moitié
» Gentils-hommes & arquebuziers à cheval.
» Je trouve le Grand-Prieur & les Proven-
» çaux en crainte des Huguenots. Je les raſ-
» ſeure, marche droit à Leſdiguieres (d) ſous

(a) Mémoires du Maréchal de Tavannes. (Voyez la Diſſertation qui a pour titre : *Des Envitaillemens*, page 181.

(b) On a ſupprimé la date que le Vicomte donne à ces événemens. L'anachroniſme, qu'il a commis, eſt encore plus marqué que celui de ſon frère, puiſqu'il place en 1577, ce qui arriva réellement en 1580.

(c) M. de Mayenne.

(d) Louis Videl dans ſes Mémoires ſur la vie de Leſdiguieres (p. 41 de l'Edition in-folio) ne convient pas de tous ces faits. Il avoue que le Vicomte de Tavannes ravitailla la place ; Leſdiguieres, ſelon lui, n'étoit pas en forces pour s'y oppoſer. Peruſſis, dans ſes Mémoires ſur les guerres du Comté Venaiſſin, de

» promesse d'estre soutenu. Il se présente
» en bataille, la *Durance* entre deux: Morges
» son cousin, & plusieurs autres des siens
» furent blessés : je me repentis depuis de
» n'avoir passé la riviere quoique rapide &
» dangereuse; l'avantage que les ennemis
» ont d'une riviere, n'est si grand que la
» crainte qu'ils reçoivent de l'audace de la
» voir passer contre eux. Je passai le lende-
» main ladite riviere de *Durance* auprès de
» Tallard, commandant à Alphonse (a) Corse,
» depuis Maréchal de France; & sans atten-
» dre les Provençaux je fais lever le siege
» à Lesdiguieres qui se retire à Gap au trot:
» si le Corse m'eut voulu, ou pu suivre,
» je l'eusse défait. Nous demeurasmes trois
» jours à l'entour de Tallard, mangeasmes
» la moitié des vivres emportés. Je fus con-
» traint d'aller assister M. *du Mayne* au siege
» de *la Meure* (b); sans la réputation de
» nos armes & prise de la dite *la Meure*, nos-
» tre envitaillement eut esté inutile.

Provence, &c. se contente de dire que M. de Tavannes fit lever le siege de Tallard.

(a) Alphonse Ornano.

(b) L'Historien du Connétable de Lesdiguieres (p. 44) & M. de Thou (Liv. LXXII) s'accordent par rapport à la résistance des assiégés, qui sans la trahison

(5) Malheureusement Henri III étoit entouré de gens incapables de donner de l'énergie à ses pensées & à sa conduite ; & c'est ce que l'Historien Mathieu (a) a fort bien développé. « La Royne-Mere (observe-t'il) qui s'acorde
» avec le Duc de Guise, plus pour le traver-
» ser, le brouiller, & donner l'entrée au
» désordre & à la confusion des affaires, que
» pour l'agrandir, fait entendre au Roy la
» puissance de la Ligue, lui represente qu'il a
» affaire au Pape, à l'Empereur, au Roy
» d'Espagne, au Duc de Savoye, à quelques
» Princes d'Allemagne, aux Cantons Catholi-
» ques de Suisse, à toute la maison de Lor-
» raine & aux bonnes villes de France enro-
» lées en ce parti, tous résolus d'exposer
» leurs personnes au milieu des flots comme
» la derniere ancre pour garder le naufrage
» de la Religion. Elle luy donna si chaude-

de l'ingenieur (*Hercule Nigro*), n'auroient pas été forcés de se rendre. Mais ni l'un ni l'autre ne parlent des exploits particuliers du Vicomte de Tavannes. M. de Thou fait pourtant mention de Jean *Darces sieur de Livarot* dont le régiment se signala ; & c'est là sans doute ce *Livorat* dont il s'agit dans le texte de Guillaume de Saulx.

(a) Histoire du règne de Henri III, Livre VIII, page 499.

» ment l'allarme de ces premieres esmotions,
» que le Roy, tant plus il y pense, plus il
» trouve de foiblesse de son costé, & d'avan-
» cement aux affaires de la Ligue. Il luy sem-
» ble que desjà les remparts & les deffenses
» de son Estat estoient abbatues : il croit que
» le Duc de Guise le tient par le collet, & que
» tout le *Louvre* est boulversé. On a de la
» peine à le faire sortir d'une cellule de Capu-
» cin : Ce n'est plus celuy qui gaignoit les ba-
» tailles de *Jarnac* & de *Montcontour*. La ge-
» nerosité luy manque, le cœur luy défaut...
» S'il eut monstré (continue-t-il (a)) son front
» à la Ligue non couvert d'un sac de *Penitent*
» ou d'*Hermite* (b) non par une voye de dou-

(a) Ibidem page 500.
(b) « Ce Prince (écrivoit le Baron de Busbec le 6
» Décembre 1585) ne s'occupe que des reglemens de
» ses confréries : il mene la vie d'un solitaire : il est si
» sédentaire & si appliqué à toutes ses pratiques de
» dévotion, que l'on apprehende que sa santé n'en soit
» alterée, ou qu'il ne tombe dans quelque superstition...
» Il est (disoit encore Busbec) dans la plus ferme ré-
» solution de ne souffrir en France aucun Huguenot.
» Aussi ceux qui ne veulent pas embrasser la religion
» Catholique sont obligés de sortir hors du Royaume.
» Quelques Dames de distinction l'ont fait supplier,
» il y a quelques jours, de leur permettre de rester dans
» leurs terres, promettant qu'elles demeureroient tran-

» ceur, mais avec une fermeté, un courage,
» une résolution convenable à Sa Majesté, la
» guerre eust eté finie. L'armée du Duc de
» Guise, qui en sa fleur n'estoit que de mille
» chevaux & quatre mille hommes de pied,
» eut esté dissipée en moins d'un mois ; & le
» Cardinal de Bourbon avoit bien confessé à
» la Reyne-Mere que si le Roy eut esclaté,
» tous ces brouillards se fussent évanouis...

» Je n'aurois pas cru (disoit le Pape au Duc de Nevers (a), lorsqu'il fut instruit des articles signés à Nemours) » qu'un Prince offensé au
» point que l'estoit le Roy de France, fut as-
» sez débonnaire pour aller au devant de vous,
» & non seulement pour vous pardonner les
» actes d'hostilité qui ont été faits, mais aussi
» de les avouer comme faits pour son servi-
» ce... Mais puisqu'il l'a bien voulu, Dieu

» quilles, & qu'elles vivroient de la manière la plus
» retirée. Il a refusé de leur accorder cette grace ; &
» par considération seulement il a promis qu'il empê-
» cheroit qu'on ne leur fit aucune violence, en atten-
» dant qu'elles se disposassent de passer en Angleterre,
» & que pour le faire avec sureté il leur donneroit des
» passeports »... (Lettre du Baron de Busbec, tome III, pages 332 & 333 Traduction de l'Abbé de Foy.)

(a) Lettre de M. de Nevers au Cardinal de Bourbon, tome I de ses Mémoires, p. 669.

» en soit loué ! Cependant n'abusez pas de
» l'indulgence du Roy.... Faites par vos dé-
» portemens, qu'il ne se repente pas d'avoir
» esté si bon, & ne se voye contraint par de
» nouvelles entreprises contre son autorité
» de s'expliquer à votre desavantage ; & de
» faire voir à toute l'Europe que ses Princes
» & ses principaux sujets Catholiques sont les
» véritables ennemis contre lesquels il vient
» de porter sa déclaration au Parlement.

(6) Le récit que fait le Vicomte de Tavannes de cet événement, varie sur quelques points avec celui de son frere. On remarquera particuliérement le silence qu'il garde par rapport à la conduite de Guillaume de Saulx dans cette circonstance. » Nous prismes les armes » (raconte-t-il (a).) en l'an 1585 avec M. de » Guise (le Roy Henri III sans enfants) pour » empescher que la Couronne ne tombast aux » Hérétiques. Soudain la paix se fit à Nemours. » Me fiant à ceux d'*Auxonne, mes obligés,* » d'où j'estoit Gouverneur, suscités du Roy & » des Gentilshommes voisins envieux ; vou- » lans obtenir par finesse & trahison ce que

(a) Mémoires de Gaspard de Saulx, Maréchal de Tavannes, (Dissertation qui a pour titre : *Conservation du monde neuf*... page 38 de l'Edition in-fol.)

» leur peu de valeur & de courage leur dé-
» nioit, aydés d'ingrats & de meschans que
» j'avois advancés en biens & en honneur,
» ceux de la ville, en vengeance du parti des
» Catholiques où je les avois traisnés, me
» trahirent, blesserent, & prirent devant le
» Prestre faisant mes Pasques à l'Eglise. Ils
» tuerent un des leurs que j'avois renversé
» sous moy dont ensuivit la prise du Chasteau
» que je tenois. Estant leur prisonnier, ils dé-
» libererent cent fois de me tuer; & autant de
» fois Dieu m'en garantit. Ils me donnerent un
» coup d'hallebarde en prison. Nostre Seigneur
» me fait dissiper leurs conseils, leur faisant
» croire que je craignois la Justice de Paris,
» lorsque j'eusse desiré estre en la Conciergerie
» du Palais hors de leurs mains pour monstrer
» mon innocence. Mes Parents gagnent le
» Roy, qui feint m'envoyer querir pour me
» faire mourir: *les Vilains* le croyent, autre-
» ment ils m'eussent empoisonné, ou tué,
» comme ils essayerent la mesme nuit que je
» sortis. Je change *Paris* pour *Pagny*, où
» l'on me conduit d'une prison cruelle en
» une *impiteuse*, entre les mains du Comte de
» *Charny*, envieux, offensé de moy pour
» avoir esté de la Ligue, & avoir aydé à le
» chasser de son Gouvernement. Il me garde

» à yeux d'*Argus* : vingt hommes autour de
» moy n'empeschent qu'en un seul quart
» d'heure, auquel je pouvois m'en aller, je
» ne me sauvasse à l'ayde d'un des miens,
» descendant cinquante toises de muraille,
» reçu de vingt Chevaliers. Je donne dans les
» portes d'Auxonne, prends les principaux
» de ceux qui me trahirent, & leur donne la
» vie. Le Roy craignant M. de Guise, le con-
» tente par la permission qu'il luy donna d'af-
» sieger *Auxonne*. Je puis dire que moy seul
» & *Rosne* (a) (l'ayant investi & défait leur
» secours) la prismes, dont ingratement M.
» de Guise ne me rendit le Gouvernement
» que j'avois perdu pour son sujet ; ce qui
» depuis a nui à ses affaires & aux miennes.

(7) Ce fut alors (si l'on en croit le Vicomte de Tavannes (b)) que la Noüe au nom des

(a) Chrétien de Savigny, Baron de Rosne, avoit été élevé en France. Il épousa la fille unique de Jacques d'Anglure Comte d'Estauge. Nous le verrons figurer parmi les chefs de la Ligue. La maison de Savigny est originaire de Lorraine. Ceux qui veulent connoître son illustration peuvent recourir aux preuves de la maison de Raigecourt, pages 9 & 15, ou aux p. 65 & 81 de la préface de cet Ouvrage imprimé Nancy, chez le Clerc 1778.

(b) Mémoires du Maréchal de Tavannes... Disser-

Protestans proposa une confédération avec les Guises pour la réforme de l'Etat. « Les Hugue-
» nots (dit le Vicomte) en l'an 1587, tems
» auquel MM. de Lorraine prindrent les
» armes pour les Catholiques, proposerent
» par la Noue de ne parler de la Religion,
» & de prendre le prétexte de la réformation
» de l'Etat & du bien public contre les
» *Mignons* du Roy; promet que les Hugue-
» nots se joindroient avec MM. de Lorraine,
» & se déclareroient contre le Roy Henri III.
» M. de Guise, *intelligent* (a) du Pape &
» du Roy d'Espagne, refuse leur association,
» s'arreste à la défense de la Religion, pour
» la manutention de laquelle il force le Roy
» à la guerre contre les *Huguenots*, qui en
» effet desirent la dissipation de l'Estat,
» prévoyant qu'un Roy Catholique & paisi-
» ble leur levera l'authorité, & fera payer
» des subsides & nouveaux impôts, de quoy
» ils sont exempts, & n'en paye qu'à leur
» volonté. *Leur desir a esté (comme il est*
» *encor)* d'establir l'Estat populaire en ce

―――――

tation qui a pour titre : *De n'obéir aux Rois pour leur service…* page 264.

(a) Par cette locution bizarre l'Auteur veut exprimer les intelligences du Duc de Guise avec les Cours
de Rome & de Madrid.

» tems principalement & plus que jamais
» que la supériorité de leur party est entre
» les mains des Bourgeois des villes. Aussi
» M. de Guise eust bon nez, cognoissant la
» différence qu'il y a de la guerre de Religion
» à celle de réformation, & combien d'a-
» vantage a celle qui touche les ames & les
» corps, en comparaison de celle qui n'est
» que pour l'intérest des biens & de la police,
» lesquels sont aisés à contenter & dissiper
» par les Souverains. De plus les *doublons*
» *d'Espagne* y estoient joints, voulant par
» ce moyen de Religion le Roy Catholique
» obtenir la supériorité & dénonciation sur
» tous les autres puissans..... ».

D'après l'autorité du Vicomte de Tavannes plusieurs modernes, & spécialement l'Auteur (a) de l'Esprit de la Ligue ont regardé cette négociation de la Noue comme autentique. Cependant ils auroient dû observer qu'aucun des contemporains n'en fait mention, qu'à cette époque la Noue s'étoit retiré à Genève, qu'il y vivoit s'occupant peu des affaires publiques, & qu'il fallut un concours (b) de circonstances extraordinaires

(a) Tome II, Liv V, p. 281.
(b) Voyez la Notice qui précède les Mémoires de la Noue, tome XLVIII de la Collection, p. 57.

pour le tirer l'année suivante d'une inaction fondée sur des sermens dont il croyoit ne pouvoir se délier. Compulse-t-on les monumens du tems; on n'en trouve qu'un seul qui, rapproché du récit du Vicomte de Tavannes, semble le confirmer. C'est un passage (a) *de la déclaration* (b) *de la Noue sur sa prise d'armes pour la juste défense des villes de Sédan & Jamets sous la protection de Sa Majesté... le voici...* ». Certes si
» j'eusse voulu manquer à ma parole, y estant
» poussé par mes intérêts particuliers, j'en
» avois un beau sujet, quand l'armée étran-
» gère se leva, en laquelle voulant aller,
» je n'y eusse pas eu peu d'autorité, vû
» que M. de Bouillon & mes meilleurs
» amis, qui s'employoient à la conduite
» d'icelle, m'appelloient, & m'eusse déféré
» plus que mon naturel ne convoite : mais
» je m'excusai, & ne voulus outrepasser
» les limites de mes promesses, pour ce que

(a) Mémoires de la Ligue (Edit. de l'Abbé Goujet) tome II, p. 292.

(b.) On reviendra sur cet écrit précieux dans le travail qui accompagnera les Mémoires de Brantôme, à l'article de la Noue. Il y sera d'autant mieux placé qu'il servira de réponse aux imputations que Brantôme a hazardées contre ce grand homme.

» je ne le pouvois honnêtement faire ; &
» plusieurs Gentilshommes, (qui vivent
» encore & qui étoient à la préparation de
» ladite armée) sçavent que je m'avançai jus-
» qu'à *Strasbourg* sur les instantes prieres que
» m'en fit lors par lettres le sieur *de Buy* (a),
» qui me manda avoir parlé à Messeigneurs les
» Ducs de *Lorraine* & *Casimir*, même M. *de*
» *Ségur* (b), pour composer du passage d'i-
» celle par la Lorraine, & que tous avoient
» agréable, advenant qu'on le baillât, que je
» fusse admis à cette négociation, où les uns
» ni les autres ne vouloient être circonvenus.
» Mais y estant arrivé, & ne trouvant lettres
» des Princes sus-nommés ; au contraire
» voyant des deux costés les courages s'é-
» chauffer, les haines croitre, les armes en
» pied, & ja l'espée desgainée, je pensai
» que le tems de négocier estoit passé, &
» que tout accord s'en alloit sujet à inobser-
» vation : c'est pourquoi je ne me voulus
» envelopper entre ces deux tempêtes, de
» peur que ma réputation ne courut fortune,
» & écrivis à M. le Baron d'Auffonville (c),

(a) Frère de Du Plessis-Mornay.
(b) Jacques de Segur sieur de Pardaillan.
(c) Le sieur d'Auffonville étoit Colonel-Général
de l'infanterie du Duc de Lorraine. La vraie manière

» qui eſtoit encore à *Phaltzbourg*, ce qui
» m'avoit retenu ».

d'écrire le nom de cette famille Lorraine eſt *Hauſſon-
ville*. (Voyez les preuves de la maiſon de *Raigecourt*
& la Préface, pages 218, 224 &c.)

Fin des Obſervations ſur le ſecond Livre.

OBSERVATIONS
DES ÉDITEURS
SUR LE TROISIÈME LIVRE
DES MÉMOIRES
DE MESSIRE
GUILLAUME DE SAULX,
SEIGNEUR
DE TAVANNES.

(1) *Nous sommes souvent entraînés par le destin*, (observoit le Vicomte de Tavannes (a), en rédigeant les Mémoires de son père) « & allons à nostre malheur... Nous » touchons & sentons le mal que nous ne » pouvons divertir ny rejetter..... M. de » Guise estant bien adverty, non seulement » ne s'en alla point de Blois, mais il ne » ne peut se garder d'aller au Conseil où » il fut poignardé ». Après avoir cité d'autres faits de ce genre pour appuyer les assertions

─────────
(a) Mémoires du Maréchal de Tavannes — Dissertation intitulée : *Du Destin*... page 235 --- première colonne.

qu'on vient de lire, le Vicomte de Tavannes considére à sa manière les Etats-Généraux, leur constitution politique, la base sur laquelle cette constitution repose, & les résultats qu'on peut attendre de leurs déterminations. Par rapport à ces divers objets l'opinion particulière d'un homme, qui écrivoit à la fin du XVIe siecle, ne nous a point paru indifférente à recueillir : si l'erreur s'y trouve à côté de la vérité, le Lecteur judicieux en fera aisément la distinction ; ces sortes de monumens ont le mérite des anciens portraits, c'est d'offrir la physionomie de leur tems.

« L'estat ancien des Gaulois (dit le
» Vicomte de Tavannes (a)) estoit populaire, obéissant aux plus illustres & valeureux d'entre eux volontairement. Les François amenèrent les Roys qu'ils avoient
» desjà estus en Allemagne. Ni les uns ni
» les autres ne résolvoient guerre, paix, ni
» subside qu'aux Assemblés générales, Parlemens, ou Etats-Généraux. Les Roys se
» dispensèrent de ces assemblées, & s'en
» firent croire par la corruption des Grands.
» Ils proposoient le bien public, & faisoient

(a) Mémoires du Maréchal de Tavannes (ibidem, pages 235, & 236.)

» le leur particulier en levées de deniers,
» guerre & paix, auxquels les peuples par
» dons & crainte ne vouloient ou n'osoient
» contrarier ; & enfin ont tellement bridé
» les Etats qu'ils n'ont plus de force qu'à
» la minorité des Roys : encore se laissent-ils
» guider à ceux qui sont les plus puissants,
» & qui ont plus de crédit. L'Empereur
» Charlemagne ne résolvoit rien de grande
» importance sans les Etats qu'il nommoit
» Parlemens. Ils ont eu force jusques au
» Roy Louis XI. Si la justice de l'autorité
» d'iceux est considérée, ils seroient par-
» dessus les Roys, puisqu'ils les ont élus,
» du moins durant le tems qu'iceux seroient
» assemblez. Les Anglois, les Espagnols
» gardent mieux leurs privilèges que les
» François, se rendans dignes de la liberté
» qu'ils ont, parce qu'ils ne se laissent diviser
» aux artifices des Princes : il semble en
» France que leurs Gouverneurs, Officiers
» & Magistrats se séparent du bien public,
» comme si leurs enfans devoient hériter de
» leurs grades. Nul estat ne peut estre meslé
» en un tems des trois gouvernemens en
» mesme autorité : l'un est supérieur : les
» Consuls, le peuple, les Sénateurs Romains,
» ont eu chacun à leur tour les puissances

» Souveraines à Rome. L'Eſtat de *Veniſe*,
» eſt ariſtocratique, & celuy des *Suiſſes* po-
» pulaire; l'*Empire* & le Royaume de *Pologne*
» eſt auſſi ariſtocratique, & l'Eſtat de *France*
» eſt vrayment Monarchique : ayant ſa puiſ-
» ſance non limitée, celuy *du Turc* entiè-
» rement tyrannique ſi les Rois par le bon
» naturel ou par remontrances & prieres
» qui leur ſont faites, ne maintiennent leur
» peuple en liberté, le remede des *Chreſtiens*
» eſt de prier & d'endurer : autrement ils
» ſeroient contraints en *France* de mettre
» en pouvoir les Etats-Généraux, qui ſeroit
» une ariſtocratie qui rendroit les Rois pareils
» en autorité à l'Empereur d'Allemagne : à
» cela l'établiſſement de puiſſans Princes
» ayderoit. L'exécution en ſeroit difficile :
» les Etats, (qui ne s'aſſemblent que par la
» permiſſion des Roys) les diviſions d'entre
» eux, les Capitaines des places, les Offi-
» ciers, les Princes ſont contraires : advien-
» droit qu'en voulant reprendre leur liberté,
» deſirant ſe remettre en meilleur eſtat, ils
» tomberoient en un pire ; & y auroit danger
» que l'Eſtat ne devint populaire, qui eſt
» le pis de tous les autres, ou ſeparé en
» petites tyrannies. La Nobleſſe & l'Egliſe
» d'*Hollande*, *Zelande* & partie de *Flandres*

» penſant reprendre leur liberté, ſe ſont jettés
» en l'Eſtat populaire : les *Suiſſes* en firent
» de meſme. L'on peut objecter que la *France*
» n'eſt pas dans les eaux, ni dans les mon-
» tagnes comme les *Flamands* & les *Suiſſes*,
» que la Nobleſſe y eſt en grande quantité,
» le peuple des champs puiſſant, leſquels
» joints peuvent eſtre maiſtre de la campagne
» pour donner la loy aux villes. L'Eſtat de
» *France* changeant eſt plus capable d'imiter
» la forme de celuy d'Allemagne, meſlé de
» Princes puiſſans, villes libres, menu peu-
» ple qu'autres. Il eſt difficile qu'eſtant un
» Roy eſtabli, ſi ce n'eſt par ſa prud'hommie,
» les peuples reprennent leur liberté, ſans
» occupper la puiſſance ſouveraine. Pour
» cela il faudroit que les Etats rendiſſent
» les forces à eux, faire un Conſeil crée
» des Provinces, réſoudre les aſſemblées de
» ſix en ſix mois, regler les Finances &
» Juſtice ; ce qui ſeroit en effet changer
» l'Eſtat, & en danger de devenir popu-
» laire. A la vérité il vaut mieux ſouffrir
» que s'il falloit chercher la liberté par ces
» moyens dangereux : *les choſes faites à*
» *demi perdent les Auteurs*. Il eſt impoſſible
» que les Etats puiſſent d'eux-meſmes ravoir
» leur liberté ; d'entreprendre ſous les

» Princes, l'expérience monftre qu'il font leur
» profit & laiffent celuy du public, & ne
» tendent qu'à ufurper des *Tétrarchies*,
» tyranniques, lefquelles obtenues, la Mo-
» narchie s'eftant entrecoupée, les parties
» divifées s'entrechoquent jusques à ce qu'el-
» les ayent perdu la plupart de ceux qui
» s'y font entremis. C'eft bonheur de vivre
» fous un grand Roy non tyran. Les fujets
» des petits Potentats d'Italie & d'Allemagne
» font ferfs : leurs Princes fçavent leurs
» facultés, les robes, les noms d'iceux, les
» tyranniffent au double, toujours en crainte.
» Les Roys d'eux mefmes devroient regler
» leurs puiffances à l'exemple de leurs voi-
» fins, tant pour la crainte de Dieu, pour
» la juftice, que pour la confervation de leur
» Eftat, eftant inpoffible qu'en une licence
» fi effrenée de levées exceffives, la juftice
» corrompue, les bienfaits fi mal recognus,
» les vices non punis, qu'iceux n'engendrent
» des mouvemens dangereux, n'eftans les
» moyens & richeffes au peuple qu'entant
» que le Roy, les Favoris & Officiers de
» juftice le permettent. Quand les Roys fe
» tiendront en leur devoir, Dieu permet-
» tra que tous leurs fujets fe tiendront
» au leur. Jamais tyran n'eft en feureté,

» quelques divisions qu'il jette parmy son
» peuple, si son grand establissement & sa
» valeur le font durer un tems, qu'il re-
» cognoisse ces dons de Dieu, & que les
» peuples n'attendent que les moyens de
» reprendre leur liberté perdue. Le danger y
» est maintenant plus grand en ce Royaume
» qu'il n'estoit : les Citadelles s'en vont
» toutes ruinées en *France*. Les François
» ont appris de traiter avec les étrangers :
» les exemples des fautes de plusieurs
» font les entreprises plus dangereuses. Pour
» tirer les Roys à cette réformation sans
» armes, ils devroient avoir une bonne
» intelligence entre les Princes, Seigneurs,
» Ecclésiastiques, & Gentilshommes, &
» avec très-humbles supplications requérir
» leurs Majestez d'y pourvoir ».

(2) Ce jugement sur la conduite, que tint le maréchal d'Aumont, nous paroît hazardé : peut-être le ressentiment l'a dicté. Dans le 4e livre des Mémoires de Saulx, on verra qu'il eut à se plaindre du Maréchal; & la haine n'est pas toujours exempte de partialité. D'après les expressions de l'Auteur des Mémoires il sembleroit que le Maréchal d'Aumont, saisi d'une sorte de

terreur panique, abandonna précipitamment la garnison de la Citadelle d'Orléans qu'il étoit chargé de secourir. L'approche du Duc de Mayenne produisit sur lui cet effet. Le caractère connu du Maréchal, & sa réputation militaire ne permettent pas de croire aveuglément à des imputations aussi graves. Intéroge-t-on les écrits des Comtemporains, tels que les Mémoires de *Cheverny*, & de *Villegomblain*, on y voit la mauvaise issue de cette expédition attribuée positivement à l'indolence de Henri III. Cheverny sur-tout observe que, quand le Maréchal d'Aumont arriva, les habitans d'Orléans avoient eu le tems nécessaire pour se barricader & élever des fortications propres à empêcher le Maréchal de dégager la Citadelle qu'ils serroient de près. Nous ne suivrons point Cheverny dans la discussion à laquelle il se livre par rapport à d'Entragues qu'il accuse d'avoir été la cause première de la perte d'Orléans. Bornons-nous à ce qui concerne personnellement le Maréchal d'Aumont. On convient que, lorsque Henri III l'envoya à Orléans, il étoit tard. Catherine de Médicis avoit évalué les avantages de la célérité dans une pareille circonstance, quand elle répondit au monarque, qui prétendoit n'être Roi que depuis le meutre du Duc de Guife.... *Dieu veuille que vous vous en trouviez bien! mais du moins, mon fils, avez-vous donné l'ordre à l'affeurance des villes* (a), *principament d'Orléans !*... Au lieu de profiter de cet avis, Henri s'amufa à publier des Edits & des Déclarations. Il crut faire des merveilles en adreffant de tous côtés des lettres ou manifeftes tendant à prouver la néceffité du meurtre qu'il venoit d'ordonner. Tandis qu'il perdoit un tems précieux, les Agents dela Ligue veilloient, & travailloient efficacement. Par leurs menées, les villes & les provinces fe foulevoient. Ce concours de révolutions, qui fe fuccédoient, arrachèrent le Monarque François à l'apathie dont il avoit contracté la funefte habitude. Il comprit qu'on ne foumet point des rebelles, & encore moins des fanatiques, par des écrits : Pafquier, témoin oculaire de la manière dont il s'étoit conduit, en expofe les réfultats avec cette tournure originale qui lui appartient ; on y trouve en détail ce que nous avons tâché d'exprimer en peu de mots. Henri, bien convaincu qu'on en vouloit à fa Couronne, fongea enfin à la défen-

(a) Journal de Henri III par l'Etoile, tome I de la dernière Edition, p. 156.

dre. Il se rappella l'importance de la ville d'Orléans. Le Maréchal d'Aumont (a) par ses ordres y courut. Il n'étoit plus temps : les habitans lui opposèrent une résistance vigoureuse. Malgré ses efforts & sa bravoure, il fut contraint (b) d'effectuer une retraite que l'arrivée prochaine du Duc de Mayenne accélera. Il y auroit eu de (c) l'imprudence avec le peu de forces qu'il avoit, de rester entre deux feux.

(3) Ce fut vraisemblablement sur cet échec souffert par l'infanterie de Guillaume de Saulx, qu'on imagina à Paris la prétendue relation d'une grande victoire que les partisans de la Ligue se vantèrent d'avoir alors remportée en Bourgongne. M. de Thou (d) nous apprend qu'à l'époque dont il s'agit, on annonça publiquement que Guillaume de Hautemer sieur de Fervaques, Philippe d'An-

(a) Voyez la lettre IX du Livre XIII, de ses Œuvres.

(b) De Thou, Liv. XCIV.

(c) Ces faits sont confirmés par l'Auteur anonyme de la relation du siége de la citadelle d'Orléans, tome III des Mémoires de la Ligue (Edit. de l'Abbé Goujet) page :62.

(d) Liv. XCV.

glure sieur de Gionville, & Antoine du Prat Baron de Viteaux, avoient défait complétement les Royalistes. L'Historien ajoute que les curieux doutoient de cette victoire, parce que les drapeaux qu'on y avoit pris ne paroissoient point dans la Capitale. Pour détruire leurs soupçons, la Duchesse de Montpensier tira aussi-tôt de ses coffres quelques pièces de taffetas, dont elle avoit fait provision pour cet usage. Elle en forma plusieurs drapeaux, qu'on mit en lambeaux, & qu'on traîna par son ordre dans la boue & dans la poussière. On les porta en cérémonie ; & ces trophées furent suspendus aux voûtes de Notre-Dame. Ces premiers traits indiquent le rôle que jouera cette femme hardie & méchante : par la suite on la connoîtra mieux.

(4) Jean de Saulx, Vicomte de Tavannes & de Ligny (on l'a déjà observé) étoit aussi dévoué au parti de la Ligue que Guillaume de Saulx son frère l'étoit au service du Roi. Ce fut probablement pour lever quelques troupes que le Vicomte de Tavannes se montra momentanément en Bourgogne : car il nous (a)

(a) Mémoires du Maréchal de Tavannes — Dissertation intitulée : *De n'obéir aux Rois contre leur service*... page 261 de l'Edition in-fol.

apprend lui-même que dans le cours de 1589 il commandoit les troupes de la Ligue en Normandie, & qu'il revint avec le Duc de Mayenne au secours de la ville de Paris attaquée par Henri IV. « L'an 1589 (dit-il) que
» j'estois Gouverneur de Normandie j'eus in-
» telligence de deux soldats gagnés par un qui
» avoit esté du party des Catholiques. Je pars
» avec deux cent chevaux, sans dire mon
» entreprise à homme du monde, me méfiant
» de tous les soldats que je menois, parceque
» je n'estois de leur pays. Je leur fis faire
» quatre journées sur le chemin de Caen, &
» puis rebrousser court devers Evreux &
» Nantes, tant pour oster cognoissance aux
» ennemis de mes desseins, que pour empes-
» cher les miens de deviner. J'arrive à quatre
» lieues de *Verneuil* à la nuit fermant. Consi-
» dérant le plein chemin, je me mets au trot,
» laisse la plupart des miens derrière avec 60
» Maîtres. Je mets pied à terre, résolu de ne
» donner point, si je ne voyois le chef de
» l'intelligence, lequel se vint volontairement
» mettre en mes mains, me donne asseurance
» sur sa vie; & après je passe l'eau jusques au
» col, donne en une fausse porte qui m'est ou-
» verte par deux de l'intelligence. Je me rends
» maistre du Chasteau & du Gouverneur: tous

» les miens ensemble, je ne me trouve ac-
» compagné que de cent cinquante. Dans la
» ville estoit *Morinville* (a), de la maison de
» *Dreux*, cousin du Roy, avec trois compa-
» gnies de chevaux légers, montans à deux
» cent cinquante chevaux, & trois cent ar-
» quebusiers, assisté du peuple qui nous estoit
» en partie contraire. Une grosse & grande
» tour forte, bâtie par *César*, tenoit contre
» nous, estoit construite devant le pont du
» Chasteau, & empeschoit nostre entrée en la
» ville. Je me jugeay perdu, si je ne m'en
» rendois maistre, résolu de m'ensevelir dans
» le milieu de la ville, je fais sortir quinze
» hommes, desquels le Capitaine fut tué à
» mes pieds. Voyant la grande résistance de
» dedans la ville, je renforce la teste de cin-
» quante cuirasses, & retins le reste par force
» près de moy, prévoyant ce qui advint. Je
» ne fus pas trompé en mon opinion. Après

(a) Jean de Dreux, Seigneur de Morinville. Selon M. de Thou (Liv. XCVIII) il étoit de l'illustre maison de Dreux, d'où sont sortis les Comtes de Montfort, & ensuite les Ducs de Bretagne. Ainsi il descendoit de *Louis le Gros*. On avoit prétendu lui contester son état : mais le Parlement de Paris l'y maintint par arrêt rendu en sa faveur. Morinville fut le dernier de cette maison.

» avoir fait deux cent pas dans la ville, tou-
» tes ces compagnies de cavalerie, assistées
» des gens de pied, *Morinville* à la tête,
» vinrent à la charge dans la place, & ren-
» verserent les cinquante que j'avois mis de-
» vant. Ils me trouverent en bon ordre, tel-
» lement que je les souftins : après que *Mo-*
» *rinville* euft une arquebuzade dans le vi-
» fage, & nous les chargeant vivement,
» l'eftonnement fe met parmy eux, & les
» tournafmes en fuite, fi bien qu'il fe peut
» dire que huit vingt hommes en défirent fix
» cent. *Morinville* (a) meurt tôft après de ce

(a) Le récit de M. de Thou (Liv. XCVIII) im-
plique contradiction avec celui du Vicomte de Tavannes
par rapport à l'époque où Morinville fut tué. Cet
Hiftorien affure que les royaliftes au mois de Février
1590, avoient pris Verneuil, & que par complaifance
pour les habitans ils y laifferent une garnifon trop
foible fous les ordres de *Theodore des Ligneris*. Les Ligueurs profitèrent de cette faute ; & une attaque de
nuit, qui dirigeoit leur chef (Charles François de
Roux & de Medavy) les rendit maîtres de la place.
Ce fut à cette camifade, felon M. de Thou, que périt
Morinville d'un coup qu'il reçut dans l'aîne. *Il n'avoit
jamais été bleffé auparavant* (ajoute-t-il). Cette contradiction, comme on le voit, n'eft applicable qu'à la
date du trépas de *Morinvile*. La prife & reprife de Verneuil fe concilient avec la fuite du récit de l'Hiftorien,

» coup ; plusieurs de ses Capitaines y furent
» tuez : trois cornettes de cavallerie & trois
» enseignes de gens de pied furent gagnées.
» Si je me fusse refroidy sur les paroles des
» miens, je m'en fusse retourné cinq ou six
» fois en chemin. Ce mot est bien dit, *que*
» *les paroles du soir ne ressemblent à celles du*
» *matin.* Le travail de la nuit, des armes,
» la lassitude affoiblit le cœur, & fait changer
» la résolution prise après souper : ne faut
» donc jamais le matin mettre au conseil le
» combat ; ains faut suivre les délibérations
» du soir sans s'en laisser divertir, principale-
» ment n'estant rien survenu de nouveau, &
» dire : *Puisque j'ay résolu cette entreprise, je*
» *toucheray les murailles…* Le chef doit es-
» tre au pied de l'eschelle, & doit charger
» avec considération en campagne, ou rien
» ne réussit…

Après la surprise de Verneuil, le Vicomte de Tavannes joignit les troupes qu'il comman-doit, à l'armée du Duc de Mayenne. Et si on s'en rapporte à lui, il fut fort utile au Duc dans la circonstance critique où Paris se trouva.

puisqu'il observe que le Vicomte de Tavannes sortit de Rouen pour secourir cette place, & qu'il fut alors battu à plates coutures par le Duc de Montpensier.

« Le Roy Henry quatriefme (raconte-t-il (a))
» en l'an 1589 faillit peu (b) de prendre Paris
» à coups de petards par la porte de *Saint-*
» *Germain*, qui fuft un tems abandonnée. Si
» par eau il euft donné à l'Ifle du Palais, il
» l'emportoit. Il avoit gagné les fauxbourgs
» par l'imprudence du fieur de *Rofne*, qui
» pouvoit garder cette grande enceinte avec
» peu de gens, où il falloit cent mille hom-
» mes. Sur fon affeurance le peuple des faux-
» bourgs perdit le bien & la vie : il falloit
» commander de retirer le meilleur à la ville,
» deffendre les rues des fauxbourgs par bar-
» ricades tant qu'il fe pourroit, fans s'y en-
» gager, à caufe que les ennemis gagnent le
» derriere & le deffus des maifons. Ce fut la
» faute de M. du Mayne (c) d'avoir laiffé
» fortir le Roy de Dieppe, à l'arrivée de M.
» de Longueville, & non la mienne qui luy
» confeillai trente fois de combattre l'un ou
» l'autre ; pouvant dire que Paris eftoit perdu

(a) Mémoires du Maréchal de Tavannes. Differtation intitulée : *Pour forcer de donner, ou empefcher la bataille*... page 201, ibid.

(b) Cet événement eut lieu après le combat d'Arques.

(c) Mayenne.

» pour

» pour la Ligue sans l'extrême diligence (a)
» que moy (estant Mareschal de camp) fis
» faire à l'armée de mondit sieur du Mayne,
» ayant fait en un jour dix lieues, chargé
» de grand nombre d'artillerie & de bagage,
» passé une grande riviere, refait le pont
» *Sainte-Maxence* sur la riviere de *Somme*,
» lorsque Paris consultoit (b) de sa reddi-

(a) Cette diligence, dont le Vicomte de Tavannes se targue, n'auroit servi à rien, si Pont Saint-Maixant eut été gardé comme Thoré avoit ordre de le faire. Dans les Economies royales, Politiques & Militaires on tranche le mot sur cet article. M. de Thou (Liv. XCVII) cherche à pallier la faute de Thoré. Le Roi (dit-il) lui avoit ordonné de jetter des troupes dans Pont St.-Maixant, afin d'empêcher le Duc de Mayenne de passer. Thoré malheureusement tomba malade. Ceux qu'il chargea d'exécuter les ordres de Henri agirent avec trop de lenteur. Le Prince Lorrain, ne rencontrant point d'obstacles, entra à Paris le lendemain de la prise des fauxbourgs.

(b) L'attaque se fit le premier Novembre avant le jour, & dura jusqu'après le lever du Soleil. Tous les fauxbourgs furent emportés l'épée à la main. Les Economies royales, Politiques & Militaires nous rameneront sur les résultats de cette attaque. Sully étoit un des assaillants. Il s'accorde avec M. de Thou (Liv. XCVII) par rapport à la perte considérable que les Parisiens essuyèrent. Au seul carrefour de la rue de *Tournon* on comptoit plus de trois cens morts entassés

» tion (a). Nous y entrasmes à deux heures
» après minuit. Je conseillay de prier Dieu,
» de repaistre, & sortir dans les fauxbourgs
» par toutes les portes sur l'armée du Roy,
» fort empesché par sa propre confession, vû
» le grand pays de fauxbourgs qu'il gardoit.
» Les considérations de M. *du Mayne* l'em-
» portèrent. Sur le midy estant monté au
» clocher *Saint-Victor* avec luy, je m'offris,
» voyant leur armée estendue en tous les
» fauxbourgs, de donner dans celuy de *Saint-*
» *Marceau*, divisant les forces de *Saint-*
» *Germain* & de *Saint-Victor* en deux; &
» eussions contraint de desloger le Roy en
» désordre, s'il y fust demeuré. *Nos conseils*

les uns sur les autres; & si Henri IV eut suivi sa pointe, la ville auroit été prise d'emblée. L'arrivée du Duc de Mayenne rassura les esprits; Henri (dit M. de Thou) comprit qu'en renouvellant son attaque, la destruction de Paris étoit inévitable, s'il réussissoit; & ce fut là le motif qui le détermina à se retirer.

(a) La consternation, & l'effroi qui regnoient dans Paris, formoient un contraste piquant avec l'attente dont la veille on s'y leurroit. Beaucoup de femmes oisives & crédules (dit M. de Thou) avoient loué des fenêtres pour voir passer Henri IV, que le Duc de Mayenne devoit ramener prisonnier. Voilà bien ce qui s'appelle la légéreté Françoise.

» *estoient si froids*, qu'encore que nous fus-
» sions plus forts que luy, non compris ceux
» de la ville, je ne sçay si nous ne nous fus-
» sions laissé assiéger. Sa Majesté, cognois-
» sant le péril où il estoit, desloge dès la
» pointe du jour, laisse M. *du Mayne* à
» Paris, appesanti & chargé de ses propres
» forces qui luy demandoient de l'argent. Si
» telle chose advient jamais à ceux qui com-
» manderont à Paris, & que les fauxbourgs
» soyent en l'estat qu'ils sont, je leur con-
» seille de les deffendre par barricades sans
» s'opiniastrer contre le canon, & aux
» Roys de se mocquer de leurs prédecesseurs
» constructeurs de ces grandes enceintes qui
» réquerroient cinquante mille hommes de
» garde. Il faudroit se restraindre à fortifier le
» fauxbourg *Saint-Germain*, & rompre les
» murailles de la ville qui sont entre deux, &
» ruiner les deux tiers de ces grandes rues des
» autres fauxbourgs, & fortifier en *tenaillés* ce
» qui resteroit le plus près de la ville, & faire
» des pointes dont les angles approcheroient
» des murailles de la ville finissant les pointes
» auxdits tiers desdits fauxbourgs que l'on
» voudroit garder. Les Roys ne la fortifieront
» jamais, n'y pouvant faire facilement des
» citadelles valables : cognoissant la legereté

» du peuple, ils veulent qu'elle demeure
» foible, l'ayant vue jà par trois fois Angloife,
» Bourguignone & Efpagnole; & quiconque
» la tiendra en fera toujours bien empefché :
» mais fi la divifion de l'Eftat advient, elle
» fera ruinée & fortifiée, fi Dieu n'y met la
» main. La vraye force du Royaume eft celle
» qui tient la campagne. Le plus grand avan-
» tage de tenir Paris eft l'exemple que les
» autres villes prennent pour fuivre le mefme
» party ».

Fin des Obfervations fur le troifième Livre.

OBSERVATIONS
DES ÉDITEURS
SUR LE QUATRIÈME LIVRE
DES MEMOIRES
DE MESSIRE
GUILLAUME DE SAULX,
SEIGNEUR
DE TAVANNES.

(1) Ce fut vers la mi-Janvier 1592 que le Maréchal d'Aumont quitta la Bourgogne. Il alla rejoindre le Duc de Nevers à Clamecy. Dans cette marche il eut une rencontre avec *Pleuvant de Rochefort*, dont on a déjà parlé plusieurs fois. Le Maréchal avoit pris les devants à la tête d'une partie de ses troupes. Arrivé à Clamecy, il dînoit chez le Gouverneur, lorsqu'on vint luy apprendre que son arrière garde étoit aux mains avec Pleuvant auprès du village d'*Armes*. Le Maréchal y courut aussitôt, & la melée fut très-vive. Il paroît que la perte de *Pleuvant* fut considérable, puisqu'ayant envoyé le lendemain un trom-

pette pour qu'on lui permît d'enlever fes morts, on en chargea douze charettes. Ragon (a), Echevin de Clamecy, l'attefte pofitivement dans fa relation; & le tableau qu'il fait de l'acharnement des deux partis, prouve jufqu'à quel point le fanatifme & l'opinion peuvent exalter les têtes.

(2) Jean de Saulx, Vicomte de Ligny & de Tavannes, revint à cette époque prendre le commandement des troupes de la ligue en Bourgogne. Pendant l'intervalle qui s'écoula jufqu'à ce moment, il avoit été employé auprès du Duc de Mayenne, & dans plufieurs provinces. Ecoutons le récit qu'il fait lui-même des divers événemens auxquels il participa. « En (b) 1589 (dit-il (c)) par

(a) Mémoires pour fervir à l'Hiftoire de Nivernois & du Donziois, p. 215.

(b) Cette date eft inexacte. Ce fut au commencement de Janvier 1590 que les ligueurs s'emparèrent de Pontoife. Pierre de Mornay fieur de Buy en étoit Gouverneur. Le Duc de Mayenne profita de fon abfence. Les Auteurs de la vie de Dupleffis-Mornay ont gardé le filence fur ce fait : on en trouve le détail dans M. de Thou, Liv. XCVIII.

(c) Mémoires du Maréchal de Tavannes... Differtation intitulée : *Prife de Pontoife*, p. 205.

» le commandement de M. du *Maine* (a),
» j'investis Pontoise : je défis à la pointe du
» jour deux Enseignes de Lansquenets dans
» leurs fauxbourgs. M. du *Mayne*, & l'armée,
» attaché aux plaisirs de Paris, me laisse
» cinq jours avec six cens arquebusiers logés
» dans les portes de Pontoise, la riviere
» d'Oyse entre Paris & moi. MM. de Lon-
» gueville & la Noue avec cinq cens che-
» vaux veulent couper la chaussée de Beau-
» mont, & empescher M. du *Mayne* de venir
» passer l'Oyse pour me secourir. Ils en sont
» divertis, pour avoir tenté de prendre nos ba-
» gages, qui resisterent contr'eux à l'ayde de
» cent arquebusiers, qui les gardoient en un
» bourg à moitié fermé, & pour s'estre pre-
» sentés, pensants nous estonner. Ayant pour
» ennemy la ville & eux, nous, comme une
» gauffre entre deux fers, fismes *de necessité*
» *vertu.* La valeur, la bonne mine nous sau-
» va, & fit que ceux de dedans la ville, qui
» estoient plus forts que nous, avec l'assistance
» de toutes ces grandes troupes de cavalerie
» desdits sieurs de Longueville & de la Noue
» ne nous purent forcer : nos ennemis se reti-
» rerent confus. Le péril passé, M. *du Mayne*
» arriva, battit, & prit Pontoise »...

(a) Le Duc de Mayenne.

« En 1590 (raconte ailleurs (a) le Vicomte de Tavannes) » le Roy avoit affiegé Paris : M. *du Mayne* retiré à Soiffons, je » pars de Rouen avec fix cent chevaux & » deux arquebufiers, trois pieces de baterie, » fis onze lieues de traite, affiege *Vernon*, » où je ne pouvois demeurer que le len- » demain fans eftre combattu, qui eftoit le » tems que le Roy mettroit à venir des » fauxbourgs pour le fecours. Faute de ga- » bions, qui m'étoient promis par un Gen- » til-homme voifin, je fus contraint de pren- » dre couvert d'une muraille & battre de » loin. Le Roy & le Comte de *St. Paul* » (b), de Paris & de la riviere d'Oife oyent » la batterie, viennent à moy ; Sa Majefté » difant *que par ma diligence j'avois porté* » *le canon en ma poche.* Ils arrivoient à tard

(a) Mémoires du Maréchal de Tavannes, ibid., page 269.

(b) C'étoit le frère puifné du Duc de Longueville. Il ne faut pas le confondre avec le Capitaine *Saint-Paul* dont le Duc de Mayenne fit un Maréchal de France. Le Duc de Nevers ne lui pardonna jamais le titre de Duc de *Rhetelois*, qu'il ofa prendre. Enfin fon infolence ne put être réprimée que par le jeune Duc de Guife, qui lui paffa fon épée au travers du corps. La leçon (il faut l'avouer) étoit dure.

» fans deux malheurs, la faute de gabions,
» & que je fus brûlé du feu qui se mit aux
» poudres; & la brêche pour la batterie,
» qui avoit été contrainte d'estre esloignée,
» ne fut raisonnable. Après avoir fait don-
» ner un faux assaut, je leve le siege le
» mesme jour. Une heure après arrive le
» Comte de Saint-Paul & partie de l'armée
» du Roy : je me retire devant eux sans
» perte ; leur honte estoit entiere (a) si
» j'eusse pris cette ville à la teste de leur
» armée par ma supputation »...

(b) Si ce récit paroît susceptible du reproche de forfanterie, que dira-t-on du passage suivant où le Vicomte de Tavannes s'étend avec complaisance sur ses expéditions nocturnes ? « Ces entreprises (remarque-t-il
» page 205, ibid.) bien préméditées souvent réussis-
» sent. Ceux qui assaillent portent la terreur & la mort
» en leurs mains. Je défis une compagnie de chevaux
» légers à la teste de l'armée du Roy en Normandie :
» une autre fois j'emportay les enseignes du régiment
» de Saint-Jean près *Gornay*, & mis en pieces la gar-
» nison de Dieppe à deux lieues de leur ville. Je fis
» retirer M. de Montpensier six grandes lieues de *Ru-*
» *gles* à *Evreux*. Toutes ces quatre exécutions se firent
» à la faveur de la nuit »... Pourquoi le Vicomte de Tavannes, en narrant ses exploits, tait-il ses défaites ? On lui sauroit gré de sa modestie si à cette époque il eut rappellé la destruction presque complète du corps

« En l'an 1591 (dit encore (a) le Vicomte
» de Tavannes) Noyon assiegé par le Roy
» Henri quatriesme, j'y conduis avec qua-
» tre cent chevaux trois cent arquebusiers
» sur la contrescarpe. Les ayant laissés, ils
« se rompent par leurs fautes : au premier
» bruit j'attire toute l'armée du Roy sur mes
» bras : je me perdis pour sauver les miens ;
» ceux que j'avois ordonné pour faire re-
» traite s'estonnent ; je fis ferme, & soustins
» vingt chevaux pendant que tout se retiroit.
» Voulant charger les plus importuns, mon
» cheval glisse & tombe sur le pavé du faux-
» bourg. Je fus abandonné des miens, hor-
» mis d'un de mes cousins de *Trestondan*
» (b) ; ainsi blessé de trois coups d'épée,
qu'il commandoit par ce Duc de Montpensier qui ne reculoit pas toujours, & l'échec que peu de tems après il éprouva du côté de Dreux. (Voyez M. de Thou, Liv. XCIX.)

(a) Mémoires du Maréchal de Tavannes. —— Dis-sertation intitulée : *Conservation du monde neuf*, p. 139.
(b) En 1572 on voit aux assises de Mirecourt un Jean de *Trestondan*, Chambellan du Duc de Lorraine ; & pour siéger à ces assises il falloit appartenir à ce qu'en Lorraine on appelloit *maisons d'ancienne Cheva-lerie*. Ceux, que ces sortes de discussions intéressent, peuvent recourir à la Préface qui précède les preuves de la maison de *Raigecourt*, page 78.

» un bras rompu, je demeure (a) seul pour
» tout le reste, apprenant à ceux qui li-
» ront ces brouilleries, de ne mener se-
» cours dans des villes pour s'en retourner.
» Il n'y a la centiesme partie de péril d'y
» entrer qu'il y a à se retirer. Prisonnier
» du Roy, qui ne m'aimoit pas, moy
» ayant herité en cette inimitié de mon
» pere qu'il accusoit du Conseil de la St.
» Barthelemy, mal pansé & bien gardé,
» résolut de me confiner en prison. M. de
» Longueville l'empesche; & après s'estre
» mescontenté m'obtint pour tirer de prison
» sa mere, femme, & sœurs qui estoient
» retenues à *Amiens*, auxquelles j'eus cet
» honneur d'estre changé : elles avoient offert

(a) Nous ajoûterons au récit du Vicomte de Tavannes quelques particularités qu'il a omises. A peine les troupes, qu'il commandoit, se défendirent elles. *A l'ouie du premier qui va là!* (lit-on dans les Economies royales, Politiques & Militaires de Sully) *tous les siens prirent la fuite*. On demanda à Tavannes (dit M. de Thou, Liv. CI) pourquoi ses soldats s'étoient si mal comportés. Il jetta la faute sur *Lonchamp* qui avoit été pris avec lui. Il en résulta entre eux une rixe très-vive; & ils se seroient battus, si Henri IV l'eût permis. Mais le Monarque jugea sagement que deux prisonniers de guerre ne devoient point s'égorger comme des gladiateurs. Leurs amis communs les reconcilièrent.

» cent mille escus pour sortir. Sa Majesté
» me recognoissant mal, estimoit ma prison
» plus importante que l'amitié de M. de Lon-
» gueville auquel il me refusa par plusieurs
» fois. Je faillis me sauver à Compiegne;
» douze de mes gardes imprudents, comme
» j'estois couché, se panchoient sur la table
» pour jouer : je sortois à leur ombre, n'eust
» été que je fus asseuré que le lendemain
» les Dames susdites seroient changées pour
» moy : si je fus sorty, & me sauvant comme
» depuis je fis de la Bastille, l'on eût cru
» que je me fusse fait invisible... Le Roy
» (continue le Vicomte (a) de Tavannes)
» assisté d'Anglois & d'Allemands, se résout
» d'assiéger Rouen. J'estois sorti du (b) Gou-

(a) Mémoires du Maréchal de Tavannes, ibid. —
Dissertation qui a pour titre : *Charge de Mareschal de
Camp devant une place*, page 148.

(b) Le Vicomte de Tavannes ne s'exprime point
sur les motifs qui lui firent quitter le gouvernement
de Rouen. Davila a suppléé à ce silence mystérieux.
Il nous apprend (Histoire des guerres civiles, Livre
XII, tome III, page 169) que les habitans de Rouen
en 1591, mécontens de l'administration du Vicomte
s'étoient soulevés, & que le Duc de Mayenne pour
les appaiser, l'envoya commander en Picardie sous le
Duc d'Aumale. Il y servoit en qualité de Maréchal de

» vernement peu auparavant, ayant esté pris
» voulant secourir *Noyon*. Estant prisonnier,
» Sa Majesté propose de me faire dire par
» force les plus foibles endroits de la ville.
» Je l'eusse trompé, s'il m'en eust cru. Si
» je luy eusse voulu ayder, il se fust logé
» entre la ville & le fort Ste. Catherine par
» le costé de St. Paul à la faveur du faux-
» bourg de de-là l'eau qu'il tenoit, & eust
» attaqué la ville par les endroits faciles.
» Il l'attaqua mollement, & par le plus
» fort. Voyant qu'il ne pouvoit rien appren-
» dre de moy, il commanda à M. de Lon-
» gueville, qui alors me gardoit pour me
» changer à sa mere, femme, & sœurs, de
» ne me laisser sortir. Il fust mal obéi : ledit
» sieur de Longueville, desireux d'avoir ses
» plus proches, me mit en liberté, ce qui
» coûta cher à Sa Majesté. J'ose dire (a)

Camp, lorsqu'il fut pris à Noyon. Ces événemens suc-
cessifs lui aliénèrent probablement le Duc de Mayenne.
Ainsi l'humeur, que témoigne le Vicomte de Tavannes
dans sa relation, ne doit point étonner.

(a) Il s'en faut bien que M. de Thou (Liv. CII)
s'accorde sur cet article avec le Vicomte de Tavannes.
Il attribue formellement la marche du Duc de Parme
aux instances réitérées de Charles de Cossé Comte de
Brissac, qui alors étoit auprès de ce Prince. M. de Thou

» estre seul cause d'avoir avancé le Duc de
» Parme au secours de *Rouen*. Je l'estois
» venu trouver, & m'addressay à luy pour
» les longueurs de Mr. du Mayne : je luy
» donne plusieurs advis par escrit. Le Pré-
» sident *Richardot*, qui les recevoit, le pour-
» roit tesmoigner. Je sçavois l'inclination de
» ce Duc de ne combattre que dans les
» retranchemens. Je luy monstre le pays de
» Normandie couvert de bois & de levées
» qui séparent les héritages, qu'en deux
» heures peut estre fait un retranchement
» en quelque logis qu'il arrive, & que,
» si les armées estoient en présence, il se
» pourroit retirer de nuit à six lieues de-là
» eu un autre fort logis où il pouvoit avoir
» des vivres : je le resolus, & il suivit mes

fait plus ; c'est qu'en rendant compte des différents
Officiers généraux qui dirigeoient les opérations de
l'armée de la Ligue sous les ordres des Ducs de Parme
& de Mayenne, il ne prononce pas une seule fois le
nom du Vicomte de Tavannes. Enfin si on l'en croit
aussi bien que Davila, le Comte de Chaligny, de la
maison de Lorraine, qui fut pris par le Bouffon Chicot,
fit partie de la rançon payée pour la Duchesse de
Longueville & ses filles détenues injustement à Amiens.
Voilà des contradictions, qui, comme on le voit, ne
doivent pas faire admettre sans examen tout ce que dit
le Rédacteur.

» advis. Il en advint ainſi que je luy avois
» dis. Nous marchaſmes à Chateauneuf (a) :
» le Roy paroît avec cinq gros de cavalerie
» en la plaine d'*Aumale*, ſes arquebuſiers à
» cheval pied à terre, Enſeignes deſployées
» & tambours battans. Cela fit croire au
» Duc de Parme que toute l'armée de ſes
» ennemis eſtoit préſenté. Il perdit du tems
» à ſe mettre en ordre & à faire recognoiſtre
» après que les mieux montez eurent deſ-
» couvert par un grand circuit qu'il n'y
» avoit rien qui ſoutint le Roy : tout mar-
» choit au trot. Le Roy ſe retire avec mille
» chevaux par le pont d'Aumale en lieu
» ſi eſtroit, eſtant bleſſé d'une (b) ar-
» quebuſade dans le dos, que s'il euſt eſté
» bleſſé un peu davantage, il ſe perdoit avec
» la plupart de tout ce qui eſtoit avec luy,
» ſi la tardiveté Espagnole & l'irréſolution
» du François ne luy eûſt donné le tems de
» retraite. Apprenant à ceux qui ſe trouve-

(a) Ce *Chateauneuf* eſt *Neufchatel.*
(b) Les troupes du Roi ſe retirèrent en déſordre. Ce Prince, confondu dans la foule, reçut une balle dans les reins, qui heureuſement n'éfleura que la peau. Tel eſt le récit de M. de Thou, Liv. CII. Le Economies royales de Sully placent ce combat après l'attaque que Henri IV livra au quartier du Duc de Guiſe.

» ront en cas pareil que, lorſqu'il paroît
» des troupes, il ſe doit envoyer ſoudaine-
» ment à droite & à gauche bien montés
» prendre tour & circuit pour deſcouvrir,
» & ſe réſoudre. Le Roy ſe retira en ſon
» ſiege de Rouen, laiſſe trois cent chevaux
» dans Chateauneuf, craignant d'eſtre ſuivi
» pour amuſer. Le Duc de Parme les prend
» (a), leur donne la vie à la priere de *la*
» *Chaſtre*, beau-pere de *Givry*, qui com-
» mandoit dans la place. Le reſpect d'un
» particulier gaſte le général : c'eſtoit autant
» d'ennemis défaits, & de terreur dans les
» cœurs des contraires. La guerre ne veut
» exception. Le Duc de Parme craint d'ha-
» zarder la bataille contre tant d'Anglois
» & d'Allemands. La coutume des Eſpagnols
» eſt d'aller voir le logis, qu'ils veulent faire
» le lendemain, avec ſept ou huit cent che-

_____

(a) Cet énoncé ne paroît pas exact. M. de Thou (Liv. CII) marque expreſſément que Givry, encore tout moulu d'une chûte qu'il avoit faite, ſe jetta dans Neufchatel, & que malgré la foibleſſe de la place il obtint une capitulation honorable. A la vérité Sully dans ſes Economies royales, Militaires & Politiques, ſemble vouloir flétrir la gloire de Givry, en laiſſant entrevoir que ſes relations de parenté avec la Chaſtre influèrent ſur les ſuites de cet événement.

vaux,

» vaux, pour cognoiſtre à quoy l'ennemy ſe
» préparera croyant leur deſlogement. Il eſt
» dangereux d'y eſtre rencontré foible : nous
» eſtions partis à cette intention, & eſtions
» à une lieue de noſtre armée avec tous les
» Chefs d'icelle. Je fus le premier qui dit
» au Duc de Parme *qu'il s'en retournaſt, &*
» *qu'il mettoit en hazard de ſe perdre &*
» *tous les Capitaines de ſon armée...* Il me
» crut ; ſans cela il eſtoit défait. Il envoye
» le Prince Arnould (a) ſon fils, Roſne,
» le Comte de Chaligny & moy plus avant
» avec ſoixante chevaux : à deux mille pas
» de-là le Comte de Chaligny, qui menoit
» les coureurs, eſt rencontré de huit ou dix
» cavaliers : il revint à nous : le fils du Duc
» de Parme dit à Roſne... *Seigneur, ve-*
» *diamo...* Roſné, qui deſcouvroit trois
» mille chevaux venans au demy galop,
» dit... *Morbieu, j'ay trop veu...* Il ſe
» retira avec ledit Prince tant qu'il put.
» L'entrepriſe eſtoit ſur le logis de (b) M.
» de *Guiſe* traverſé d'une riviere. J'y cou-

(a) M. de *Thou* appelle ce jeune Prince *Ranuce*,
& non pas *Arnould* qui n'étoit point ſon nom. C'eſt
dans ſon hiſtoire qu'il faut lire le détail de ſes exploits
militaires.

(b) Le quartier du Duc de Guiſe fut enlevé, &

Tome XLIX. Ff

» rus, & n'eus le loisir que de dire au jeune
» la *Chastre*, qui vouloit faire teste dehors
» le village,... Ils sont trois mille chevaux;
» *passez l'eau, & retirez ce que vous pour-*
» *rés...* Il ne me crut; & à peine se put-il
» sauver, il perdit son bagage que le Roy
» enleva avec tout ce qui estoit separé de
» la riviere du costé de Sa Majesté. Je ne
» passay point l'eau, & demeuray bien monté
» du costé des ennemis & quasi parmi eux :
» si Sadite Majesté eut passé la petite ri-
» viere & suivi, il eut apporté un grand
» désordre en l'armée de ses ennemis : il se
» retira avec peu d'effet. M. de Guise de-
» mande permission de se jetter dans Rouen
» avec mille hommes, parce que Villars,
» qui y commandoit, se vouloit rendre, s'il
» n'avoit secours. M. du Mayne, craignant
» la reputation de son neveu, offre d'y aller
» avec deux mille hommes. J'avois mis un
» Capitaine dans un chasteau à cinq lieues
» de Rouen qui avoit pris *l'escharpe blanche*
» par force : il me mande *qu'il tenoit le*
» *chasteau pour moy.* Je dis au Duc de
» Parme que *c'estoit tout bois, & que par*
» *le moyen de ce chasteau Rouen se pou-*

tout son bagage pillé. L'étendard, qui étoit au chevet du lit du Prince Lorrain, fut pris (de Thou Liv. CII.)

» *voit fecourir.* Il demande *fi les deux mille*
» *hommes de M. du Mayne y pourroient*
» *aller* : l'affeurant qu'*ouy* (comme je le
» fis recognoiftre aux fiens, il dit que puif-
» que deux mille hommes y alloient, toute
» l'armée y pourroit aborder, & qu'il y vou-
» loit aller luy-mefme, craignant ou de de-
» meurer feul, ou que les autres n'acquiffent
» la réputation. Ainfi ces trois princes (a)
» par ambition l'un de l'autre conclurent
» d'hazarder tout, & expofer une armée à
» la bataille, après avoir fait fept lieues,
» dont il en falloit faire quatre de nuit avec
» les accidents que l'obfcurité apporte à un

(a) Des motifs fecrets de jaloufie & de défiance divifoient ces Princes. Le Duc de Mayenne craignoit la réputation du jeune Duc de Guife fon neveu; & il appréhendoit avec raifon que le Duc de Parme, s'il entroit une fois dans Rouen, ne voulut s'emparer de cette ville. Le Duc de Parme de fon côté connoiffoit l'ambition du Duc de Mayenne, & fufpectoit fes intentions. La circonfpection avec laquelle il s'étoit conduit en ne profitant pas de l'avantage qu'il auroit pu remporter à Aumale, avoit aigri contre lui tous les François. Il en réfultoit une méfintelligence fourde que Davila (Livre XII) & de Thou (Liv. CII) ont fort bien développée. Les Mémoires de Cheverny & de Sully nous raméneront fur cette matière intéreffante.

» tel grand corps. Il y avoit douze mille
» hommes agguerris, que le Duc de Parme
» sépara en quatre, le premier à M. du
» Mayne, le second à luy, le troisiesme à
» Rosne, & le quatriesme à moy, partissant
» les canons, munitions & bagages en quatre.
» Il m'estimoit plus que je ne valois. Indu-
» bitablement nous eussions donné jusqu'à
» Rouen. Le Roy logé au large, & tard
» adverty de cette entreprise, n'eust pu
» avancer soudainement que quelque cava-
» lerie qui ne nous en eust empesché. A
» cinq lieues de Rouen cette entreprise se
» romp par advis que l'on apporta que les
» assiegés avoient fait (a) une grande sortie
» & pris cinq canons: *gens qui vont à la*
» *mort, & temporisent, se refroidissent, &*
» *se ravisent pour peu de chose.* Il fut dit
» (b) qu'ils n'avoient besoin de secours
» maintenant. Retirés, j'opiniastray qu'il

(a) André de *Villars-Brancas*, Gouverneur de Rouen, avoit fait cette sortie, qui eut le plus heureux succès. Le 26 Février 1592, il mit l'amée du Roi en désordre. Les tranchées fûrent comblées & les mines éventées. (De Thou, Liv. CII.)

(b) De Thou (ibid.) prétend que le Duc de Parme, insista pour continuer de marcher, & que le Duc de Mayenne s'y opposa.

» falloit envoyer cinq cent hommes à Rouen.
» Je l'obtins : Rofne & moy les inftruisîmes
» fi bien qu'ils y (a) entrerent.

» Le Prince de Parme, retiré vers *Rue* (b),
» le Roy opiniaftre Rouen : les affiegés, fans
» avoir faute d'argent, d'hommes, ni de
» vivres, déclarent qu'ils fe (c) fafchent
» d'eftre affiegés, & qu'ils fe rendent s'ils
» ne font fecourus. *La fortune tourne le mal*
» *en bien.* Mondit fieur du Mayne donne
» journellement du mefcontentement à fes
» ferviteurs, principalement à M. de Guife
» fon neveu, qui fe repentoit de l'eftre venu
» trouver après fa fortie de prifon, & qu'il
» n'eftoit demeuré en *Guyenne* pour fe faire
» Chef de parti comme M. de Nemours (d)
» & Mercœur faifoient, Il part pour s'en

(a) Le 8 Mars 1592, ce fecours commandé par Joachim de *Ferriere de la Patriere*, entra dans Rouen.

(b) Saint-Efprit de Rue.

(c) Villars, enflé de fes fuccès, avoit eu la forfanterie de donner un tournois devant la porte Saint-Hilaire. Henri IV lui prouva qu'on ne le bravoit pas impunément. Auffi prévint-il le Duc de Parme qu'il capituleroit, s'il n'étoit pas fecouru avant le 20 Avril. (De Thou, Liv. CIII.)

(d) Le premier à Lyon, & le fecond en Bretagne. L'un & l'autre n'y réuffirent pas mieux.

» retourner à Bourges; j'en fais de mesme
» pour aller en Bourgogne, parce que M.
» du Mayne ne me tenoit aucunes promesses
» de celles qu'il m'avoit fait me tirant de
» Rouen. Le Roy sçait nos départemens,
» devient plus nonchalant : son armée se
» dissipe au siege. Le Duc de Parme, & M.
» du Mayne nous renvoyent quérir, nous
» prient de retourner, *qu'ils alloient com-*
» *battre à la Françoise*. Nos mescontentemens
» se perdent : nous voici de retour : nous
» marchons à Rouen : le Roy se retire au
» *Pont de Larche*, tout homme qui se retire
» monstre sa foiblesse, & se doit suivre &
» combattre. Nous eussions esté aussitôt au
» *Pont de Larche* qu'à *Rouen*, & eussions
» combattu Sa Majesté à demy passée. Il
» ne se tint conseil que l'occasion passée :
» le Roy eut loisir de passer l'eau. Après
» cette faute, je conseille de prendre *Codebec*,
» pour dégager Rouen promptement, avant
» que les forces des ennemis fussent remises
» ensemble. Le malheur advient que le Duc
» de Parme (a) y est blessé, la place choisie

(a) Ce Prince en attaquant *Caudebec*, qui bientôt se rendit, fut blessé d'un coup de mousquet au dessous du coude. Il continua d'agir & de parler : ceux qui l'environnoient l'obligèrent de se retirer. Sa blessure nuisit

» entre *Rouen* & *Codebec* en une haute plaine
» environnée de terre & de bois. Cette
» plaine, pour son élevation & circuit du
» bois, ne pouvoit estre endommagée du
» canon au pis aller que les premiers rangs.
» sur la droite y avoit une advenue où il
» fut basti un fort : le bois à la teste estoit
» libre aux ennemis. La pensée du Duc de
» Parme estoit que la cavalerie (dont le
» Roy estoit le plus fort) ne pourroit en-
» trer dans ce bois qu'il ne l'en jettast,
» que, si l'infanterie y entreprenoit, la sienne
» meilleure luy feroit quitter à demy lieue
» de la place de bataille.

» *St. Paul* entreprend de garder un vil-
» lage avec trois cent chevaux & deux cent
» arquebusiers. Je maintins qu'il s'y perdroit,
» que puisque la place de bataille estoit
» choisie derriere, il falloit qu'il quittât son
» village pour s'y retirer, ou que la place
» de bataille advantageuse fust laissée pour
» le secourir ; la premiere plus honorable,
» & l'autre dangereuse. Il estoit bon Capi-
» taine de chevaux legers, & non plus.
» M. du Mayne, qui avoit conclu à son
» opinion, se tenoit dans le village. L'armée

beaucoup aux opérations qui suivirent ; & son armée se
trouva en danger.

» du Roy, qui avoit esté renforcée, repasse
» au *Pont de Larche*, & nous approche de
» trois mousquetades. Je dis à M. du Mayne
» *qu'il s'en retirast*. Rosne & moy nous en
» allasmes à ce qu'il nous suivit. Sans cet
» advis il se perdoit. Le Roy, & M. de
» Biron donnent à l'instant, font (a) *fuir*
» (qu'ils appellent *retirer*) *St. Paul* & *Vitry*
» jusques à la place de bataille.

» Le Roy prend la sienne proche nostre
» armée, qui estoit environnée de bois, &
» empeschoit la vue l'une de l'autre. Un
» petit bois carré estoit au milieu des deux
» plus proche de celle du Duc de Parme
» qui ne se souvint de la faute du jour pre-
» cedent. *St. Paul, la Motte* (b) *de Graveline*
» (c), & *Balançon* opiniastrent qu'il le falloit
» garder avec deux mille hommes. Je main-
» tins que c'estoit les perdre, & qu'il y
» falloit toute l'armée, ou l'abandonner. La

(a) Dans ce combat Louis de la Chastre, fils du Maréchal de ce nom, fut pris. Le jeune Prince de Parme (Ranuce) eut son cheval tué sous lui. (De Thou, Livre CIII.)

(b) Valentin de Pardieu sieur de la Motte, & Gouverneur de Gravelines.

(c) Ce nom propre est estropié : ne seroit-ce point Balagny, fils de Montluc Evêque de Valence?

» pluralité l'emporta. Ce bois donné en garde
» à la *Brelotte* (a) avec douze cent hommes,
» quinze cent Espagnols mis au bord du
» grand bois qui couvroit nostre place de
» bataille pour les soutenir ; erreur trop
» grande, non-seulement c'estoit perdre ceux
» qui estoient au petit bois, mais hazarder
» les quinze cent Espagnols qui les sou-
» tenoient. Estans séparés de la place de ba-
» taille, où il falloit qu'ils se retirassent, ou
» que toute l'armée les vint secourir là per-
» dant l'avantage ; ce qui estoit contrarier
» tout l'ordre résolu. Le Roy à la *Diane*
» emporte le bois avec six mille hommes,
» met en fuite les douze cent de la *Brelotte*,
» donne l'effroi aux quinze cent Espagnols
» qui les soutenoient, à la teste desquels
» j'estois. M. du Mayne demandoit ce qu'il
» falloit faire : l'on estoit aux arquebusades:
» celles du petit bois gagné portoient dans
» la rive du grand bois. *Contrera*, Capitaine
» Espagnol, dit que, si on retournoit en
» la place de bataille tous ces quinze cent
» Espagnols se mettroient en fuite, dont en-
» suivroit la perte de l'armée, s'ils estoient
» suivis, conclut qu'il falloit là combattre.

(a) Les traducteurs de M. de Thou l'appellent *la Bourlotte*, & celui de Davila *la Berlotte*.

» Une faute amène l'autre. Il avoit esté fait
» trois corps d'infanterie en la place de ba-
» taille; l'on en tire un, & luy fait-on passer
» le bois pour secourir ces quinze cent Es-
» pagnols. Ils sont mis en bataille à la teste
» du grand bois du costé des ennemis. Voilà
» nostre armée separée en deux d'un quart
» de lieue, & d'un bois, ne se pouvant
» secourir l'un & l'autre. Si les Anglois
» eussent gagné une haye, que M. du Mayne
» fit défendre avec les Italiens de *Camille*
» *Capisucchi* (a) ils commandoient dans ce
» corps d'Espagnols qui, ayant esté separés,
» eussent esté contraints de quitter leur place,
» & se fussent rompus. Deux coulevrines
» amenées de la place de bataille le matin
» proche les douze cent Espagnols, donnent
» à la Cornette du Roy, ce qui luy fit faire
» halte, & juger que l'on vouloit donner la
» bataille, ce qui servit de beaucoup. Le
» Duc de Parme s'y fit porter tout blessé,
» se plaint de ce séparement d'armée, me

(a) Davila (Hist. des guerres civiles, tome III,
Liv. XIII, p. 267) vante beaucoup la bravoure de
Capisucchi dans cette circonstance. Quand il s'agit de
louer un de ses compatriotes, on sait qu'il est prodigue
en éloges. M. de Thou (Livre CIII) est plus sobre à
cet égard.

» demande ce qu'il faut faire. Je luy dis
» *qu'il les falloit tenir là jusques à la nuit,*
» *puisque la faute estoit faite,* qu'il y avoit
» eu imprudence en les avançant, & y auroit
» beaucoup de péril à les retirer. Je le ré-
» sous ainsi : le Roy ne cognoissant son
» advantage, ou se défiant de son infanterie,
» se retire, quitte le petit bois qu'il avoit
» gagné, & nous fit plaisir. Il pouvoit dé-
» faire le tiers de l'armée à *main sauve.* Huit
» jours passerent campez l'un devant l'autre
» en (a) necessité. Le Duc de Parme se
» souvenant de mes advis, déloge la nuit,
» fait quatre lieues, reprend une autre place
» de bataille plus forte près *Codebec* : le Roy
» s'en approche ; ne nous pouvant forcer au
» combat, passe imprudemment, pour nous
» couper les vivres du costé du Havre, nous

(a) L'armée de la Ligue surtout souffrit beaucoup
de la mauvaise position où elle se trouvoit. Les douze
onces de pain se vendirent jusqu'à vingt-sols, & le
demi septier de vin trente sols. Le prix de l'eau douce
même fut taxé. Des pluies continuelles achevoient de
désoler le soldat, manquant de paille pour se reposer.
La disette des fourages fit périr beaucoup de chevaux.
De part & d'autre on n'avoit point d'argent ; mais les
vivres étoient en abondance dans le camp de Henri IV.
(De Thou, Liv. CIII.)

» donne moyen d'envoyer nos bagages à
» Rouen, & paſſer la riviere. J'avois dit au
» Duc de Parme que ladite riviere fait un
» fer de cheval au droit de *Codebec*, qu'il
» falloit que le Roy fit douze lieues de tour
» pour aller paſſer au *Pont de Larche* pour
» le combattre, que luy, avant que ce tour
» fuſt fait, auroit loiſir de s'eſloigner de vingt
» lieues, qu'il ne pourroit eſtre attrapé. Il
» ſe trouve véritable, & m'en remercia eſtant
» proche de Paris ; *je perdis beaucoup à ſa*
» *mort* (a). J'ay eſté contraint de faire ce
» grand diſcours pour monſtrer que M. *Stroſſe*
» (b) ne devoit craindre de s'en aller de
» nuit, puiſqu'un ſi grand Capitaine que le
» Duc de Parme fait le ſemblable avec hon-
» neur (c), deſgagement & ſalut de Rouen,

(a) On ne conçoit pas trop cette prétendue perte, à moins que le Vicomte de Tavannes n'eut formé le projet d'entrer au ſervice de l'Eſpagne.

(b) Philippe Strozzi en 1582 avoit été pris & maſſacré (on le ſait) aux Açores par le Marquis de *Santa-Cruz*. (Voyez les Obſervations ſur les Mémoires de la Noue, tome XLVII de la Collection, p. 371.

(c) Les relations du tems offrent à ce ſujet un diſparate aſſez ſingulier. Lit-on celles qui ont été compoſées par des partiſans de la Ligue? le triomphe du Duc de Parme fut complet. Interroge-t-on leurs adverſaires? la retraite du Duc de Parme a été une vé-

» ayant fait ce qu'il vouloit faire, sans s'ar-
» rester aux propositions de quelques *Bra-*
» *vaches*, qui avec magnifiques paroles d'hon-
» neur dans les Conseils, sont les premiers
» cachez au danger ».

Si le Vicomte de Tavannes dans l'exécution étoit fécond en expédients nuisibles à la cause de Henri IV, ses spéculations politiques dans le cabinet pouvoient également lui devenir préjudiciables : on a droit d'en juger ainsi d'après ses propres aveux. » M.
» du Mayne (observe-t-il (a)) estant en mé-
» diocre prospérité, je luy proposay que la
» France se pouvoit maintenir comme une
» grande ville par citadelles, fortifiant l'em-
» bouchure des rivieres par lesquelles les
» vivres, l'argent, trafic & sel se condui-
» sent ; qu'il fortifiast donc Quillebœuf &
» Rouen pour la riviere *de Seine*, le *Hourd*
» & proche Abbeville pour *la Somme*, Nan-
» tes pour *la Loire*, Lyon pour *la Saone*, la
» Tour du Bourg pour l'embouchure du
» *Rhône*, toutes lesquelles places il tenoit :

ritable fuite. On peut se procurer un échantillon de ces écrits contradictoires, tome V des Mémoires de la Ligue (Edition de l'Abbé Goujet) pages 100, & 145.

(a) Mémoires du Maréchal de Tavannes.———Dissertation intitulée : *Etats reglés*... p. 284.

» conservant Paris par garnison, encores
» qu'il eust perdu la campagne, il avoit
» espérance que le tems changeroit les affai-
» res, & le remettroit en sa premiere gran-
» deur...».

(3) Le Vicomte de Tavannes, en rendant compte à cette époque de son administration en Bourgogne, nous a transmis un tableau de l'anarchie, qui ordinairement est le produit des guerres civiles. « Je fus envoyé (re-
» marque-t-il (a)) par M. du Mayne en 1592
» pour commander en Bourgogne, c'est-à-
» dire dans la campagne. Il avoit mis les
» Capitaines des places en ombrage de moy :
» je trouve ceux des chasteaux de Dijon,
» Beaune & Châlon *intelligens* (b) ; une au-
» tre faction de Gentilshommes establie en
» campagne. Ces *Chastelains* (c) estoient
» Gouverneurs, & le Gouverneur estoit leur
» valet. A la moindre dispute ils me jet-
» toient aussitost en soupçon de M. du May-
» ne, où ils estoient soustenus d'un Secré-

(a) Mémoires du Maréchal de Tavannes. —— Dissertation qui pour titre : *Des envitaillemens*... p. 182.
(b) C'est-à-dire qu'ils s'accordent entre eux.
(c) Par le mot de chastelains le Vicomte de Tavannes entend les Capitaines des chasteaux.

» taire ayant tout crédit, & comme principal
» Conseiller. Si le Gouverneur ne leur obéis-
» soit, ils le prenoient prisonnier : desjà ils
» en avoient fait prendre deux, le sieur de
» *Fervaques* (depuis Mareschal de France)
» mis au chasteau de Dijon, & le sieur de
» *Senecey* qu'ils firent prendre par M. de
» Nemours. En despit d'eux j'y servis bien,
» me gardant plus de leurs prisons & trahi-
» sons que de celles des ennemis : les trois
» parts du tems estoient employées en garde
» contre eux. Leur extrême ambition, ava-
» rice, artifices, calomnies, divisions acheve-
» rent de ruiner M. du Mayne leur Maistre,
» qui sans eux eut pu au moins conserver
» son gouvernement par la paix. Il valoit
» mieux faire les valets Lieutenans-Géné-
» raux, ou donner tout pouvoir aux Gou-
» verneurs sur ces Capitaines de places, &
» pouvoir d'entrer aux chasteaux les plus
» forts. *Il faudroit estre Diable, non homme,*
» *pour tromper* (a), *quand on se fie du tout.*
» Si les Gouverneurs sont meschants, les
» foibles chasteaux ne les peuvent empes-
» cher. La *Bastille* n'empescha le sieur de

(a) Quoiqu'en dise le Vicomte de Tavannes, on auroit pu à cette époque lui opposer bien des faits qui militoient en faveur de l'opinion contraire.

» Brissac de rendre Paris. Je conclus qu'il
» faut bien cognoistre avant se fier, & après
» se fier du tout & non à moitié. J'admo-
» neste, je prie, je conseille à mes enfans,
» mes parents, mes amis de ne prendre com-
» mandement ès provinces sans estre maistres
» des principaux chasteaux, ou avoir l'en-
» trée libre. Le contraire n'est le bien du
» Prince, du pays, ny de soy mesme pour
» les inconvénients qui en arrivent; & néan-
» moins se pratique maintenant (a) que les
» Chastelains sont advertis prendre garde si
» le Gouverneur se saisissoit d'une place, fit
» acte & apparence de révolte, de luy re-
» fuser l'entrée de celle où ils comman-
» dent ».

(4) De l'année précédente les habitans de Beaune avoient ouvert une négociation se-crète avec la Cour. *Alexan*, un de leurs Echevins, s'y étoit rendu. Le Président *Jeannin* pénétra le mystère, & il en avertit le Duc de Mayenne qui alors étoit à Bruxelles. Le Prince Lorrain accourut aussi-tôt à Beaune.

(a) Si ces principes servoient alors de base à l'Ad-ministration, ne falloit-il pas en accuser l'ambition de la Noblesse, & l'insubordination dont elle fournissoit des preuves continuelles?

Ne pouvant compter sur la fidélité des habitans, il résolut d'employer la force. On construisit par son ordre une citadelle. Cette construction ne put se faire sans le sacrifice d'un grand nombre de maisons & d'édifices publics. Les Beaunois désespérés désirèrent plus que jamais de s'affranchir de l'esclavage qu'on leur préparoit. La dureté du sieur de *Montmoyen*, leur Gouverneur, acheva de les aigrir. Ils se rappelloient avec douleur les tems heureux où Pierre de *Damas* sieur de *Saint-Riran* s'étoit distingué dans cette place par une administration protectrice & bienfaisante. L'arrivée du Maréchal de Biron en Bourgogne les enhardit. Par l'entremise du sieur de *Vaugrenan*, qui commandoit à Saint Jean-de-Lône, ils convinrent d'une insurrection. Le Duc de Mayenne instruit de ce nouveau complot, revint une seconde fois à Beaune. Quatorze des principaux (a) bourgeois, le Procureur (b) & l'Avocat du

(a) Parmi les victimes du patriotisme, on nous a conservé les noms de Philibert Sieur de la Mare, d'Antoine Virot, du Sieur Pasquier, du grenetier Robert, des Sieurs Borées père & fils, & de maître Jean de Gray.

(b) Le Procureur du Roi s'appelloit Bouchin Sieur

Roi, furent emprisonnés. Cet acte de violence excita une indignation générale; & il s'en fallut peu que les habitans sur-le-champ ne prissent les armes. Ils eurent la prudence d'attendre que le Prince Lorrain se fût retiré à Châlons. Le lendemain (c'étoit le 5 Février 1595) à l'heure convenue avec le Maréchal de Biron la révolte commença. Le Maire (le sieur *Bellin*), secondé par les Echevins *Richard* sieur *de Belligny* & *Alexan*, étoit à la tête de l'entreprise. « La cloche de l'horloge
» donna (raconte un écrivain (a) du tems);
» le Maire (b) tout aussi-tost & au second coup
» de la cloche fut en la rue avec son écharpe
» blanche, l'épée nue au poing, criant: *Vive*
» *le Roy! vive le Roy....!* qui fut suivi de
» tous ceux de son quartier, mesme des fem-
» mes & des enfans qui sortoient courageu-
» sement avec les armes qu'elles pouvoient

de Varennes; & la Mare Sieur d'Ausi remplissoit les fonctions d'Avocat du Roi.

(a) Prise des villes & chasteau de Beaune, par M. le Maréchal de Biron (Tome VI des Mémoires de la Ligue, édition de l'Abbé Goujet, p. 298.)

(b) On a préféré cette relation, rédigée par un témoin oculaire, aux précis inexacts de Davila & de l'Historien de Thou. Le dernier est celui qui s'en rapproche le plus.

» saisir & avoir. A l'instant Michel *Richard*,
» qui comandoit au premier corps-de-garde à
» la porte & dedans la ville, fit fermer la
» porte qui etoit entre son corps-de-garde
» & celui des soldats; tellement qu'il en-
» ferma les soldats dehors, & avec ses gens
» monta sur les tours, & fit tirer sur eux
» plusieurs coups d'arquebuses, si qu'il leur
» fit quitter & rendre les armes. Quoy fait,
» se voulant sauver par les champs, recueillis
» par une *flotte* (a) de paysans qui venoient
» des villages en la ville, furent tous tués
» près la contrescarpe, & pouvoient être
» quelque quarante. Le sieur *Alexan*, Eche-
» vin, en même tems va donner au logis du
» Capitaine *Guillermé* (b), qui dînoit, &
» avec lui le Président de *Latrecey*, frere
» de *Montmoyen*, & la porte forcée & mise
» dedans la chambre, porta de premier abord
» un coup de pistolet à *Guillermé* pour son
» dessert dans le village, dont il l'attéra.
» *Carle* fit quelque résistance, & ayant saisi
» son épée en donna un coup au sieur *Alexan*
» au défaut de la cuirasse, dont il le blessa,
» & fit reculer & quitter la chambre : mais
» secondé de quelques habitans qui survin-

(c) C'est-à-dire par une troupe.
(d) Guillermino.

» rent bien armés, il rembarre *Carle*, qui fut
» aussi blessé, & se rendit maître du logis où
» furent pris prisonniers *Guillermé*, *Carle* &
» le Président de *Latrecey*, menés & conduits
» *Guillermé* & *Carle* dans la Maison-de-Ville,
» où *Guillermé* mourut le lendemain des coups
» qu'il avoit reçus. Ce *Guillermé* étoit un Mila-
» nois méchant & un scélérat qui avoit tué &
» fait tuer dans la ville de Seurre plusieurs habi-
» tans & soldats prisonniers de guerre de sang
» froid, & qui avoit été renvoyé de demi che-
» min en cette ville de Beaune pour y faire de
» mêmes exécutions, comme fort propre à ce
» métier. Il reçut son salaire plus honorable-
» ment néamoins qu'il ne méritoit. Le Pré-
» sident de *Latrecey* fut mené prisonnier en
» la maison du sieur *Brunet*, antique Maire.
» Les soldats par la prise de leurs chefs, ne
» se sachant rassembler, gagnoient çà & là
» les lieux égarés en petites troupes, où, à
» mesure qu'ils étoient rencontrés, étoient
» tués & taillés en pieces par les habitans.
» Aucuns s'assemblerent en la rue *Dijonoise*,
» au nombre de quarante ou cinquante, que
» le sieur *Brunet* accompagné du Capitaine
» *Monnet* habitant de ladite ville, & suivi
» de vingt-six à trente autres habitans de
» ladite ville, chargea si vivement qu'il les

» rompit, en fit tomber sur la place la plû-
» part, & y fut blessé le Capitaine *St. Paul*
» (a), qui de cette blessure mourut depuis.
» Ce Capitaine *St. Paul*, tout blessé, & les
» Capitaines *Sauni* & *Belleville*, trouverent
» moyen, à travers quelques maisons de se
» rendre vers leurs troupes qui étoient logées
» proche le chasteau; lesquelles aussitôt ils fi-
» rent mettre en bataille, & commencerent
» à escarmoucher du long de la rue des *Ton-*
» *neliers :* mais ils furent mieux reçus qu'ils
» ne pensoient, & avancerent tellement les
» habitans leurs barricades sur eux à la fa-
» veur d'une piece de canon de celles que
» le Duc de Mayenne avoit fait placer aux
» principaux quartiers de la ville pour les
» empêcher d'entreprendre, qu'ils les mirent
» en fuite, & leur firent quitter cette rue
» des *Tonneliers*, & se retirer en la rue des
» *Boissons*, où par le commandement qu'ils
» eurent de *Montmoyen*, ils mirent le feu
» en plusieurs maisons, pour cuider étonner
» les habitans : mais nul ne se divertit pour
» cela. Ains *Jacques Richard* sieur de *Beli-*
» *gny* accompagné de quarante ou cinquante

(a) Il ne faut pas confondre ce Capitaine Saint-
Paul avec celui que le Duc de Mayenne métamorphosa
en Maréchal de France.

» vinrent donner fur ces foldats, & les char-
» gerent en cette rue des *Boiſſons*, qui fut
» aſſez de tems diſputée; & y fut le ſieur
» de *Brigny* bleſſé. Mais enfin il la leur fit
» derechef quitter, & les éparpilla tellement
» que dèſlors ils ne ſe purent remettre en
» ordre ni en troupe; ains furent contraints
» de s'écarter çà & là, & furent tous taillés
» en pieces, fors ceux de la compagnie du
» ſieur de *Thianges* qui furent pris à ran-
» çon avec *Montillet* leur conducteur ſous
» quelque promeſſe que fit *Montillet*, &
» quelques gens de pied & de cheval qui,
» s'eſtant retirés près les tours du château,
» ne purent ſitôt être forcés, tellement que
» les habitans s'étant fait & rendus maîtres
» de la ville, fors de la rue *Bellecroix* pro-
» che le chaſteau où s'étoient rangés ces
» gens de pied à la faveur du canon & des
» arquebuſades du chaſteau. Les Maires &
» Echevins après avoir fait mettre de bonnes
» barricades tout à l'entour de cette rue
» de la *Bellecroix*, & icelles bien munir de
» bons arquebuſiers & picquiers à ce que
» ceux de cette rue ne puſſent rien gagner
» ni entreprendre, & pour les tenir ſur le
» cul, s'en allerent avec les ſerruriers &
» autres manœuvres qu'ils prirent, & firent

» rompre & abbattre les serrures & verrouils
» des portes de la ville, desquelles portes
» les clefs étoient dans le chasteau ; & icelles
» portes ouvertes firent tirer le canon de
» dessus la muraille, pour donner avertis-
» sement à M. le Maréchal qu'ils étoient aux
» mains. Ils dépeschèrent couriers pour l'al-
» ler trouver, luy dire ce qui s'étoit passé,
» & le supplier d'avancer; lesquels couriers le
» trouvèrent à une demie lieue de la ville, où
» luy ayant tout dit, M. le Maréchal com-
» mença à s'avancer au galop, dont furent
» avertis les Maires & Echevins, qui en-
» voyèrent au-devant de luy le Capitaine
» *Monnet* pour le supplier de leur promettre
» *que la ville ne* (a) *seroit point pillée ni*
» *fouragée*, ce qu'il promit, & l'a aussi
» effectué. S'étant rendu à la porte, il y fut
» reçu par les Maires & Echevins, qui tous
» en corps & en armes l'attendoient, & qui

(a.) La demande des Maires & Echevins ne fait pas honneur aux militaires de ce tems-là. Il est difficile de concevoir que des Citoyens, qui se battoient pour rentrer sous la domination de leur Roi légitime, eussent besoin d'une promesse qui les mît à l'abri du pillage. Le fait paroît encore plus extraordinaire, si l'on considère que ces troupes étoient soudoyées par le Monarque aux intérêts duquel ces bons bourgeois se dévouoient.

» luy offrirent non-seulement leurs biens,
» mais leur vie & tout ce qui dépendoit
» d'eux. Entré qu'il fut, après avoir rendu
» graces à Dieu d'un si bel exploit & d'un tel
» succès pour les affaires du Roy, il met tout
» aussi-tôt la main à la besogne, fait avancer
» des carabins qu'il avoit tirés des régimens
» des sieurs de *St. Blancard* (a), St. Oger
» (b), de Champagne & autres qu'il logea
» tout aussitôt près ces gens de pied & de
» cheval serrés & retirés en cette rue de
» *Saintecroix* au nombre de deux ou trois
» cent; & il les fit attaquer. A la premiere
» allarme ils demanderent composition qui
» leur fut accordée... Fit M. le Maréchal
» avancer ses troupes de cavalerie & d'infan-
» terie à l'entour du château... Les détails
relatifs (c) au siège de ce château n'offrent

(a) De Gontaut Sieur de Saint-Blancard.
(b) Charles de Rochefort de Saint-Angel.
(c) On ne s'est étendu sur la révolution, qui enleva la ville de Beaune au parti de la Ligue, que parce qu'elle a été l'ouvrage de quelques citoyens dont à peine les Historiens ont parlé. Un de nos premiers devoirs est de tirer de l'obscurité les actes de patriotisme qui y ont été ensevelis mal à propos. La conduite des bourgeois de *Beaune* à cette époque les honore sous tous les rapports. Elle prouve que pour être brave & fidèle à ses Rois il suffit d'être né François.

rien d'intéressant. On voit seulement que le Gouverneur *Montmoyen* proposa un arrangement à prix d'argent, & qu'on ne s'accorda pas sur les conventions. Après une résistance de six semaines il fut obligé de capituler, & de payer une somme de cinq mille écus pour la rançon des Demoiselles d'*Arconcei* & d'*Equilly* ses sœurs. Ainsi ce Gouverneur, au lieu de recevoir de l'argent, en donna du sien. Il fut moins habile, ou moins heureux que beaucoup de Grands & de Nobles qui alors vendirent à leur Souverain les provinces ou les villes dont le Duc de Mayenne leur avoit confié le commandement.

(5) La narration du Vicomte de Tavannes diffère de celle de son frère; & si l'on s'en rapportoit à ce qu'il dit, il auroit eu de graves reproches à faire au Maréchal de Biron, & même à Henri IV. « En 1595 » (raconte-t-il (a)) M. du Mayne perdit » son party, pour ne s'estre résous à tems » à la paix, ny à la guerre, & par traités » fréquens s'estre mis en soupçon des Espa- » gnols, de ses parents & amis qui laisse- » rent perdre les villes de Bourgogne sans

(a) Mémoires du Maréchal de Tavannes. Dissertation intitulée: *Conservation du Monde neuf*, p. 139.

» secours, mandiant (a) la paix du Roy
» à l'insçu des Espagnols & de tous autres.
» Ceux du chasteau de Dijon en estant ad-
» vertis, recommencent à traiter avec le
» Roy. Moy au semblable estant retiré à
» *Talan*, les bourgeois (b) de Dijon ayant

(a) Les embarras du Duc de Mayenne redoublèrent après le combat de *Fontaine-Françoise*. Il ne pouvoit plus compter sur les Espagnols à qui il étoit suspect; ses fautes, ses lenteurs & ses irrésolutions l'avoient décrédité auprès de ses partisans; & il apprennoit par expérience qu'un chef de faction ne doit voir dans ses associés qu'une troupe d'ambitieux prêts à le sacrifier pour leurs intérêts personnels. Aussi prit-il le parti de négocier avec Henri IV, & il s'en trouva bien.

(b) L'exemple des habitans de Beaune & d'Autun inspiroit à ceux de Dijon le désir de l'imiter. De toutes parts on vouloit secouer les chaînes du régime aristocratique établi par les chefs de la Ligue. Le Vicomte de Tavannes, instruit de la fermentation qui régnoit à Dijon, rassembla (dit Davilla, Histoire des guerres civiles, Liv. XIV, p. 549) les garnisons voisines. Il trouva les Dijonois soulevés, & s'apprêtant à attaquer le château. La crainte d'une soldatesque insolente (car elle l'étoit également dans les deux partis) empêchoit les habitans de Dijon d'appeller à leur secours le Maréchal de Biron. La conduite du Vicomte de Tavannes les décida. Un combat sanglant s'engagea entre eux & lui. Ils ouvrirent leurs portes au Maréchal. Le Vicomte de Tavannes, sentant son infériorité, se retira au château

» ouvert leurs portes, Sa Majesté me promet
» un estat de Mareschal de France, & in-
» finies autres conditions ; à quoy m'ayant
» manqué, je demeure à *Talant* avec des
» forces que je payois à quinze cent écus
» par mois. Sadite Majesté craint que je ne
» trouble la Bourgogne, m'envoye sauf-
» conduit écrit de sa main, attesté d'une
» lettre semblable du sieur de Biron Gou-
» verneur du pays, & m'asseure que l'allant
» trouver il me donneroit tout ce qu'il m'a-
» voit promis. J'obéis ; j'y arrive. Il me
» force d'aller à *Amiens* sans effet de ses
» promesses. Je le refuse avec *des paroles*
» *plus libres* que sa prosperité ne luy per-
» mettoit d'ouyr, *que j'estois son sujet,*
» *non son esclave, que les Gentils-hommes*
» *François n'estoient sujets qu'aux arrierebans,*
» *nommément ceux qui n'avoient aucun estat*
» *de Sa Majesté, & auxquels on manquoit de*

de *Talan*, que bientôt il rendit par ordre du Duc de Mayenne. Ces détails sont confirmés par le récit de M. de Thou, Liv. CXII, & par celui de l'anonime qui en 1595 publia un in-12 sous le titre : *de Discours sur la réduction des villes de Dijon & de Nuys*. En voilà assez pour suppléer au silence que le Vicomte de Tavannes semble avoir affecté de garder par rapport à son combat avec la Bourgeoisie de Dijon.

» *promesses*, me fiant du tout sur sa parole
» & saufconduit. Partant de-là à trois jours
» il envoye ses gardes après moy, qui font
» courir le bruit que *j'avois tué Sa Majesté*.
» Le peuple à ce cry s'eleve à dix lieues
» à la ronde. Je fus pris & mis en la (a)
» Bastille. Un Page m'apporte du filet, &
» une lime : j'ourdis une corde, coupe un

(a) Si l'on en croit le Vicomte de Tavannes, le délit pour lequel Henri IV le fit arrêter, ne consistoit que dans de simples soupçons. Mais le Journal de ce Monarque par l'Etoile (tome II de la derniere édition, p. 359) donne la solution du problème. *Le Vicomte de Tavannes* (y lit-on) *voulant remuer ménage pour la Ligue, fut poursuivi de Vitry, & ayant esté attrapé fut mis en la Bastille.* Ces événemens se passèrent au mois de Mai 1597. Il paroît constaté que la détention du Vicomte fut une suite de l'évasion du Comte d'Auvergne. Au surplus le caractère vindicatif qu'on semble ici vouloir prêter au plus généreux des Rois qui ayent gouverné la France, est démenti par les monuments. *Il leur pardonna à tous, & furent de compte ses grands-cousins & meilleurs amis*, (dit le même l'Etoile qu'on vient de citer.) Veut-on connoître l'ame & le cœur de Henri le Grand ; c'est dans les *Economies Royales* de Sully qu'il faut chercher l'un & l'autre. C'est là qu'on l'entendra rappeller à son digne Ministre *qu'un des dix souhaits qu'il a toujours prié Dieu d'exaucer seroit de réduire à sa mercie ceux qui l'ont sans cesse envié, & traversé, pour leur faire expérimenter sa clémence & bonté, afin qu'ils l'aiment & le servent loyalement.*

» barreau, & en fors en l'eau jufques au
» col. Je me fauvay d'une prifon d'où per-
» fonne fi bien gardé n'eftoit jamais forty.
» Dieu m'en tira, m'infpira de demeurer
» en paix, laquelle fe fit entre les Roys de
» France & d'Efpagne quatre mois après.
» Miracle! vengeance divine! le fieur de
» Biron, qui m'avoit envoyé faufconduit
» efcrit de fa main, & du Roy, (à quoy
» ils manquerent) fous mefme faufconduit
» de Sa Majefté, luy eftant en difgrace en
» l'année 1602 eft mis au mefme lieu, où
» j'avois efté emprifonné, où il a perdu la
» tefte. Qui m'eut dit en tant de foupirs
» que je jettois fur la feneftre de ma pri-
» fon que d'icelle dans peu de tems on
» verroit jufticier celuy qui eftoit en partie
» caufe de mon malheur : je l'ofe dire avec
» la grace de Dieu que fi j'euffe efté en fa
» place j'euffe peut-être trouvé falut foit par
» refponfes ou procédures, ou par invention
» effayé de me fauver »...

Le Vicomte de Tavannes revient encore plus loin fur le même fujet. Les dévelop- pemens qu'il y ajoute portent ce caractère d'originalité qui lui étoit propre ; & il eft affez curieux de le voir rendre juftice fur
» plufieurs points à Henri IV dans le mo-

ment même où il cherche à déprimer ce Monarque ; « En 1595 (remarque-t-il (a)) le Duc
» de Mayenne ne voulant traiter, ni ne pou-
» vant combattre se retire au Comté Bourgo-
» gne en l'armée Espagnole du Connétable de
» Castille, nous laisse perdre, & nous force
» de capituler. Après je dis au Roy Henri IV
» qu'il estoit au choix de l'une des deux
» voyes, d'essayer à se faire Monarque (b),
» ou demeurant en paix par justice & prud-
» hommie acquérir réputation immortelle.
» Il s'arresta à la derniere, soit qu'il eust
» plus d'inclination à ses plaisirs qu'à la
» guerre, ou qu'il craignist l'instabilité de
» fortune plusieurs fois esprouvée par luy.
» Le mal est qu'il ne suivit ce chemin par-
» faitement. La pieté n'est observée, l'in-

(a) Mémoires du Maréchal de Tavannes (ibid., p. 184.)

(b) Cette assertion & la suivante ont besoin d'explication. Voici les définitions que le Vicomte de Tavannes emploie à ce sujet. « Deux gloires (observe-t-il) s'attribuent aux Roys, l'une d'estre homme
» de bien, amateur de justice & de paix. L'autre est
» d'estre conquerant & se faire monarque. La premiere
» est plus aisée & plus louable »... On ne s'arretera point à discuter l'inexactitude de ces définitions. On ne les a énoncées que pour faciliter au lecteur l'intelligence du texte.

» justice extrême; la Noblesse appauvrie sans
» gages est contrainte de chercher la mort
» aux guerres estrangeres pour fuir la pau-
» vreté : le peuple surchargé ; les larrons
» financiers enrichis, les vices regnent. Il
» faudroit regler ces désordres pour qui
» voudroit acquérir beaucoup d'honneur.
» C'est flatter le Roy de dire qu'il ait eu
» plus de réputation que ses prédécesseurs.
» Combien de Princes affligés ont eu vic-
» toires de leurs sujets, qui estoient assistés
» d'étrangers ? Charles VII, n'ayant que *Bour-*
» *ges*, chassa les Anglois de la Bourgogne
» & la Flandre hors de Paris, qui avoit esté
» possedée par eux quarante ans. Plusieurs
» Roys des premieres lignées ont gagné toute
» la France qui estoit mi partie & en par-
» tage entre leurs freres, parents & estran-
» gers... Le Roy a gagné deux batailles,
» *Coutras* & *Yvri*, s'est rendu égal à la ren-
» contre d'Arques, *où ses ennemis estoient*
» *dix contre un*. Enfant il a perdu les ba-
» tailles de *Montcontour* & *Jarnac*, a bien
» fait en plusieurs combats, pris beaucoup
» de villes d'assaut, regagné son Royaume
» *duquel il a acheté la meilleure part* (a).

(a) Cet aveu du Vicomte de Tavannes est conforme

» Cette réputation est commune avec plu-
» sieurs de ses devanciers. La fortune & ses
» ennemis ont combattu pour luy : n'estant
» disposé, ou ne pouvant atteindre à la
» Couronne de Monarchie (a) il, doit re-
» gretter celle de pieté & de justice qu'il
» luy estoit facile d'obtenir pour avoir esté
» redouté & obey entre tous les Roys qui
» furent jamais en France. En cette consi-
» dération la superiorité de l'Europe luy
» estoit preparée après la victoire de la Li-
» gue, & la paix faite avec le Roy d'Es-
» pagne, ayant tant de soldats agguerris en
» France, estant résolu de mourir dans ses

aux monuments : il avoit lui-même part au trafic par l'expectative du Bâton de Maréchal de France qu'on lui accorda. On verra dans les Economies royales de Sully combien il en coûta au meilleur des Rois pour monter sur un trône qui lui appartenoit par le droit de sa naissance. Sans compter les dignités & les places, qui n'étoient pas des titres purement honorifiques, les chefs & les subalternes, avec qui il fallut traiter, gréverent l'Etat d'une dette de trente deux millions deux cens soixante treize mille trois cens quatre-vingt une livres. Ce fut à un tel prix qu'on acheta ce qu'aucun d'eux ne pouvoit vendre. Voilà de ces faits sur lesquels le burin de l'histoire doit s'appesantir. Les Mémoires de Sully nous y ramenéront.

» armes,

» armes, il y a apparence qu'il fust mort
» Empereur d'une grande partie du monde.
» Il avoit eu trop d'honneur & trop de
» victoires pour s'arrester en si beau chemin.
» Quelle vanité de s'ennivrer de louanges
» que nos amis, les flatteurs, les courtisans
» donnent, artifice si commun maintenant
» que c'est l'*introit* de toute négociation ».

(6) Alphonse d'Idiaquez, fils de Jean d'Idiaquez, Secrétaire de Philippe II, étoit Général de la cavalerie légère du Milanez. Il fut pris dans un combat de cavalerie qui se livra le 12 Juillet 1595 aux environs de Grey. D'Idiaquez tomba entre les mains de *Chansivaut* qui en tira une rançon de vingt mille écus. Les Anglois & les Hollandois l'évaluoient à un taux plus considérable, parce qu'ils espéroient échanger ce Seigneur avec des prisonniers de leur nation, que la Cour d'Espagne ne vouloit pas rendre. Au surplus l'expédition de Henri IV en Franche-Comté ne servit qu'à dévaster cette province. Une maladie contagieuse lui enleva ainsi qu'aux Espagnols une grande quantité de soldats. Les Suisses allarmés de voir deux armées à leurs portes, réclamèrent d'anciens

traités. Ils obtinrent la neutralité pour les Francomtois; & les troupes Françoises se retirèrent.

Fin des Observations sur le quatrième & dernier Livre des Mémoires de Guillaume de Tavannes, & du quarante-neuvième Volume.

www.ingramcontent.com/pod-product-compliance
Lightning Source LLC
Chambersburg PA
CBHW050245230426
43664CB00012B/1838